感谢江南大学人文学院出版基金资助

本书为中央高校基本科研业务费专项资金资助项目"教育信息化的社会学批判研究"（项目编号：JUSRPS1418B）成果

信息技术课程发展研究丛书

总主编/董玉琦

信息技术课程价值论

XINXI JISHU KECHENG
JIAZHILUN

刘向永 / 著

教育科学出版社
·北 京·

序

随着社会的进步和信息技术的迅猛发展，20世纪80年代初开始在我国开设的计算机课程，经历了不同的发展阶段后，逐渐演化为以培养信息素养为目标的信息技术课程。2003年，《普通高中技术课程标准（实验）》公布之后，高中信息技术新课程在全国范围渐次展开，使得信息技术课程的研究意义得以不断凸显出来。特别是2010年以后，世界范围内的信息技术课程变革开始萌动，计算思维冲击着原有的信息技术课程理念与体系。英国从信息与通信技术（ICT）课程到计算（Computing）课程的转变折射出国际信息技术课程演变的脉络。在时代发展和内在压力的共同作用之下，信息技术课程价值应该得到系统全面的研究。

信息技术课程价值的研究是在外因和内因的共同作用下才萌发的研究命题。从外因来看，全球化、信息化和多元化的社会发展趋势，从工业社会到信息社会的转型，信息文化浪潮对人们的工作、生活和学习的冲击，会自然地反映在学校课程上。从内因来看，信息技术课程理论与实践的深入发展，必然会对其价值有进一步明晰的诉求。价值问题是教育的根本问题，正如杜威所言"任何教育皆有价值属性"。信息技术课程价值研究是信息技术课程理论研究的逻辑起点。基于丰富理论体系和解决实践问题的双重目的，信息技术课程价值研究是时代和现实所需要的。

本书紧紧抓住了信息技术课程的核心问题——信息技术课程价值进行了系统研究。研究中主要采取了访谈、文献分析和问卷调查等方法，先后访谈了7位信息技术教研员、20位信息技术教师和8名中小学生，对261

名信息技术教师和595名中小学生进行了问卷调查，并且对我国历年的信息技术课程指导性文件以及国际上的信息技术课程标准等进行了文献分析。本书主要从三个方面进行研究：第一个方面是信息技术课程价值的理论架构，即应然状态的信息技术课程价值；第二个方面是人们如何认识信息技术课程价值，了解信息技术教师和学生对信息技术课程价值的认识现状与影响因素；第三个方面是信息技术课程价值实现的现状、影响因素和实现机制。

本书在对信息技术课程价值的主体需求进行分析之后，以价值哲学为基础，将信息技术课程价值体系分为社会价值、个体的工具价值和个体的内在价值。信息技术课程的社会价值，指在社会大系统中，信息技术课程作为教育的子系统，对社会的其他子系统的作用与功能，主要包括缩小数字鸿沟、构建信息文化、适应信息社会等。信息技术课程对于个体的工具价值，主要体现为个体的生存价值、发展价值和享受价值。个体的内在价值，是将课程内容、教学活动等作为客体，强调其满足作为主体的个人各个方面的需要，主要包含信息技术知识与操作、信息处理的方法与技能、能力培养、情感与态度以及社会责任等五大部分。能力培养具体包括交流、合作、问题解决等能力。

依据信息技术课程价值体系的框架，本书还对信息技术教师和学生的信息技术课程价值认识现状进行了研究。学生对信息技术课程价值的认识主要存在着功利主义取向，包括应试和应用等取向。应试取向指学生学习信息技术是为了"通过考试"；应用取向指学生更注重信息技术知识与技能在现实生活和学习中的应用，以及信息技术课程能够解决生活中的困难与问题。信息技术教师对信息技术课程价值的认识，存在着技术化、功利主义等取向。许多信息技术教师始终停留于简单理解的技术化倾向层面。信息技术教师和学生对信息技术课程价值认识的功利主义取向导致信息技术课程仍然停留在"什么实用教什么"的技能教学层面。

信息技术课程的认识和实践活动，使得信息技术课程现实地满足信息技术课程价值主体的需要，信息技术课程的价值由此得以实现。信息技术课程价值实现的影响因素主要包括主体因素、客体因素和中介因素。信息技术课程价值实现的宏观外在表现主要是信息技术价值的失衡和超载。信息技术课程价值的失衡主要体现为信息技术课程过度的技术化取向。信息技术课程价值实现的宏观机制是社会价值与个人价值的同轴强化、科学价值和人文价值的相融共生。信息技术课程价值的微观机制是加强课程政策、课程内容、信息技术教师、信息技术课程评价等方面的建设。

　　本书作为国内第一本系统研究信息技术课程价值的专著，既有理论层面的大胆推论，又有数据层面的细致分析，既有应然层面的价值体系构建，又有实然层面的价值认识，再到价值实现的路径构建。马克思曾经说过："哲学家们只是用不同的方式解释世界，而问题在于改变世界。"信息技术课程价值研究不仅仅是为了解释信息技术课程的价值，而且是为了更好地改造信息技术课程实践。本书所提出的信息技术课程价值体系与实现价值，有助于纠正信息技术教师的教学偏差，有助于夯实信息技术课程的地位，可为信息技术课程的设计与实施构筑良好的价值基础。本书的研究思路与研究结论，对整个基础教育其他学科的价值构建与分析也具有良好的启示。

目　　录

第一章　绪论 ……………………………………………………（1）

　一、研究背景 ………………………………………………………（1）

　二、研究设计 ………………………………………………………（5）

　三、研究数据的收集与分析 ………………………………………（8）

　四、研究的效度 …………………………………………………（27）

第二章　信息技术课程价值相关研究进展 ……………………（30）

　一、价值相关研究进展 …………………………………………（30）

　二、课程价值相关研究进展 ……………………………………（34）

　三、信息技术课程价值研究综述 ………………………………（44）

第三章　信息技术课程价值：历时态和共时态考察 ………（51）

　一、历时态考察：我国信息技术课程价值的演变 ……………（51）

　二、共时态考察：世界各地信息技术课程价值的借鉴意义 ……（62）

　三、当前我国信息技术课程价值发展的动力分析 ……………（85）

第四章　信息技术课程价值体系 ……………………………（93）

　一、对信息技术的认识 …………………………………………（93）

　二、信息技术课程价值主体的需要分析 ………………………（95）

　三、信息技术课程价值分类与视角 …………………………（108）

　四、信息技术课程价值体系的具体内容 ……………………（114）

　五、信息技术课程价值的属性与功能 ………………………（124）

第五章　对信息技术课程价值的认识 ················ （129）

一、学生对信息技术课程价值的认识 ·············· （129）

二、信息技术教师对信息技术课程价值的认识 ·········· （140）

三、对信息技术课程价值的认识的影响因素 ········· （166）

第六章　信息技术课程价值实现 ················· （172）

一、信息技术课程价值实现的内涵 ··············· （172）

二、信息技术课程价值实现的现实困境 ··········· （177）

三、信息技术课程价值实现的机制 ··············· （198）

参考文献 ··································· （215）

附录 ···································· （224）

附录一　"信息技术课程价值及其实现"教师问卷 ········· （224）

附录二　"信息技术课程价值及其实现"学生问卷 ········· （228）

附录三　"信息技术课程价值及其实现"信息技术教师访谈

参考提纲 ····························· （234）

附录四　"信息技术课程价值及其实现"信息技术教研员

访谈提纲 ····························· （235）

附录五　"信息技术课程价值及其实现"学生访谈提纲 ········ （236）

后记 ···································· （238）

第一章 绪 论

我们正处在一个飞速发展的时代，信息技术在这个时代中发挥着越来越重要而独特的作用。信息技术课程必须紧跟时代的发展脚步，反映出信息技术的这一特征。时代需要信息技术课程超越传统，发挥自身的价值。自从 20 世纪 80 年代起至今，我国中小学信息技术课程经历了 30 多年的风风雨雨。目前，信息技术课程正处在发展的十字路口。这样，一个更为本原的问题就不可避免地摆在我们面前：我们为什么要学习信息技术课程？信息技术课程到底能够给我们带来什么？这就是信息技术课程的价值追问。我国信息技术课程研究的一个首要问题就是要重新认识价值研究的重要性，因为价值问题是教育的根本问题。信息技术课程价值研究是信息技术课程理论研究的逻辑起点，信息技术课程价值问题应该成为信息技术课程研究体系中的一个重要组成部分。

一、研究背景

根据马克思主义原理，任何事物都是在外因和内因的共同推动下发展的。信息技术课程的价值研究也是在外因和内因的共同作用下催发的研究课题。从外因来看，全球化、信息化和多元化的社会发展趋势，从工业社会到信息社会的转型，信息文化浪潮对人们的工作、生活和学习的冲击，自然也会在学校课程映射上有所要求。从内因来看，信息技术课程理论与实践的深入发展，必然会对明晰课程价值有着强烈诉求。所以，在信息技术课程研究体系中，我们必须关注课程的价值研究。

1. 社会转型背景下的信息技术课程的时代使命

随着信息技术的快速发展和信息总量的爆炸性增长，人类社会正在从工业社会向信息社会转型。钟义信认为，把这个社会称为"信息社会"的更本质原因在于它所使用的资源、工具和产品的性质：信息资源越来越成为社会的表征性资源，基于信息技术的智能工具日益成为表征性的社会工具，信息产品越来越成为表征性的社会产品。①社会转型是指社会中的人、社会整体结构（政治、经济、文化、意识形态）的整体性和结构性的变迁与发展。它意味着社会系统内在结构的变迁，意味着人们的生产方式、生活方式、心理结构、价值观念等各方面全面而深刻的革命性变革。从工业社会向信息社会转型要求人们具备相应素养。

教育部原部长陈至立同志在 2000 年召开的全国中小学信息技术教育工作会议上提出："在知识经济时代，信息素养已成为科学素养的重要基础。正如江泽民同志指出的：'一个国家的科技文化水平，不仅要看其在世界先进水平上的成就，而且要看其全社会的科技文化水平。全社会科技文化水平不断得到提高，就可以为经济和科技事业的发展提供强大的后劲，这是辩证统一的。'"② 韩国学者李龙兑说："我们每日每夜地踏着别人走过的足迹前进，就永远也不会超越别人。如果将计算机增设为高中教学中的一个必修科目，我们就有希望在信息化社会领先于日本等几个发达国家。信息化的革命时代需要有革命化的思想。信息化不是未来加之于我们的威胁，而是上苍赐给我们的良机。这种革命化的思想、智慧的头脑是社会发展的客观需要。"③ 所以，从工业社会向信息社会转型使得个人和社会的需求发生了改变，信息技术课程在社会转型下自然需要具有相应的价值。所以，本研究就是工业社会向信息社会转型的时代背景下的必然

---

① 钟义信. 信息社会：概念，原理，途径 [J]. 北京邮电大学学报（社会科学版），2004（2）：1-7.

② 陈至立. 抓住机遇，加快发展，在中小学大力普及信息技术教育 [DB/OL]. http://60.29.57.233/teacherindex/computer/zhc&fg/chenzhili.htm.

③ 李龙兑. 情报化时代 [M]. 申文植，译. 沈阳：沈阳出版社，2000：139.

要求。

2. 信息技术课程价值的确认——纠正极端认识

信息技术课程价值，从本质上讲，是指它对于人和社会的效用与意义。在信息技术课程发展过程中，出现了信息技术课程价值认识上的极端，即极端乐观主义和"无用论"等认识极端。关于信息技术课程价值的两种对立的认识都是非科学的。

极端乐观主义论，即唯信息技术课程主义，从信息技术课程价值已经取得的成就出发，推演出信息技术课程是万能的，能够带给个人和社会许多益处，能够解决从工业社会向信息社会转型的一切问题。这种关于信息技术课程价值的认识过于乐观，导致理论上的绝对化，从而必然引发信息技术课程价值内容的泛化，进而导致信息技术课程失去其独特性，不能够彰显其独有的价值。

"无用论"则认为信息技术课程是无用的。从 20 世纪 80 年代初到今天，信息技术课程无用论的观点就一直在社会上存在着。其主要原因是信息技术课程价值不明确，人们不了解"为什么"开设信息技术课程，从而导致教育决策者以及教育实践者没有明确信息技术课程在学校中的地位。许多信息技术教师也在担心"信息技术课程这杆大旗到底还能够扛多久"。李艺教授曾说："有人说，整合以后就不用单独开设信息技术课了，今天开信息技术课程就是为了将来不开信息技术课。我对这个观点是不认同的。整合和信息技术课程建设不是一回事，是顶替不了的。那么主要问题是，信息技术课程有没有独特的价值？假设说它有独特的文化价值的话，那它靠整合是整合不了的，它就有存在的意义。假设找不到它的独特价值的话，就应该整合掉。"①

我们要走出信息技术课程价值认识的误区，就必须要确认信息技术课程价值的本体，发掘出信息技术课程价值的独特性，引导人们辩证地看待信息技术课程的价值。只有真正厘清信息技术课程的价值，我们才有可能正确看待信息技术课程，所以从纠正错误认识的角度来看，信息技术课程价值研究迫在眉睫。

---

① 王世军. 中小学信息技术课程：历程与归因 [D]. 长春：东北师范大学，2006.

3. 信息技术课程价值的确认——来自信息技术课程实践的呼唤

在信息技术课程实践深入发展的同时，对于课程价值确认的诉求显得越来越迫切。从信息技术课程实践方面来看，有两个原因使得课程价值的确认非常急迫。

第一个原因就是关于信息技术课程内容选择的争议。从最初的程序设计到信息技术工具论，再到信息素养论，信息技术课程的内容选择一直存在着很大的争议，同时也在不断地变化着，没有哪个学科的课程内容像信息技术课程这样如此频繁地在变化。出现课程内容争议的根本原因就在于人们没有明了信息技术课程价值体系，即没有明确了解信息技术到底能够带给学生什么，能够满足社会的什么需要。当我们知道为什么要开设信息技术课程以及开设信息技术课程能够带来什么之后，就会对学生应该学什么做出正确的抉择。

第二个原因就是信息技术课程实践过程中出现的偏差。在信息技术课程教学实践中，由于价值不明晰、不确认，导致人们不能深刻、全面地认识到信息技术课程的价值，仅仅将信息技术课程窄化理解为技术工具的讲授，从而导致了技术化倾向，带来信息技术课程的技能操作训练倾向。董玉琦总结了信息技术课程教学实践的情况，认为信息技术教学实践普遍存在着"只见技术不见人"的现象。在信息技术课程教学实践中，人们只关注技能化操作的训练，而较少关注信息技术课程对于学生身心成长的培育工作。要纠正信息技术课程实践过程中的偏差，只有正确认识该课程的价值所在，从而做出正确的行为选择。

随着信息技术课程的发展，确认和认识信息技术课程价值，才能够在实践过程中做出正确的选择，信息技术课程价值研究确实关系着信息技术课程实践的方向。

4. 理论体系完善——信息技术课程价值研究的理论地位

从信息技术课程理论研究方面来看，信息技术课程的理论研究经过20多年的发展逐渐丰富起来，研究者更注重信息技术课程应用层面的研究，如解月光的博士论文《普通高中技术课程实施个案研究——学校水平的特征与归因》和钱旭升的博士论文《信息技术课程实施的文化取向研究》等，但是关于信息技术课程原理层面的研究则相对比较欠缺。信息技术课程研究体系仍然没有全面、系统地建立起来。黑格尔说："哲学若没有体系，就不能成为科学。没有体系的哲学理论，只能表示个人主观的特殊心情，它的内容必定是偶然性的。"① 信息技术课程同样如此。不成体系的信息技术课程理论，必然注定其草根地位，而只有具有了完整体系的信息技术课程理论才能够具有整体效应。信息技术课程理论体系研究包括理论基础研究和实际应用研究等部分。信息技术课程的理论基础研究中包含着哲学研究、文化研究、社会研究等。信息技术课程研究要关注两个方面的研究，一个就是价值研究，即"为什么"的研究，还有一个就是事实研究，即"是什么"的研究。信息技术课程理论研究体系中的重要部分就是信息技术课程的价值研究，甚至可以说，信息技术课程价值研究就是信息技术课程理论研究的逻辑起点。从理论层面来说，信息技术课程价值需要得到更多的关注和更深入的研究。

基于以上四个方面的背景，可以看出信息技术课程价值是一个亟待解决的研究课题。在本研究中，我们需要认真地研究信息技术课程到底应该具有哪些价值，信息技术课程实施主体对信息技术课程的价值是如何认识的，以及如何实现信息技术课程价值，等等。

二、研究设计

1. 研究目的

基于研究的背景与动机，经过阅读文献，本研究厘清了核心概念与相关研究，确定了以下研究目的。

（1）探讨信息技术课程价值体系。

（2）了解信息技术教师、学生对信息技术课程价值的认识现状与影响因素。

（3）探讨信息技术课程价值实现的现状与机制。

2. 研究问题

根据研究目的，本研究特别拟定了以下研究问题。

（1）信息技术课程价值体系如何？

① 社会对信息技术课程的需求如何？

② 学生对信息技术课程的需求如何？

---

① 黑格尔. 小逻辑（中译本）[M]. 北京：商务印书馆，1980.

③ 信息技术课程价值的组成包括哪些部分？

④ 信息技术课程价值组成部分的相互关系如何？

（2）信息技术教师、学生对信息技术课程价值的认识现况如何？

① 信息技术教师、学生是如何认识信息技术课程价值的？

② 影响信息技术教师、学生认识信息技术课程价值的因素有哪些？

（3）信息技术课程价值实现的机制如何？

① 什么是信息技术课程价值实现？

② 影响信息技术课程价值实现的因素有哪些？

③ 信息技术课程价值实现的机制有哪些？

3. 研究的基本框架

根据所要研究的基本问题，本研究形成了如下基本分析框架，如图 1-1 所示。

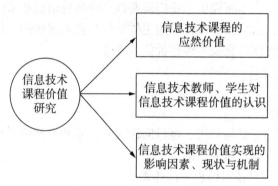

图 1-1 研究的基本框架

本研究主要从信息技术课程的应然价值体系、信息技术教师和学生对信息技术课程价值的认识状况以及信息技术课程价值实现的影响因素与机制等三个方面展开研究。

4. 研究内容

本研究以信息技术课程的价值为研究对象，通过主体与客体之间的价值关系来进行研究，主要分为三个方面的研究内容，即信息技术课程价值的体系、对信息技术课程价值的认识以及信息技术课程价值的实现。

信息技术课程的价值目标是价值主体根据自身的需要，同时又考虑到客体的属性而设计出来的价值活动的目标。本研究主要是从社会发展和个人发展两个维度来研究主体对信息技术课程的需要。同时，本研究对我国信息技术课程历年来的教学纲要、课程指导纲要和课程标准等课程指导性文件进行了分析，得出我国信息技术课程价值的历史脉络。此外，还通过对英、日、美、我国台湾和香港等国家和地区的信息技术课程标准进行对比，得出信息技术课程价值的国际比较分析。基于以上研究，得出我国信息技术课程的价值目标体系。

5. 研究意义与创新之处

本研究以信息技术课程的价值为研究对象，试图给出信息技术课程价值的目标、认识和实现策略等，具有很强的理论与实践意义。

（1）研究意义。

① 理论意义。在理论方面，本研究具有以下意义。一是有利于丰富和发展我国的信息技术课程研究的理论体系。本研究以信息技术课程价值的体系、对信息技术课程价值的认识和信息技术课程价值的实现为主线，建立了信息技术课程的价值系统，从价值学的视野回答了信息技术课程价值问题，从而可丰富和发展我国信息技术课程研究的理论体系。二是丰富了我国的课程价值理论研究内容与方法。本研究将信息技术课程作为研究学科，这是以前的课程价值研究所未有的，因此可为其他学科课程价值研究提供借鉴。

② 实践意义。在实践方面，本研究的意义主要表现在以下几个方面。一是研究信息技术课程的价值问题，必将有助于帮助我们深入地认识、分析和解决我国信息技术课程的现实问题，特别是能够为我国信息技术课程内容的建设提供一定的理论基础，从而推动我国信息技术课程内容的建设和发展。二是研究信息技术课程的价值问题，特别是提供了一定价值判断标准，有助于信息技术教师据此标准对信息技术课程的实践进行分析，防止出现价值偏差和实践偏差。三是研究信息技术课程的价值，有助于弥合信息技术课程理论与实践之间的"隔膜"，实现信息技术课程的思想、价值取向向教育实践转化，强化信息技术课程价值取向对信息技术课程实践的指导意义。

（2）创新之处。

本研究在内容上具有创新之处，具体包括以下两点。一是从价值哲学的视角诠释信息技术课程价值。一直以来，信息技术课程研究者和实践者都忙于课程内容与课堂教学，甚少关注信息技术课程的理论基础研究，从而使得信息技术课程的地位受到质疑。本研究从价值哲学的角度进行信息技术课程价值研究，从信息技术课程的社会需求和个人需求入手，系统地提出了信息技术课程价值体系，探讨了信息技术教师和学生对于信息技术课程价值的认识，提出了信息技术课程价值实现的机制，开辟了信息技术课程理论研究的一个领域，可为信息技术课程研究体系增加一个有力的组成部分，从而也可丰富信息技术课程理论研究体系。二是系统地提出了信息技术课程价值体系。本研究从社会价值、个体工具价值、个体内在价值三个方面阐释了信息技术课程价值体系，并且对具体的价值内容进行了分析与说明。

三、研究数据的收集与分析

1. 研究方法的确定——质化与量化的融合

信息技术课程研究的方法多种多样，选择什么样的研究方法需要根据具体研究的问题、目的、对象和研究的时空情境等各种因素来确定。研究方法本身只是一个手段，应该服务于特定的目的。在考虑用什么方法进行研究时，必须以回答研究的问题为主要前提，而不是为了方法本身而选择方法。"我们可以有意识地寻找研究问题与方法之间的相互匹配关系。"[①]所以，本研究主要采用了以下三种研究方法。

（1）文献法。

本研究的研究对象是信息技术课程价值，包括信息技术课程价值的本体论、认识论和实现论。信息技术文件课程规定了信息技术课程目标等。信息技术课程目标是信息技术课程价值的重要承载体，对信息技术文件课程的研究是信息技术课程价值研究的组成部分之一。本研究主要通过对有关信息技术课程文本的分析，梳理信息技术课程的理念、目标、结构、内容等方面的价值表现，从而认识信息技术新课程的一些价值表现，分析的具体文件如表 1-1 和表 1-2 所示。

---

① 陈向明. 质的研究方法与社会科学研究［M］. 北京：教育科学出版社，2000：94.

表 1-1　中国大陆地区主要信息技术课程内容指导性文件

时　间	文件名称
1984 年	《中学电子计算机选修课教学纲要（试行）》
1987 年	《普通中学电子计算机选修课教学纲要（试行）》
1994 年 10 月	《中小学计算机课程指导纲要（试行）》
1997 年 10 月	《中小学计算机课程指导纲要（修订稿）》
2000 年 10 月	《中小学信息技术课程指导纲要（试行）》
2003 年	《普通高中技术课程标准（实验）》（信息技术部分）

表 1-2　国外和中国台湾地区的信息技术课程内容指导性文件

国家和地区	时　间	文件名称
日本	2008 年	《高中"信息"学习指导要领》
英国	2007 年	《学段 3、学段 4 信息与通信技术课程学习计划》（ICT Programme of Study for Key Stage 3、ICT Programme of Study for Key Stage 4）
美国	2006 年	《计算机协会 K-12 阶段计算机科学课程模型》（ACM K-12 Task Force Curriculum Committee A Model Curriculum for K-12）
中国台湾	2008 年	《普通高级中学必修科目"资讯科技概论"课程纲要》
英国	2011 年	《计算（Computing）课程》

（2）质性研究方法。

质的研究作为一种与量化研究有明显差别的研究范式，自 20 世纪 60 年代以来，在国外的教育研究领域越来越受到重视。质的研究在国内也得到了有效的应用。通过质的研究可以深入地了解复杂事物深层次的特征，了解事物表面上未能表现出来的内涵。质化研究应用现象学的研究范式，用质化自然探究法，以归纳的和整体的方式了解在各种特定情境中的人类经验。

本研究主要研究信息技术课程价值应该是什么，实际是什么样的，信息技术教师与学生怎么看待信息技术课程的价值，以及实际上是如何和怎么样认识的等问题，这些都是在真实的情境中才能够了解的，所以需要加以访谈和观察，才能确定被研究者是如何想的以及如何做的。质性研究与信息技术课程价值研究的实际需要相适应，通过质性研究，有利于深入地了解信息技术课程实施中价值实现的现状与机制等问题。人们对信息技术课程价值是如何认识的，我们需要通过被研究者的描述来了解，被研究者在访谈等研究活动中对信息技术课程价值及其实现的认识和做法的描述，使本研究具有了"描述性"。同时，本研究具有归纳的研究取向。从目前关于信息技术课程的文献来看，关于价值研究的文献少之又少，所以关于价值研究的一些假设只能从其他学科的研究中得到，同时也需要在实践中总结一些基本特征。被研究者通过访谈表述了自己的一些观点和做法，本研究要了解的是在实际事物上发现了什么、具有什么样的共性特征等，其实际特点使本研究具有了归纳的特性。

（3）量化研究方法。

量化研究方法一直是课程研究领域非常重要的研究方法，甚至可以说，它曾经在课程研究领域独树一帜。量化研究作为一种研究方法，有其独特的优势与价值。量化研究具有客观性、准确性、广泛性、深刻性、普及性和现实性等特点。

在本研究中，为了更加广泛、准确地了解信息技术课程价值的认识现状以及实现状况，笔者特别设计了"信息技术课程价值及其实现"教师问卷和学生问卷。以真实地了解更多的信息技术教师与学生对信息技术价值及其实现的看法和做法。

本研究综合采用的研究方法已经超越了单独的质与量研究方法的对立，而是试图通过量化研究与质性研究相融合，超越已有研究方法上的局限性，从实际需要的角度来探讨信息技术课程价值。在课程研究领域，一种研究范式不可能具有绝对的适用性。无论质性研究方法，还是量化研究方法，都无法独立地承担起课程研究的重任。根据不同的研究目的，合理地综合应用质性研究方法和量化研究方法，才是最为合理的选择。可以认为，21世纪的课程研究方法将是质性研究与量化研究并存、互补，共同探索课程领域中不同层面、不同特质的问题。①

本研究在试图了解信息技术教师和学生对信息技术课程价值认识的时候，采取质性研究方法，采用访谈和观察等方法，了解对信息技术课程价值的一些描述性认识，从而归纳总结出信息技术课程价值认识与实现的一些共性特征。为了解更加广泛的人群对信息技术课程价值及其实现的认识，笔者在研究中采取了问卷调查的方法。同时，在对问卷调查进行统计分析的时候，从质性的访谈和观察中寻找出数据背后的一些深层原因，使得数据不单单是生硬的数据，而是充满了个性特征的数据。

2. 研究对象的选择

（1）访谈对象的选择。

在个案选取时主要采用的是"目的性抽样"，即按照研究目的抽取能够为研究问题提供最大信息量的研究对象。斯塔克（Stake）认为，个案研究中的样本选择的"首要标准是我们能从中学到最多的东西。根据我们的目标，确定哪些个案可以使我们理解，使我们做出结论，甚至能使我们得出概括性的结论。我们进入实地工作的时间总是有限的，如果可以的话，我们需要那些能够使我们的研究更容易进行的个案"。所以在选择具体的研究对象时，笔者充分考虑到了研究对象能够提供最大的信息量这一点。

① 信息技术教师的选择。

本研究在全国共抽取了 5 个城市的 20 所中小学校的中小学信息技术教师作为访谈对象，总共有 20 位信息技术教师，如表 1-3 所示。这 5 个城市包括 1 个南方城市、1 个直辖市和东北的 3 个城市。笔者在选择访谈的城市时，主要考虑了城市所在的区域。一般来说，不同区域的社会、经济和文化等会影响到研究对象的认识。另外，访谈的信息技术教师，来自于各种类型的学校。首先，按照学段来区分，小学、初中和高中的学校都有，小学和高中信息技术教师的数量大于初中的，这也符合目前信息技术教师的分布情况。从各个学校的级别来看，有省级重点学校，有一般的学校，也有个别的学校属于落后学校，甚至是属于即将被撤并的学校。如CT3 老师所在学校就是一个即将被撤并的学校。

---

① 马云鹏，吕立杰. 近现代课程研究范式的演变及其启示 [J]. 教育研究，2002（9）：55-59.

表 1-3　"信息技术课程价值及其实现"访谈信息技术教师详细情况

城市	教师编码	性别	学段	所学专业	职称	工作年限	职务	特征描述
W 市	WT1	男	初中	计算机	中一	12年	信息中心主任、区初中学段兼职教研员	健谈，对信息技术课程充满了热情与思考
	WT2	男	高中	数学	中高	16年	信息技术教研组组长	不善言谈，对信息技术课程的认识不深刻，主要以技术见长
	WT3	男	小学	计算机	小高	12年	副校长	干脆利落，倡导本校的校本信息技术课程开发
T 市	TT1	女	高中	计算机	中一	16年	信息技术教师	普通的信息技术教师，对本职工作尽心尽力
	TT2	女	高中	计算机	中一	11年	信息技术教师	说话干脆利落，表达清楚，有想法
	TT3	女	高中	计算机	特级	18年	信息技术教研组组长	很健谈，参与过多次国家级培训活动，对信息技术课程有热情，并有自己独特的见解

续表

城市	教师编码	性别	学段	所学专业	职称	工作年限	职务	特征描述
J市	JT1	男	高中	计算机	中高	23年	信息技术教师、市兼职教研员	不善言谈,是一名资深的信息技术教师
	JT2	女	高中	计算机	中二	4年	信息技术教师	年轻教师,很健谈
	JT3	女	初中	计算机	中二	9年	信息技术教师	年轻教师,对信息技术课程并无太深认识
	JT4	男	小学	美术	小高	23年	信息技术教研组组长	穿着时尚,学美术出身
	JT5	男	高中	计算机	中二	6年	信息技术教研组组长	非常健谈
S市	ST1	女	初中	计算机	中二	7年	信息技术教师	参加过全国的优质课比赛,言谈中抱怨较多
	ST2	女	小学	中文	小高	13年	信息技术教师	说话有条理,很有亲和力
	ST3	女	初中	教育技术	中二	8年	信息技术教师	说话有条理,有亲和力,个子不高
	ST4	男	小学	体育	小高	10年	信息技术教研组组长	很健壮,体育专业出身
	ST5	女	高中	计算机	中高	18年	信息技术教研组组长	说话有条理,是资深的信息技术教师

城市	教师编码	性别	学段	所学专业	职称	工作年限	职务	特征描述
C市	CT1	女	初中	计算机	中高	11年	副校长	很健谈，说话有条理，参与过多项国家级信息技术课程改革课题
	CT2	男	小学	中师(不分专业)	小高	11年	信息技术教师	说话很有条理，中师毕业
	CT3	女	小学	科学与技术	小高	11年	信息技术教师	说话有条理，每周只有2课时信息技术课，还上数学课
	CT4	男	小学	现代教育技术	小高	8年	信息技术教研组组长	不善言谈，擅长技术

本研究中所选取的参与访谈的信息技术教师，也存在着类型差异。从学段来看，高中信息技术教师8位、初中信息技术教师5位、小学信息技术教师7位。从性别来看，男信息技术教师9位、女信息技术教师11位。从工作年限来看，信息技术教师的平均工作年限为12.35年，其中，工作年限最长的为23年，工作年限最短的为4年。从所学专业来看，计算机专业毕业的教师有12位，仍然有一些信息技术教师所学的专业为体育、中文等。为了获取更多有效信息，本研究所访谈的信息技术教师对信息技术课程价值都有自己的独特见解。从职称来说，有1位特级教师，中高、小高的信息技术教师占了绝大多数，所访谈的信息技术教师都可以算是信息技术教师里的"熟手"教师，可以给本研究提供更加丰富的信息量。

本研究对信息技术教师的访谈主要采用的是半结构式的访谈，访谈内容主要包括信息技术教师对信息技术课程价值的认识、信息技术课程的实施现状与问题以及信息技术课程价值实现等。每位信息技术教师的访谈时长大约为50分钟。

② 信息技术教研员的选择。

为了了解不同类型和层级的信息技术教研员对信息技术课程的认识，本研究在全国共抽取了 4 个城市的 7 名信息技术教研员进行了访谈，包括省级教研员 2 名、市级教研员 3 名、区级教研员 2 名。其中，3 名是男教研员，4 名是女教研员。访谈的信息技术教研员具体情况如表 1-4 所示。对信息技术教研员的访谈主要采用的是半结构式的访谈，访谈内容主要包括信息技术教研员对信息技术课程价值的认识、信息技术课程的实施现状与问题以及信息技术课程价值实现等。每位信息技术教研员的访谈时长大约为 1 小时。

表 1-4 "信息技术课程价值及其实现"访谈信息技术教研员详细情况

教研员编码	性别	负责学段	专业	职称	工作年限	职务	特征描述
LJ1	男	高中	计算机	中高	20 年	省信息技术研训中心副主任	说话语速慢，对信息技术课程评价有研究
LJ2	女	小学	计算机	小高	12 年	市小学信息技术教研员	很健谈，说话有条理，对信息技术教育工作有热情，曾经担任过小学信息技术教师多年
BJ1	男	高中	计算机	中高	15 年	直辖市信息技术教研室主任、高中信息技术教研员	说话条理清楚，对教研工作的主动性和创造性不强
JJ1	女	小学	教育技术	小学	13 年	区小学信息技术教研员	曾经担任过小学信息技术教师，说话干脆利落，是笔者同校同专业的上一届校友

续表

教研员编码	性别	负责学段	专业	职称	工作年限	职务	特征描述
JJ2	女	小学、初中	电子	中高	20年	区信息技术教研员	说话很慢，是区教师进修学校电教部的人员
JJ3	女	中学	电子	中高	20年	市中学信息技术教研员	说话很干脆，但是条理不清楚，对信息技术教育工作有热情
WJ1	男	小学、初中、高中	计算机	中高	16年	市信息技术教研员	很健谈，对信息技术课程有深刻的认识，参与过多次国家级信息技术教师远程培训

③ 学生的选择。

本研究在全国共抽取了2个城市的8名学生，包括小学2名、初中3名、高中3名。访谈学生的具体情况如表1-5所示。学生的来源有省级重点学校，也有一般的学校。对学生的访谈主要采用的是半结构式的访谈，访谈内容主要包括学生对信息技术课程价值的认识、信息技术课程的实施现状与问题以及信息技术课程价值实现等。每名学生的访谈时长大约为40分钟。

表1-5　"信息技术课程价值及其实现"访谈学生详细情况

学生编码	性别	所在年级	年龄（岁）	家中是否有电脑	特征描述
JGX1	男	高一	17	有	表述清楚，参加了学校的信息学奥林匹克竞赛辅导
JGX2	男	高一	17	无	个人爱好服装设计，曾经去过网吧

续表

学生编码	性别	所在年级	年龄（岁）	家中是否有电脑	特征描述
JXX1	女	小五	12	有	喜欢文学，经常上网查资料、看小说
JCX1	男	初一	14	有	喜欢信息技术，QQ上有300多个好友
SGX1	男	高一	17	无	说话清楚，是学校学生会的学生干部
SCX2	男	初二	15	有	性格比较腼腆，对信息技术有很强的兴趣
SCX1	男	初一	15	有	说话清楚，是学生干部
SXX1	女	小五	11	有	表达清楚，说话风趣

（2）问卷调查对象的选择。

本研究中也对6个地区的信息技术教师和学生进行了问卷调查，这6个地区分布在辽宁省、安徽省、云南省、上海市、山东省和浙江省等省份，而且，每个地区都是地市一级的。为了能够充分地反映全国各地的实际情况，在实际发放问卷时选择了分布在全国的6个地区，力图在区域分布上涵盖所有的区域。表1-6所示是"信息技术课程价值及其实现"调查问卷的发放情况。

每个地区选取15名小学信息技术教师、15名初中信息技术教师、15名高中信息技术教师作为问卷发放的对象。另外，每个地区在小学、初中、高中各选择4所学校，每所学校选择一个班级发放问卷，要求是小学选择5年级、初中选择初二年级、高中选择高一年级，每个班级只发放10份学生问卷。特别强调一个地区选择4所学校，就是希望扩大不同学校的类型覆盖面，从而了解更多不同类型学校学生的实际情况。

本研究中总共发放学生问卷720份、教师问卷270份，回收学生问卷651份，回收率为90%，其中有效学生问卷595份；回收教师问卷265

份，回收率为98%，其中有效教师问卷251份。

表1-6 "信息技术课程价值及其实现"调查问卷发放地区情况

地 区	辽宁省的 A地区	安徽省的 B地区	云南省的 C地区	上海市的 D区	山东省的 E地区	浙江省的 F地区
发放问 卷数	教师:45份 学生:120份	教师:45份 学生:120份	教师:45份 学生:120份	教师:45份 学生:120份	教师:45份 学生:120份	教师:45份 学生:120份
回收问 卷数	教师:44份 学生:112份	教师:45份 学生:108份	教师:44份 学生:113份	教师:45份 学生:105份	教师:44份 学生:107份	教师:43份 学生:106份
回收有效 问卷数	教师:43份 学生:101份	教师:42份 学生:93份	教师:41份 学生:110份	教师:43份 学生:92份	教师:42份 学生:99份	教师:40份 学生:100份

表1-7与表1-8所示是"信息技术课程价值及其实现"问卷调查的学生与信息技术教师的基本情况。

表1-7 "信息技术课程价值及其实现"调查学生基本情况

	类别	男		女
性 别	人数(人)	264		331
	比例(%)	44.4		55.6
	类别	小学	初中	高中
学 段	人数(人)	210	171	214
	比例(%)	35.3	28.7	36.0
	类别	农村	乡镇	城市
家庭所在地	人数(人)	145	72	378
	比例(%)	24.4	12.1	63.5

表1-8 "信息技术课程价值及其实现"问卷调查教师基本情况

	类别	男		女	
性 别	人数(人)	133		118	
	比例(%)	53.0		47.0	
	类别	小学	初中	高中	
学 段	人数(人)	79	101	71	
	比例(%)	31.5	40.2	28.3	
	类别	≤30 岁	30~40 岁	40~50 岁	50 岁以上
年 龄	人数(人)	59	164	25	3
	比例(%)	23.5	65.3	10.0	1.2

	类别	特级	高级	一级	二级	三级	无
职 称	人数(人)	0	44	112	90	2	3
	比例(%)	0	17.5	44.6	35.9	0.8	1.2

3. 资料收集的方法与过程

质性研究在每个阶段都存在方法选择与采用的问题。进入现场与资料收集关系密切，进入现场前的准备、针对研究对象特点选择恰当的交流方式、确定自我角色等，这些在一定程度和范围里会影响信息收集的效果和品质。

（1）进入现场。

作为质性研究，进入现场是非常关键的一个步骤。作为研究者的笔者，进入现场时是比较顺利和成功的，这主要是因为笔者有一种特殊身份（下面将会进行说明），这使笔者与研究现场的"守门员"的接触变得自然，并且拥有了"局外人"和"局内人"的双重身份。

"守门员"是指那些在被研究者群体内具有权威的人，他们可以决定抽调哪些人参加研究。在进入现场前，对"守门员"的了解是非常重要的。

调研地点的选择是实地访谈、观察的"第一步"，也是尤为关键的"一步"，它直接影响着整个实地研究的成败。按照"正常"的思维逻辑，调查地点的选择首先应考虑调查地点本身的代表性。国外很多实地调查通常都是基于调研地点自身资料的丰富性和适合性来进行"选点"的。相比之下，国内众多实地调查的选点却呈现出关系取向的特征。研究者一般将自己的家乡作为调研地点，或者借助亲友的关系来确定调研地点。事实上，这种选点方式正反映了中国人某种既定的行为方式。按照费孝通先生的观点，中国的社会格局是差序格局，其结构特征是由"关系"而形成的一个个"圈子"，即"以'己'为中心，像石子一般投入水中，和别人所联系成的社会关系，不像团体中的分子一般大家立在一个平面上，而是像水的波纹一般，一圈圈推出去，愈推愈远，也愈推愈薄"，"社会关系是逐渐从一个个的人推出去的，是私人联系的增加，社会范围是一根根私人联系所构成的网络"。尽管社会结构的转型、市场经济的发育使中国人的差序格局关系有所松动，但是，中国人的行为方式仍未能彻底摆脱"关系"的影响。"关系"不仅直接决定着中国人的行为方式，也影响着中国学者的研究方式。虽然"关系"往往作为社会的"负面"而遭受批判，甚至有学者对此"嗤之以鼻"，但是研究者在中国进行实地调查，却又不得不面对这一社会现实。所以，笔者选择了南方的 W 市、直辖市 T 市和 B 市，以及东北的 J 市、C 市和 S 市。之所以选择这 6 个城市，一是考虑到地点分布的科学性，同时也是顾及这 6 个城市的信息技术教研员与笔者相对比较熟悉。由于笔者担任《中国信息技术教育》杂志的编辑，与这 6 个城市的信息技术教研员都有一定的工作交流。特别是曾经与其中的 W、T、B、C 4 个城市的信息技术教研员一起参加过优质课评选活动，建立了一定的私人关系。靠着私人关系，再加上本研究的确是信息技术教师所关心的问题，所以"守门员"就很容易为笔者开展研究提供方便。

笔者选择 W、T、B、J、C、S 这 6 个城市作为调研地点，这几个城市的信息技术教研员就成为实际意义上的"守门员"。对于学校来说，省市教研室的信息技术教研员是他们的"守门员"，虽然没有直接的隶属关系，但是信息技术教研员具有对信息技术课程进行指导、评优等权力，在一定程度上是信息技术教师在业务上的领导。因此，在笔者进入现场的阶段，这 6 个城市的信息技术教研员成为笔者的熟人、朋友，帮笔者联系满足研究中个案选取原则的学校。这使笔者的研究中没有出现"守门员"

的阻碍。第一研究现场的"守门员"非常配合笔者的研究，为笔者大开研究的方便之门，无论是课堂听课、信息技术教师访谈，还是学生访谈和查阅教学档案等，都是按照笔者的计划和需要提供所有可能的便利与支持。特别是J市的教研员，一直陪同笔者到各个学校进行研究，使得学校方面更为重视，信息技术教师和学生也更加配合笔者的访谈。

在质性研究中，对研究者与被研究者之间关系的认识，持不同科学范式的人有不同的看法。汉莫斯里（M. Hammersley）和阿特肯森（Atkinson）的研究表明，"可以被接受的边缘人"，即"局内人"与"局外人"的双重身份是最理想的选择，两种角色之间所形成的张力使研究者既有一种归属感，又有一定的个人空间。

笔者作为信息技术课程研究者的身份和作为《中国信息技术教育》杂志编辑的身份，使得笔者的质性研究取得了极大的方便。因为，在信息技术课程实施过程中，许多信息技术教研员、信息技术教师和学生对信息技术课程都有着复杂的情感，他们期盼自己能有倾诉对象，笔者的身份恰好符合这种需求，可以作为倾听者和交流者。一方面，他们渴望让信息技术课程政策制订者明白信息技术课程实施的真实情境和实际状况，期待笔者能够将他们的焦虑、期待等向政府行政部门或课程标准的制订者反映。例如，S市的一位信息技术教研员就特意向她的主任提出申请，要求与笔者进行交流，以倾诉她对于目前S市小学信息技术课程的困惑以及困难。另一方面，他们也期待能够从笔者这里听到某些理解和看法，甚至获得某种程度的支持。许多信息技术教师其实期待着能够得到指导和支持，特别是他们对于信息技术课程到底走向何处充满了焦虑，在这种状况下，笔者就能够在相互需要的前提下确定与被研究者的关系。笔者与被研究者彼此之间能够较为信任，特别是笔者每次都特意选择一个独立的空间，只有笔者与被研究者两人，这样也有助于从心理上消除被访者对笔者的戒备。以上的优势就形成了笔者在研究现场的双重角色定位，既有"局内人"获得被研究者接受和信任的权利，又有"局外人"可以保持自己与大多数人不同的行为和思考方式的权利。

在研究过程中，这种双重身份带给了笔者便利。笔者对教师的深度访谈、对学生和教研员的访谈，都因为笔者的这种身份和角色而使交流过程异常顺畅，他们没有顾虑和担心。最长时间的交流仅录音记录就长达两小时之久。

（2）收集资料的主要方法。

本研究中收集资料的方法有多种，如访谈、观察、问卷调查等。笔者在研究中主要采用了质与量相结合的资料收集方法，主要有访谈、观察、问卷调查等方法，通过在研究现场的听和问、课堂观察、现场感受、深度访谈和实物搜集等来尽可能充分地搜集研究资料。

① 访谈。

访谈是本研究收集资料的主要方法。通过对信息技术教研员、信息技术教师和学生的深度访谈，能够直接了解到信息技术教研员、信息技术教师和学生对信息技术课程价值的一些具体认识、理解与看法，信息技术课程价值实现的实际状况，影响信息技术教师和学生对信息技术课程价值认识的因素，以及影响信息技术课程价值实现的因素等。访谈有正式和非正式两种方式，本研究主要采用正式访谈方式。访谈类型分为开放式、半结构式和结构式访谈，本研究中主要采用的是开放式访谈，也有少量半结构或结构式的访谈。对研究对象背景方面的问题是通过结构式访谈来了解的，希望研究对象无拘束地表达个人的想法、看法时，就运用开放式的访谈。对学生的访谈大都采用半结构式访谈，对信息技术教师和教研员的访谈以开放式居多。对每位信息技术教师的访谈基本上都持续了 50 分钟以上，对个别教师的访谈超过了 2 小时。

访谈是围绕着研究的问题和具体问题展开的。根据前面的分析，在访谈中主要解决两个方面的问题：一是访谈对象如何看待信息技术课程的价值；二是信息技术课程价值在实际中的现状。因此，设计的访谈问题也是主要围绕这些方面展开的。

以下为设计的访谈信息技术教师的问题。

第一类：开放性问题。

（1）您认为信息技术课程有什么样的价值？

（2）请谈谈您对目前信息技术课程价值在实际中的实现状况的认识。

（3）您怎么看待有人提出的"没有开设信息技术课程的必要"这种质疑？

第二类：半结构性问题。

（1）您认为信息技术课程对学生个体来说具有哪些价值？

（2）您认为信息技术课程对社会来说会起到什么样的作用，即对于社会来说具有哪些价值？

（3）您认为影响信息技术课程价值实现的因素包括哪些？

（4）您在实际教学中主要采用哪些教学方法？

（5）您认为学生学习信息技术课以后应当掌握哪些东西？

（6）您认为信息技术课程内容中，哪些内容是比较难教的？

（7）学生在学习信息技术课时，是否表现出学习差异？这种学习差异对于信息技术课程价值实现是否有影响？

（8）您认为信息技术教师的素质方面的问题大吗？

第三类：结构性问题。

（1）您现在的学历是什么？是哪所学校毕业的？是什么专业毕业的？

（2）您是什么时候开始教授信息技术课的？

（3）您目前教授哪些年级的信息技术课？曾经教过哪些年级的信息技术课？

（4）您是什么时候来到这所学校的？

（5）您每周用在信息技术课教学上的时间大致有多少（包括各种准备工作）？还承担学校其他什么工作任务？

以上这些问题只是实际访谈中的一个提纲，在具体的实际访谈过程中无法完全按照这些问题进行提问，访谈的顺序与安排好的问题顺序也未必一样。根据每个访谈者的实际特点，以及访谈过程中的访谈进程，笔者会根据访谈目标随时对访谈问题进行调整。

本研究中先确立了理论分析框架，按照理论分析框架确立了访谈提纲，在 2010 年年初对访谈对象进行预访谈，修改了访谈提纲。按照研究的时间安排，从 2010 年 4 月开始至 2010 年 6 月底，对 6 个城市的 20 位中小学信息技术教师、4 个城市的 8 位信息技术教研员以及 2 个城市的 8 名学生进行了实地访谈。实地访谈时间安排如下：① 2010 年 4 月，在 W、T、B 三市实地访谈；② 2010 年 5 月，在 J 市实地访谈；③ 2010 年 6 月在 S、C 两市实地访谈。每位信息技术教师的访谈时间大约为 50 分钟。

② 观察。

观察是实际研究中不可缺少的方法。根据本研究的目的与特点，本研究中主要采用非参与型观察的方法。质性研究中的实地观察分为两种，即参与型观察和非参与型观察。非参与型观察不要求研究者直接进入被研究者的日常活动，研究者通常置身于被观察的世界之外，作为旁观者了解事情发展的动态。这种观察比较客观，但会受到"研究效应"的影响。参与型观察是研究者和被观察者一起生活、工作，在密切的相互接触和直接体验中倾听、观看被观察者的言行。这种观察比较开放、自然和灵活。

本研究中的观察主要是在课堂上的课内观察，也有一些课外观察。课内观察主要是对教师和学生的课堂教学活动的观察，具体观察内容包括教学的主要环节、主要教学目标、教学内容类型、师生角色关系、教学活动的形式与种类和时间、学生主要的学习方式、教师主要的教学方法等，以了解教师在实际的教学中是如何落实信息技术课程价值的，从而了解信息技术课程价值实现的影响因素等。课外观察主要是针对信息技术课程价值实现的支持环境的观察。例如，信息技术教室或实验室环境和条件、教学的设施设备数量和质量、学校的校本教研情况、教研组集体备课情况、学生课前和课下的主要活动等，以了解影响信息技术课程价值实现的主要因素。

③ 问卷调查。

问卷调查作为一种量化研究方法，是对访谈、观察、实物分析的一种辅助研究手段。根据研究问题的需要，笔者分别设计了有关信息技术课程价值及其实现的信息技术教师和学生问卷（见附录）。问卷内容包括结构性问题、半结构性问题和开放性问题。问卷设计主要包括以下几个指标：对信息技术课程价值的认识、信息技术课程价值实现的状况以及影响信息技术课程价值实现的因素等，关于认识方面的问题采用了 5 等级量表的形式。本研究在 2010 年 6 月发放了调查问卷，对全国 6 个地区的信息技术教师和学生进行了问卷调查。

④ 文献资料。

除了观察、访谈、问卷调查外，本研究还注意收集信息技术课程的各种文献或文件作为研究的辅助性资料，以进一步从整体上了解与信息技术课程价值有关的问题。这些文献具体包括省、市等的信息技术教学指导性文件，信息技术教师的教学计划、教案等，有关学校和教研组的管理与教学的规定和计划，学生作业、学生作品或产品、考试试卷、教师开发的教学资源、学生的学习心得等。例如，本研究先后收集了 2 个省份的高中信息技术学业水平考试方案等资料。此外，本研究中收集的文献资料还包括 S 市所做的小学信息技术课程调研资料等。这些资料一方面指引着本研究的观察和访谈，另一方面也是本研究重要的佐证资料。

4. 资料的整理与分析

资料的整理与分析是指根据研究目的对所获得的原始资料进行系统化、条理化，然后通过逐步集中和浓缩的方式将资料反映出来，其最终目的是对资料进行意义解释。登青（Denzin）认为，在质性的研究中，没有任何"客观存在可以自己为自己说话"。"客观存在"之所以存在、之所以"有意义"，是因为经过了研究者的分析和解释。[①] 黄瑞琴也指出，质的资料分析过程就像穿过森林发现一条路径，是对于研究者思考能力的一种测试……这些认识组成了通往学校深处的"小径"，它们虽然模糊，但给了我们走出"森林"的信心。[②] 因此，如何对收集到的资料进行整理和分析，是研究中非常关键的环节。本研究中收集到的资料，既包括录音资料，也包括调查问卷等。笔者试图通过不断的阅读和思考，一点一点地梳理，从而逐渐地了解资料背后的丰富内涵。

（1）录音转换整理。

资料整理与分析的第一步是将访谈的所有录音资料整理成数字化文档。整理的过程主要完成两件事情，一是全部原样地将录音转换为文字。在转换过程中，需要一句话反复听几遍，才能够真正地记录下来，转换过程重温了当时和被访谈者交流的全过程，当时被访谈者的音容笑貌等也都历历在目。同时，整理访谈录音时，还结合访谈时记录的访谈笔记进行了修正。二是对与笔者发生互动或碰撞的内容加上注释、标记，以记下笔者此时的认识或想法，为以后的分析提供信息。

笔者：您觉得现在信息技术教师的信息技术素养怎么样？

ST5：不客气地讲，信息技术教师的来源太复杂，有的可能是体育教师，总体来说，信息技术教师的理论素养是所有学科里最低的。

笔者：那这两年是不是有所好转？

---

① 陈向明. 质的研究方法与社会科学研究［M］. 北京：教育科学出版社，2000：269.

② 谢翌. 教师信念：学校教育中的"幽灵"［D］. 长春：东北师范大学，2006：27.

ST5：有所好转，但也不是很乐观。因为很多教师认为学校不重视，学校如果重视的话，会好很多。但是事实上，我的体会是，即使初中都会考，初中教师的水平和学生学习的态度，我也没感觉有什么变化。所以，即使高考加进去了，我也感觉不是很乐观。但是我觉得不是高考的问题，不是高考加了信息技术，信息技术教师就会有什么变化，而是内在的驱动力。我接触过一些教师，实际上是有一些灰心的，他自身并不想提高。我们省和市也请我去讲过算法与程序设计，我刚一把题目打出来，教师就说除了你们学校我们开不了。他自己本身就不会，还不想学，这是最可怕的。

（2）资料分类、编码。

在整理完录音后，笔者根据资料获得来源的属性对资料进行了分类和编码，将资料分为访谈类（分类码为访1）、观察类（分类码为观2）、文献类（分类码为献3）、问卷类（分类码为卷4）等四类。如访谈类的编码形式为"访1-S-ST1"，其中访1是分类码，S为城市代码，ST1为教师代码。

（3）资料分析。

在对资料进行分类整理后，主要集中精力进行资料的分析，分析的主要过程如下。

① 反复阅读文本形式的资料，按照研究的目标和研究架构中确定的主要问题，对一些重要的和可能有意义的内容做出标注。这是资料分析的初步阶段，在此阶段对被研究者所述内容的分析角度是发散的，甚至是焦点不清晰的，因此对资料的标注内容也是广泛的。在阅读和标注资料的过程中，笔者主要是根据信息技术课程价值的本体论、认识论和实现论的研究思路，将现场获取的资料与研究理论框架相结合，找到其中的切合点，从资料中了解更多与本项研究有关的内容。

② 对多个主体的访谈资料按照前面列出的类别结构进行综合归类，并将课堂观察资料整合在其中。综合归类的过程实际上是一个信息选择、理解多主体和多主体再次对话的过程。在这个过程中，将多个主体的访谈资料全部打乱，按照类别结构进行归类和编码。将所有的访谈资料进行综合的类属分析是一项十分复杂的工作，这一过程持续时间最长，也最为艰

辛，其间需要细心和技巧，也需要一定的资料整理技能。这一阶段的分析还需要发掘资料背后的结构，以便形成研究结果表达中有关细节或深层的逻辑和内容。"一个类属可以有自己的情境和叙事结构，而一个情境故事也可以表现一定的意义主题"，所以在进行资料分析时，笔者是将这两者有机地结合起来进行的。

③ 对每一类具体问题进行仔细的分析，找出访谈对象在这个问题上的共同特征，并且将这些特征进行分类整理。在这一分析过程中，主要是从访谈资料出发，先列出资料中反映出来的各种特征，从中归纳出一些有意义的内容。本研究中，关于信息技术教师和学生对信息技术课程价值的认识采取的就是这样的分析思路。

④ 对问卷进行统计与分析。统计处理按照两个维度展开，一个维度是结构化问题和开放性问题，另一个维度是信息技术教师和学生这两类主体。这样的统计结果能够清晰地反映多种主体对信息技术课程的价值及其实现的认识和理解。对问卷的处理基本上是采用概率统计学的思想进行量化分析。此外，本研究还对一些认识采用了差异检验的方式进行分析。

四、研究的效度

研究的信度和效度可说明一项研究的品质。信度和效度都是品质测量的概念。在传统的实证量化研究中，效度是一个判定标准，目的是通过可观的测量和量化推论寻求一种普遍的法则。"而质的研究所遵循的思维范式与量化的研究不同，关注的不是客观的分类计量、因果假设论证或统计推论，而是社会事实的建构过程和人们在特定社会文化情境中的经验和解释。"[①] 这就是说，这两个术语在质性研究中的意义有所变化。质性研究中的效度主要是指研究结果的表述是否真实地反映了在某一特定条件下，某一研究人员为了达到某一特定目的而对某一研究问题以及与其相适应的方法对某一事物进行研究的活动。当我们说某一研究结果效度较"高"时，我们不仅指使用的方法有效，也指该结果的表述再现了研究的所有部分、方面、层次和各个环节之间的协调性、一致性和契合性。[②] 信度也是

---

① 陈向明. 质的研究方法与社会科学研究［M］. 北京：教育科学出版社，2000：99.
② 陈向明. 质的研究方法与社会科学研究［M］. 北京：教育科学出版社，2000：389-390.

来自量的研究中的概念，指研究结果的可重复性。目前，大多数质的研究者有一个共识，就是量的研究意义上的信度概念对质的研究没有实际意义。① 所以，目前在质性研究中不讨论信度的问题。

影响研究效度的因素很多，总结起来可以包括以下几个方面。一是描述的准确性。这种效度主要受制于收集资料的环境和工具、研究者的个人状况、资料的收集与分析过程以及研究关系等。二是解释的确切性。研究者了解、理解和表达被研究者对事物所赋予的意义的"确切"程度是效度的一个重要标准。三是研究者的个人生活史。生活史研究最大的力量在于洞察个体的主观现实，让主体去为他（她）自己说话。②

首先，在研究对象的选择上，为了保证研究能够接近信息技术课程实际状况的"真实"，笔者在研究抽样时尽量扩展主体群和主体的多元性，听取不同的声音，以确保研究的效度。本研究访谈了信息技术教研员、信息技术教师和学生等三类主体，并且每类主体都确保了不同的特征分类，从而从研究对象角度保证了研究的信度和效度。

笔者依据研究目标和研究问题，先行拟订了一份访谈大纲，并且对2名信息技术教师、1名信息技术教研员和1名学生进行了访谈，试图了解访谈提纲的适用性，并且根据访谈的情况对访谈提纲进行整理，据此确立了正式的访谈提纲。此外，笔者在进行问卷调查时，在初步设计调查问卷后，先对20位信息技术教师和40名学生进行了预调查，根据预调查的统计结果，对调查问卷进行了修订，从而确定了正式的信息技术教师和学生的调查问卷。

在实地访谈时，所访谈的20位信息技术教师、7位信息技术教研员和8名学生，都是笔者亲自进行访谈，并且每次都是按照访谈大纲所列的访谈要点进行访谈，以保证访谈资料的一致性。并且在每次访谈前，都向被访谈者详细叙述本研究的目的，并且出示访谈大纲，使被访谈者了解访谈的要点，从而能够有针对性地提供翔实的资料。在实际访谈过程中，当笔者不清楚被访谈者所表达的意思时，则会针对该问题进行确认。访谈

① 陈向明．质的研究方法与社会科学研究［M］．北京：教育科学出版社，2000：100．
② 唐丽芳．课程改革中的学校文化——一所学校的个案研究［M］．长春：东北师范大学出版社，2007：41-44．

时，在征询被访谈者的同意后，笔者对所有的访谈当场进行录音，并且随时对访谈进行记录。笔者希望通过这样的访谈，确保访谈资料的完整与准确。

访谈后，笔者通常会立即结合访谈记录整理访谈录音，从而使得资料能够有效地记录下来。

资料的收集和整理，只是第一步，关键的是资料的分析阶段。在资料的分析阶段，笔者试图通过有效的资料分析过程保证研究的效度。资料的分析是一个复杂的过程，既没有完全固定的模式，也由于资料和研究问题的不同而有所不同。在资料分析过程中，笔者尽量采用更加科学的分析方法，结合研究目标和问题，对访谈、观察、问卷调查的资料进行比较详细和深入的分析。此外，笔者还采用三角测量的方法，综合运用观察、访谈、调查问卷和文件等多方面的资料来解释本研究的发现，以使研究的效度得到提高。

然而，尽管有着上述提高研究效度的努力，但由于田野研究在信度方面存在的潜在问题，使笔者在回顾研究过程的众多环节中，仍然感到笔者作为研究工具无法摆脱自身对研究结果的影响。比如，对访谈和观察中获得的原始研究信息的呈现，难免带入个人主观信息的色彩。因为在研究过程的多个环节都涉及对信息的分析、运用、组织，即使在信息获取环节采取的是撒网式的做法，以尽量避免个人主观对信息获取阶段的干扰，但在后三个环节中，由于本研究对信息承载容量的局限，以及个人驾驭能力的限制，必然涉及对原有信息的筛选、过滤和运用，特别是对原有信息分析这一环节，个人主观的判定和取舍必然会体现在其中，尽管有理论指导作为决策的依据，也肯定无法完全保证判断和取舍的客观合理性。这对于从质性研究得到结论的部分结果不能不构成某种倾向性的影响。

第二章 信息技术课程价值相关研究进展

任何研究都是在原有概念与研究基础上进行的再研究。信息技术课程价值也是基于前人和他人关于价值、课程价值以及信息技术课程价值的相关研究而进行的再研究。基于研究信息技术课程的价值体系、价值实现以及影响因素，本章把相关研究分成价值、课程价值、信息技术课程价值三个方面来进行论述。价值概念综述主要以厘清价值的概念内涵为主要内容，课程价值则主要关注有关课程价值的研究综述，信息技术课程价值则主要是梳理有关信息技术课程价值的相关研究。

一、价值相关研究进展

对于价值这个概念，人们既可以从日常生活的意义上加以认识，比如把好的、有用的人或事物看成是富有价值的；也可以从经济学的视角出发，把价值看成是凝聚在商品中的无差别的社会劳动。人们也可以从精神生活的角度，即从人自身生活的终极意义方面理解价值的内涵，这个层面的价值就是哲学研究的一个基本概念，价值哲学研究也是哲学研究的一个重要领域。那么哲学视野下的价值到底是什么呢？价值是如何产生的呢？下面我们试图通过简单的阐释来说明这些问题。

汉语中的哲学术语"价值"一词，相当于英语中的 value、法语中的

valeur、德语中的 wert。value 一词最初来自梵文的 wer（掩盖、保护）和 wal（掩盖、加固）、拉丁文的 valfo（用堤护住、加固）、vaneo（成为有力量的、坚固的、健康的）和 valus（堤），具有对人掩护、保护、维持等意思，后来演化成为"可珍惜、令人重视、可尊重"的词义。从这个词的原始意义来看，它所涉及的事实景象是人的生命安全、健康之类的活动。它既不是单指某物的属性，也不是关于人的主观感受，而显然是在人与物之间发生相互作用的关系时，人将其本身的一种需求归于或赋予某物。

要了解价值，我们可以从其概念的发展历史来看。价值这个概念其实在古代就已经为人们所提起了。然而，将价值论作为一个学科，却是近代的事情。在 18 世纪，休谟和康德先后提出了事实判断与价值判断、实然世界与应然世界的划分，这种区分后来多被用"存在与价值"或"事实与价值"来表示。进入 20 世纪以来，价值论逐渐在哲学中成为一个独立的研究领域。美国哲学家厄尔本在 1909 年出版的《评价：其本性和法则》一书中正式提出用"价值学"（axiology）来命名一门与认识论（epistemology）不同的学说。冯·哈特曼 1911 年出版的《价值学纲要》一书，则正式把它用作书名。一般认为，以上是关于价值学名称的最早记录。在西方，20 世纪是价值研究最为热烈的时代。价值哲学对于 20 世纪的西方哲学乃至其他社会思潮的发展，产生了极为重要的影响。在德国，不仅研究价值问题的哲学传统连绵不绝，而且影响了伦理学、教育学、社会学等领域。王坤庆将西方价值理论大体上分为两个派别，即主观唯心主义价值论和客观唯心主义价值论。这两种价值论都是错误的，主观唯心主义价值论抛开价值存在的客观基础，夸大主观意向的作用。客观唯心主义价值论则贬低甚至否定物质价值，极力抬高精神价值、伦理道德价值。① 在我国，由于将价值作为唯心主义加以批判，所以在 1976 年前，价值研究一直处于停滞阶段。之后，价值研究才逐渐迎来了自己的春天。我国的价值哲学研究与西方的价值哲学研究不尽相同。我国的价值哲学研究基本上都是以马克思主义的辩证唯物主义哲学观为指导，强调价值不是空洞的和唯主观的，而

---

① 王坤庆. 教育哲学——一种哲学价值论视角的研究 [M]. 武汉：华中师范大学出版社，2006：169.

是一定要有客观基础。脱离了人类社会、客观物质世界和精神世界的存在，而空洞地去谈价值，都不是严谨的科学态度。

然而，到底什么是价值呢？该如何理解价值这个概念呢？从宏观上而言，"价值"目前有三个方面的含义。一是价值是一种观念，这种观点下的价值其实是与价值观念相同的。例如，李元墩、李坤崇总结了几个要点来说明价值的性质：价值是一种信念，价值是个人或社会的喜好，价值是行为的方式或存在的目标，价值是有组织的体系，价值是持久的。二是经济学、社会学等社会科学中广泛使用的价值概念，如经济学中的价值含义，是指凝集在商品中的一般的无差别的社会劳动，表示物的对人有用或使人愉快等的属性。三是哲学意义上的一般价值概念，即从各学科中抽象出价值的本质特征而形成人们对价值的最普遍的认识，一般称为"价值学"或者"价值论"。

对哲学意义上的价值，一般有以下三种关于价值的认识，即实体说、固有属性说和关系说。①

实体说把价值理解为实体。实体说又分为唯客体论的实体说和唯主体论的实体说。唯客体论的实体说把价值等同于客体。例如，英国哲学家摩尔认为"许多的不同的东西本身就是善的或者恶的"②，这就是一种唯客体论的实体说。这种观点只看到客体对价值的作用，忽视了主体的作用，不能解释价值因人而异的现象，是片面的，实质上是一种机械论的观点。唯主体论的实体说把价值等同于人或认为人就是价值本身，所以这种观点在方法论上是唯主体论的实体说。而价值不是实体，也不是事物固有的属性，用实体说解释人的价值存在着不少困难。

固有属性说把价值视为客体本身固有的属性。例如，美国学者罗尔斯顿认为，"进入人们视野的那些自然属性，是在人类出现之前就已客观地存在于大自然中的"，"自然物的这些属性被观赏者的知觉记录下来，并被翻译成了实实在在的价值"。③ 也就是说，人们知觉的价值是自然物的属性的反映，自然物的这种属性是客观的，价值也是客观的。固有属性说

---

① 王玉樑. 关于价值本质的几个问题［J］. 学术研究, 2008（8）：43-51.

② 摩尔. 伦理学原理［M］. 北京：商务印书馆, 1983：3.

③ 罗尔斯顿. 环境伦理学［M］. 北京：中国社会科学出版社, 2002：156-157.

看到了客体及其属性的作用，坚持价值的客观性，有其合理之处，但它没有看到主体的作用，不能解释价值因人而异的特点，是一种片面的机械论的观点。

关系说认为价值是关系范畴，不是实体范畴，也不是事物固有的属性。广义的关系说认为价值是事物（或人）相对于人或物而言的，狭义的关系说认为价值是对象或客体相对于人而言的。狭义的关系说被称为主客体价值关系说，我们通常所说的关系说指的就是主客体价值关系说。这种关系说认为，价值是主体与客体相互作用的产物，是客体对主体的作用和影响，即客体对主体生存发展完善的积极效应，价值既离不开客体，也离不开主体，离不开主体与客体的相互作用。这种观点从价值的存在出发，既肯定主体的作用，又肯定客体的作用，既坚持价值的客观性，又肯定价值的主体性，能较好地解释价值因人而异的现象，比实体说和固有属性说更为合理。其中，最具代表性的观点是"满足说""意义说"和"效应说"等。例如，袁贵仁将价值定义为："价值是主体和客体之间的一种特殊关系。"李连科将价值定义为："所谓价值，就是客体与主体需要之间的一种特殊关系。"

还有一种说法是实践说。实践说是对关系说的继承和进一步发展。它以彻底唯物主义的实践观为根据，在吸收关系说成果的基础上，阐述一种新型的价值学说。它首先承认价值是一种关系现象，指出价值是作为一种特定的"关系态"或关系质而产生和存在的，然后指出价值的客观基础是人类生命活动，即社会实践活动所特有的对象性关系——主客体关系，价值是这种关系的基本内容和要素；价值产生于人按照自己的尺度去认识世界和改造世界的现实活动；价值的本质，是客体属性同人的主体尺度之间的一种统一，是"世界对人的意义"。关于实践说的价值理解，李德顺提出了他的观点："所谓价值，就是指客体的存在、属性及其变化同主体的尺度是否相一致或相接近。"[①]

以上关于价值的观点很多，笔者比较倾向于目前公认的关系说的价值定义，即"价值是主体和客体之间的一种相互满足的关系"。关系说更能概括价值的内涵，而实践只是价值所有属性中最重要的一个方面而已。

---

① 李德顺.价值论［M］.第2版.北京：中国人民大学出版社，2007：27，39.

确定好价值的定义，可以为本研究提供最基本的理论基础。将关系说的价值定义应用到信息技术课程价值研究中，就是从主体与客体之间相互满足的角度来审视信息技术课程价值，即作为主体的人（包括社会和个人）的需要与作为客体的信息技术课程之间的一种满足关系。应用这种定义是为了说明信息技术课程价值不单单是主体或者客体的固有属性，它应该考虑主体和客体两者之间的关系。讨论信息技术课程的价值，不能单单考虑信息技术课程的属性，还应取决于主体的需要。没有主体的需要，客体的属性则是毫无价值的。所以，理解和研究信息技术课程价值，我们就以关系说的价值定义来进行分析，即通过考证客体属性和主体需要的关系来分析价值的本质所在。

二、课程价值相关研究进展

（一） 课程价值的概念

在界定了价值的概念以后，作为研究对象，我们需要把价值理论应用于课程领域中，即课程价值问题上。在早期，课程价值与教育价值是不分离的，因为教育的基本问题还是课程问题。斯宾塞最早提出了"什么知识最有价值"的问题。他认为，在制定一门合理的课程之前，我们必须确定最需要知道些什么东西"或是用培根那句不幸已经过时的话说，我们必须弄清楚各项知识的比较价值"[①]。斯宾塞还认为，科学知识最有价值，他衡量知识的价值尺度是"是否有利于完满人的生活"。

美国和德国的一些学者也探究了课程价值问题。在美国，具有代表性的人物是杜威。杜威将价值分为"内在价值"和"外在价值"（又称工具价值）。杜威认为，课程中的各个科目都有内在价值和外在价值，因为每一种课程都对经验有直接的贡献，能令我们直接欣赏，同时它又可以作为手段来达到人们的其他目的，而决定某一科目有多少工具价值的唯一标准是看它对于经验里各种直接的内在价值有多大贡献。在德国，斯普朗格是研究教育价值比较多的学者，他的价值观被称为"文化价值观"。他认为，教育的任务在于传递文化，体验文化价值，并培养能创造文化价值的

---

① 斯宾塞. 教育论——智育、德育和美育 [M]. 胡毅，译. 北京：人民教育出版社，1962：6.

人格，而人格的内在构成以价值为中心，教育的目的是人格的陶冶，而陶冶的理想是最高的人格价值。斯普朗格认为，教育的第一个特征在于摄取各种客观价值，从而使人格的内部发生生命；教育使受教育者摄取各种文化价值，而使其消化于自己的人格生命之中；教育不在于使人单纯获得死的知识，而是使人通过文化价值的摄取，获得人生的全面体验，进而陶冶自己的人格和灵魂，达到灵与肉"全面唤醒"的高度，成为多维的人——全面发展的人。① 此外，德国文化教育学家李特的思想也较多地涉及课程价值。他将"文化课程"分为三个层次：一是"价值体验"；二是"价值结构"；三是"价值类型。"

以上是西方关于课程价值的有关研究结果，国内有关学者认为，西方的课程价值理论基本上是围绕着以下问题展开的：第一，什么学习领域是最有价值或较有价值的？第二，这些学习领域都有什么价值？第三，它们是对谁有价值的？第四，它们为何是有价值的？② 第一个问题涉及课程内容的选择问题；第二个和第三个问题则与内容选择密切相关联，是紧接着内容选择之后要回答的问题；第四个问题涉及的则是为取向或选择做辩护的具体论证。

近年来，国内陆续有一些学者研究课程价值问题，并对课程价值的概念加以界定。陆志远认为："所谓课程的价值，是指课程能满足主体，即人（教育者、受教育者）和社会的一定需要，亦即课程的存在、作用及其变化对一定主体需要及其发展的适应，通俗地说，课程的价值，就是课程对人和社会的意义。"③ 靳玉乐、杨红根据马克思主义关于"价值"的论述提出："课程价值就是指课程满足主体一定需要的属性，即是说课程的存在、作用及变化对于一定主体需要及其发展的适合。"王燕认为："课程价值是课程对个体（教师与学生）和社会发展的意义，是对个体和社会一定需要的满足。"④ 从上述定义中我们可以看出，课程价值的定义延

---

① 邹进. 现代德国文化教育学 [M]. 太原：山西人民教育出版社，1992：75.

② 施良方. 课程理论：课程的基础、原理与问题 [M]. 北京：教育科学出版社，1996：196-215.

③ 陆志远. 课程的价值与评价 [J]. 海南大学学报，1994（1）：99-104.

④ 王燕. 课程价值取向之"应然"：兼评传统基础教育课程价值取向之偏差 [D]. 南京：南京师范大学，2003.

续的都是价值定义在课程领域的具体应用，主要强调的是作为客体的课程对于作为主体的人和社会的需要的满足。

（二）已有的研究成果

课程价值研究一直受到了国内外学者的关注。我国的课程价值研究受到课程改革等政策的影响，涌现出了许多有价值的研究成果。笔者收集了大量国内有关课程价值研究的文献资料，下面在此基础上从以下四个方面对我国课程价值研究现状进行评述。

1. 教育价值研究中包含的课程价值研究

教育价值问题是教育研究关注的一个老话题，自从有了教育，就产生了教育价值问题。教育价值是教育主体与客体之间以需要满足为纽带的一种关系。课程价值作为教育价值体系中的重要组成部分，自然也会在教育价值表述中得到体现。国内专门研究教育价值的专著不多，教育价值主要是作为教育哲学研究的一个组成部分，在有些教育论著中也有一些零散的论述。将教育价值作为专门研究课题的有华中师范大学的王坤庆教授，他先后出版了《现代教育价值论探寻》（湖南教育出版社，1990 年出版）、《教育哲学———一种哲学价值论视角的研究》（华中师范大学出版社，2006 年出版）等关于教育价值研究的论著。在《教育哲学———一种哲学价值论视角的研究》一书中，王坤庆教授将教育价值分为宏观层次和微观层次两个层次。此外，他还在他的教育价值理论体系中阐述了课程价值问题。总的来说，包含在教育价值中的课程价值研究一般都比较笼统，仅仅停留在宏观论述层面，基本上属于理论阐述，不够深入和具体。

2. 各种类型教育的课程价值研究

根据教育的对象、任务、内容和形式的特征对教育进行划分，可以将教育分为不同的类型。教育类型主要有家庭教育、学校教育和社会教育等三种。学校教育又包含学前教育、初等教育、中等教育、职业教育以及高等教育等不同类型。由于各自不同的特点，当细化到不同类型的教育来研究课程价值时，得到的课程价值自然不尽相同。目前，我国在不同类型教育的课程价值研究方面已经形成了一些研究成果。例如，有人就专门研究过职业教育的课程价值，强调其对于学习者的实践培养价值；也有学者深入阐述了高等教育的课程价值。人们对不同类型教育课程价值的研究一般只是停留在简单思辨的层面上，很少有专门的系统研究。只有南京师范大学的虞永平教授对学前课程价值进行了系统的研究。虞教授采用一般价值论中的价值主体分析法、价值客体分析法及价值关系分析法，主要探讨了以下几个问题：学前课程对于各类主体，尤其是幼儿的需要的满足关系；学前课程的价值在学前课程实践中的变异及趋向；学前课程中主要的价值关系，以及它们在课程设计、课程实施等环节的表现和反映。① 他的学前课程价值研究不仅丰富了学前课程理论研究领域，其研究成果作为国内较早的研究课程价值的理论著作，也为其他课程价值研究者提供了很好的参考和借鉴。

3. 具体学科领域的课程价值研究

课程研究最后都要走向具体学科领域，课程价值研究也是如此。审视我国课程价值研究可以发现，我国在具体学科课程价值研究方面取得了长足发展。近年来，随着具体学科领域课程理论研究的深化，特别是课程改革的深入，"为什么学习某个具体学科课程"日益成为课程研究者必须解答的问题，即具体课程价值研究日益得到重视。

在笔者查阅的课程价值研究文献中，绝大多数都涉及了具体学科领域的课程价值研究，其中有不少博士论文、专著等，如表2-1所示。在数学教育领域就有1篇专著、2篇博士论文研究课程价值问题。音乐、地理、历史、思想政治、体育、小学品德等学科课程领域，也都有相关课程价值研究的博士论文和专著。例如，天津师范大学的仲小敏博士就对中学地理课程的价值进行了系统的研究，从价值的主客体关系出发，探索了地理课程价值在多种"课程形态"即"正式课程—领域课程—运作课程—经验课程"间转换的情况下，人们对地理课程价值的认识、创造与实现的事实。②

从目前的具体学科课程价值研究成果来看，我国的课程价值研究处在逐步发展中。从研究方法来看，从最初只注重思辨式研究逐渐转变为注重实证式研究。目前，看到的关于具体学科课程价值研究的博士论文基本上

① 虞永平. 学前课程价值论 [M]. 南京：江苏教育出版社，2002.
② 仲小敏. 我国现代中学地理课程价值与实现 [M]. 长春：东北师范大学出版社，2007：139-140.

都采取了问卷调查、访谈等研究方法，使得理论思辨与实证验证紧密地结合起来，取得了良好的研究效果。从研究内容来看，已从最初的仅仅是课程价值理论体系的构建，逐渐扩展到课程价值取向、课程价值认识以及课程价值实现等方面。从研究的理论基础来看，具体学科课程价值研究没有突破马克思主义的主客体关系说的价值理论，而是在此理论基础上结合各学科课程特点构建学科课程价值体系。

表2-1　国内学科课程价值相关研究成果

作　者	书名或论文题目	出版社或所在学校	时　间
仲小敏	我国现代中学地理课程价值与实现	东北师范大学出版社	2007 年
虞永平	学前课程价值论	江苏教育出版社	2002 年
黄翔	数学教育的价值	高等教育出版社	2004 年
齐健，赵亚夫	历史教育价值论	高等教育出版社	2003 年
项久雨	思想政治教育价值论	中国社会科学出版社	2003 年
顾继玲	现代数学课程的价值取向研究	南京师范大学	2005 年
宋宝和	高中数学课程价值取向研究	西南大学	2004 年
张业茂	走向和谐：音乐教育的价值追寻	华中师范大学	2010 年
张文静	体育教学价值研究	南京师范大学	2007 年
刘向永	信息技术课程价值研究	东北师范大学	2011 年
汤慧池	中美基础教育音乐课程价值取向及比较研究	湖南师范大学	2011 年
邢志芳	普通高中通用技术课程价值及实现研究	东北师范大学	2011 年
刘洁璇	小学品德课程价值生成研究	南京师范大学	2011 年

　　例如，顾建军对通用技术课程价值的重要性有精彩的论述。他认为，通用技术课程价值是指通用技术课程对于社会发展、技术发展和人的发展的作用与意义。我国的教育行政部门重视通用技术课程是基于一种价值认识，不重视甚至消极观望同样也是基于一种价值认识。有些通用技术教师

把通用技术课上成了创造发明课，这就是一种价值认识与价值选择，而有的通用技术教师以技术素养为核心进行课程教学，同样也是基于一种价值认识与价值选择。通用技术课程的教育价值认识及选择不仅是课程设计，也是课程实施的重要基点和依据。通用技术课程的教育价值体系是一个结构性的系统，它能将构成课程的各种要素，如社会、学生、知识以及课程的各个方面，包括课程目标、课程内容、课程实施、课程评价等结合在一起。①

此外，前面已提及的天津师范大学的仲小敏在她的博士论文中，比较全面而系统地对我国当前中学地理课程的价值及其实现进行了研究。她从价值的主客体关系出发，提出从微观、中观、宏观三个层次进行分析，构建了开放的当代地理课程价值内容系统，提出了地理课程价值目标层次系统。此外，她还从课程价值活动出发，对影响地理课程价值实现的学生的价值认识取向及教师的价值行为倾向进行了调查研究，探讨了影响地理课程价值的因素及对策。

4. 课程价值取向研究

课程价值取向研究是课程价值研究的重要内容。由于人们对于价值、课程价值等尚无统一的认识和看法，所以对课程价值取向的认识并不统一。对于课程价值取向的理解和认识，有广义和狭义之分。广义的课程价值取向是指人们的课程观的不同，即人们理解和实施课程时的不同倾向，狭义的课程价值取向是指课程主体在进行课程活动的过程中做出价值选择时所带有的倾向性。

刘志军教授认为："课程价值取向是人们基于对课程总的看法和认识，在制订和选择课程方案以及实施课程计划时所表现出的一种倾向性。课程价值取向的不同不仅会影响人们对课程的整体认识，它对课程开发过程的各个环节，如课程目标的确定、课程内容的选择、课程实施以及课程评价等都有着至关重要的作用。课程价值取向随着时代的变迁，会有很大的差异。"②

要从本质上揭示课程价值取向的含义，就要以对价值取向的相关理解

---

① 顾建军. 通用技术课程有独特的课程特性与教育价值 [N]. 中国教育报, 2009-03-27.
② 刘志军. 课程价值取向的时代走向 [J]. 教育理论与实践, 2004 (10): 46-49.

和认识为依据。我们认为，课程价值取向就是指课程价值主体按照当前认识水平，以一定的客观价值标准为依据，在课程价值实践过程中表现出来的心理倾向与行为趋向。

西方关于课程价值的研究，主要强调价值取向（value orientations）研究。艾斯纳（Eisner）和麦克尼尔（McNeil）归纳出了五种基本的课程价值取向，即学术理性主义取向、认知过程取向、人本主义取向、社会重建主义取向和技术学取向。学术理性主义取向主张学校课程要帮助学生学会怎样学习知识，为学生提供学习的材料，重点强调知识、技能和学科的整体价值，倾向于以教师为中心，重视讲解的方法；认知过程取向强调学生学会如何学习的必要技能和过程，最重要的学习内容是那些能使人们理性地面对世界和解决问题的能力，强调以学生为中心和以教师为中心相结合；人本主义取向主张学校课程应该向学生提供有利于促进人的发展的经验，教师要提供一个良好的情境，促进学生的自我学习，强调人的成长，重视过程评价，常采用观察、谈话、日记、参与和逸事记录等；社会重建主义取向认为，学校的课程要适应社会的需要，必要时要加速课程的变化以适应社会需要，学校的课程是为了理解社会的需要，在课程中要表现社会需要、社会问题，让学生参与评价；技术学取向强调运用各种设备和媒体，确定使用更有效的方法完成时限所期望的任务，在内容的选择和组织上常借用其他取向的观点。

课程价值取向的一个重要研究领域就是课程实施中的课程价值取向研究，特别是研究教师的课程价值取向问题。笔者查阅了一些国外的课程价值取向研究文献，比较有影响的课程价值取向是体育课程价值取向研究。朱伊特（Jewett）等人于1995年提出了体育课程的五大价值取向，分别是：学科精熟（disciplinary mastery）、自我实现（self-actualization）、社会重建（social reconstruction）、学习过程（learning process）和生态整合（ecological integration）。恩尼斯（Ennis）则开发了体育课程价值取向量表（value orientation inventory），而且开展了教师价值取向的调查，国内外有关价值取向的研究多以此作为理论根据。

近几年，国内一些研究者也开始逐渐关注课程价值取向的研究，并先后取得了一些研究成果。此类研究多是进行教材分析，得出其所涵盖的课程价值取向。例如，李广的博士论文就为《中日小学语文课程价值取向跨文化研究》，该研究以中日两国小学语文课程作为研究对象。

（三）课程价值分析维度

课程的价值是一个复杂的系统。例如，陆志远认为，按照课程价值的客体承担者划分，课程价值大致可以分为社会发展价值和人的发展价值两大类。从主体需要与课程（客体）属性的种种排列组合来看，可以把课程的社会发展价值分为社会经济价值、精神文化价值、政治价值；把课程的人的发展价值分为个性发展价值和谋生价值。课程的人的发展价值是其社会发展价值的前提，只有社会的每一分子——人得到了充分全面的发展，社会才能进步；而课程的人的发展价值的实现又受到社会发展价值的制约。

从学科课程价值来看，研究者关于课程价值分析的维度不尽相同。很多学者基于课程满足学生个体与社会的需要进行分析，根据学科课程主客体的需要满足关系，将学科课程价值区分为社会价值和个人价值两个维度。认同这种课程价值两分法的学者比较多。例如，郑长龙、梁佩君认为，理科课程的价值主要体现在两个方面：一方面是内在的，即理科课程本身所固有的，其他课程所不具备的，也可称为"本体论"意义上的价值；另一方面是外在的，即理科课程作为学校课程的一个组成部分，在反映和落实学校课程总目标的过程中所表现出来的价值。理科课程的外在价值也可称为"工具论"意义上的价值。理科课程"本体论"意义上的价值，主要是满足学生的需要，其价值主体是学生；理科课程"工具论"意义上的价值，主要是满足社会的需要，其价值主体是社会。理想的理科课程应该是既满足学生需要，又满足社会需要，而不是只偏重一方，忽视另一方。[①] 这种笼统地以社会价值和个人价值来区分课程价值体系的做法，或许显得有些简单，不够科学。也有的学者认为，学科课程的价值除了自己的独特价值外，还需要兼顾一般课程所具备的价值。例如，顾建军就按照核心价值和共通价值来区分通用技术课程的价值。他认为，需要注意的是，在通用技术课程中，提高技术素养体现了课程的主体价值，而其他诸如实践能力、创新意识等是课程的共通价值，是诸多课程都可以实现

---

① 郑长龙，梁佩君. 论理科课程的价值 [J]. 化学教育，2000（4）：9-10.

且需要共同实现的价值。因此，我们无论在理论上，还是在实践上，对通用技术课程的价值认识都必须从结构上进行把握。①

各个学科并不是简单地从社会价值与个人价值两个维度来确定课程价值，每个学科都根据自己的学科课程特点，在综合社会价值和个人价值的基础上，得出各个学科自己独特的价值。例如，仲小敏认为，地理课程价值体系包括可持续发展教育、国际教育、生活教育、公民教育、认识教育等五大方面。每个大方面下面包括更加详细的分析，比如生活教育下面包括生命教育、生存教育和生活教育。给出这样的分类，主要是基于地理知识、社会需要和学生需要三个方面的考虑。② 江宇则从体育的本质出发，论述了体育课程的本原价值，包括生物改造价值、运动技能价值、体育文化价值和情感适应价值。江宇认为，体育课程被修饰成了"全能型"的课程，但是泛化的体育课程价值观，必然会导致体育课程本原价值的淡化。③

从学科课程价值主体的角度来看，一般的学科课程价值研究，主要将研究的主体放在社会与学生个体两个方面。其实，课程价值的主体是多层次、多方面的，从层次上来说，价值的主体是"人"，而主体"人"的存在方式则可以分为人类、群体和个体。从类别来说，课程价值的主体也包括多个方面的人。例如，虞永平认为，学前课程价值的主体包括社会（社区、家长）、幼儿、幼儿园和教师，幼儿发展价值是学前课程的核心价值。

从以上关于课程价值的研究来推论，信息技术课程价值其实就是信息技术课程对于社会发展和学生发展的作用与影响。分析信息技术课程价值，可以从其满足社会发展的需要和学生个人发展需要两个角度着手。我们要深入研究信息技术学科能够带给人类社会和学生个人的益处，从学生的认知视角出发，架构系统的信息技术课程价值体系。信息技术课程价值研究要探究信息技术课程的核心价值或者说本原价值，相对忽略其他衍生的价值。

---

① 顾建军. 通用技术课程有独特的课程特性与教育价值 [N]. 中国教育报，2009-03-27.

② 仲小敏. 我国现代中学地理课程价值与实现 [M]. 长春：东北师范大学出版社，2007：139-140.

③ 江宇. 从体育的本质论体育课程的价值 [J]. 课程·教材·教法，2009（7）：68-72.

（四）我国课程价值研究的困境与出路

目前，我国基础教育课程改革正在走过最初的发展时期，进入反思阶段。人们对课程实践的困惑越来越多，相应地，开展课程价值研究的需求也就越来越大。综上所述，我国的课程价值研究虽然呈现出繁荣的态势，但是仍然面临许多困境。我们需要走出这些困境，为我国课程价值研究寻求出路。

1. 实践需求与理论贫乏的矛盾困境与出路

随着我国课程改革的开展，实践层面上出现了许许多多的困惑，研究性学习、综合实践以及经验课程等新的课程形态走入中小学，信息技术、通用技术等新的学科纳入必修课程。在实践过程中，人们不断在追问课程任务的价值意义，"为什么教"已成为困扰实践者的难题。由于各种原因，教育者在实践中仍然存在着价值认识的偏差和价值选择的错误。功利性价值认识在目前的中小学教育实践中仍然盛行，人们往往一味追求近期可见的刚性目标，放弃那些被认为是没有实用价值的发展性目标。在强大实践需求的背后，却是对于实践所追问的价值命题研究的薄弱。我国虽然在课程价值研究方面已经取得了不少成果，但是还缺乏对课程价值问题的全面、系统的理论研究，也没有对课程的宏观社会价值和微观个人价值的内部诸多要素进行深入研究。针对如此困境，就需要课程研究者关注课程价值研究。任何理论研究，只有根植于实践，才能够真正具有生命的魅力。我们必须适应时代的呼唤，迎合课程改革的困惑，深入开展课程价值研究，不仅仅注重具体学科课程价值研究，同时也注重课程价值取向研究，引导课程改革实践的路向。

2. 理论突破的困境与出路

综观我国的课程价值研究，无论是宏观的课程价值理论研究，还是具体学科的课程价值研究，都仍然存在着理论突破的困境。我国的课程价值研究长期借助价值论研究范式，或者照搬教育价值和西方的体系，课程价值研究还缺乏自身理论的建树和创新。这种理论突破的困境直接导致我国的课程价值研究长期处于一种整体发展缓慢的局面，从而使得课程价值研究始终处于较低水平。当然，这也跟我国课程价值研究起步比较晚、研究人员缺乏有一定的关系。在进行课程价值研究时，既要欣喜地看到具体学科课程价值研究的兴起，也要努力加强课程价值自身理论研究的突破。

3. 科学逻辑性缺失的困境与出路

目前，我国的课程价值研究已从单一的理论建构研究逐渐走向研究方法的多样化，而且每个具体学科课程都有相关的课程价值研究，但似乎还未摆脱以政治纲领、领导口号、大众取向为出发点的研究模式，为口号论说、为潮流论说是课程价值研究的重大弊病。在已有的课程价值研究成果中，许多都是空洞的说教，缺乏实证支持的思辨。许多学者受传统社会科学理论和方法的约束，不能从根本上突破传统范式的局限，从而陷于不切实际的空泛的理论陈述的藩篱中。在目前的课程价值研究中，可以清晰地看到存在研究方法单一的弊病，科学逻辑性的缺失严重地影响了课程价值理论研究成果与实践的对接。从课程价值研究的出路来说，我们需要拓展课程价值研究思维，打破以往只注重思辨的研究思维，注重在研究中灌入科学逻辑性思维，采用多样化的研究方法，从而使我国的课程价值研究具有科学逻辑性。

从无到有，从借鉴到创新，我国课程价值研究已经走出了一条具有特色的道路。在时代快速发展的背景下，我国的课程价值研究仍然有赖于更多的关注和投入，有赖于更多的思维与方法。只有如此，才能够真正地建立起具有我国研究特色的课程价值研究体系。

三、信息技术课程价值研究综述

我国的中小学信息技术课程自 20 世纪 80 年代初开始起步，至今已有 30 多年了。有学者曾将 1999 年作为信息技术课程的起点，从而将信息技术课程的发展时间缩短为 10 年。笔者认为，我国的信息技术课程是从 20 世纪 80 年代初的计算机选修课开始启程的，因此，可以将 1982 年作为我国信息技术课程的元年。人们对信息技术课程价值的研究在国内外都是不系统、不全面的。可以透过信息技术课程 30 多年的演变史来看我国的信息技术课程价值研究。

（一）信息技术课程研究现状

从信息技术课程起步时，人们就已开始对它进行研究。在 30 多年间，信息技术课程研究取得了很多成就，其研究工作直接推动了我国信息技术课程实践的发展。从研究团体和人员来看，我国20世纪80年代成立的"全国中小学计算机课程研究中心"一直是我国信息技术课程研究的重要基地。后来，以"全国中小学计算机课程研究中心"为依托，成立了中国教育学会中小学计算机教育专业委员会，现已更名为中国教育学会中小学信息技术教育专业委员会。从最初只是单纯引入国外的经验，到如今本土实证研究的盛行，从最初的很少数量的研究成果，到目前每年数量众多的研究论文、专著，及专门的信息技术课程研究博士论文，这一切都说明了信息技术课程研究的繁荣状况。

　　然而，在发展的背后，我们不能不承认信息技术课程研究中还存在着不足。董玉琦指出，当前信息技术课程研究中存在的不足表现为信息技术课程研究系统性不强、信息技术课程研究方法不够规范、信息技术课程研究共同体尚未建立、信息技术课程研究策略不够完善、信息技术课程发展的方向尚不明确。①

　　我国信息技术课程自从产生之日起，就在谋求与文化之间的联系。李艺认为，在从计算机教育向信息技术教育转型的过程中，在课程内容的认识上，我们始终在探讨如何坚持信息技术课程"技术"的特点并揭示其丰富的文化内涵，同时在"技术—文化"的对偶上寻求最佳平衡。② 信息技术课程从早期的计算机文化论发展到了目前的信息文化论。

　　自20世纪90年代末开始，在计算机工具论盛行了一段时间后，人们似乎认识到了单纯的技术观念带来的技术倾向明显、只见技术不见人、信息技术课程成了"微软培训班"、信息技术课堂成了软件说明式教学等问题。基于对以上问题的反思，人们逐渐开始借鉴国外的信息素养（information literacy）理论，开展信息教育研究。国内比较全面地介绍信息素养的著作是1999年出版的由王吉庆编著的《信息素养论》，本书系统地论述了"信息学科课程与信息素养的培养"。之后是2002年出版的由祝智庭主编的《信息教育展望》，本书比较客观地审视了信息教育（包括课程）领域的发展动态，为信息教育在我国的未来发展提供了有价值

---

① 董玉琦.信息技术课程研究：体系化、方法论与发展方向［J］.中国电化教育，2007（3）：8-12.

② 李艺.信息技术课程十年回顾：成长的快乐［J］.中小学信息技术教育，2009（5）：1.

的启示。比较有影响的论文有董玉琦等人的《日本中小学信息教育的现状与课题》《信息教育的概念与课题》、祝智庭的《世界各国的教育信息化进程》、黎加厚的《学校兴起信息教育》。在实践研究方面，上海师范大学的黎加厚在上海市闵行区部分学校开展了"现代信息课"的实验研究；1999年年初董玉琦也主持了"中小学信息教育的实证研究"课题的研究。以上这些研究都推动了2000年全国中小学信息技术教育工作会议的召开，以及计算机课程向信息技术课程的转型。南京师范大学朱彩兰2005年撰写的博士论文《文化教育视野下的信息技术课程建构》是国内比较全面论述信息文化论视野下信息技术课程建设的论著。

（二）信息技术课程价值研究

在信息技术课程迅猛发展的同时，有关信息技术课程的价值问题也就越来越为人们所重视。信息技术课程正处在发展的十字路口，一方面，信息技术作为必修课程，在新一轮高中新课程改革中已经确立了其地位。在义务教育阶段，信息技术课程仍然作为综合实践活动的组成部分，没有确定的课程内容体系。另一方面，信息技术课程的实施面临着很多问题，时代需要信息技术课程进一步发展。在这样的背景下，一个更为本原的问题就不可避免地摆在我们面前，即我们为什么要学信息技术课程。这是信息技术课程的价值追问。其实，信息技术课程自产生之日起，就含着价值的问题，因为任何课程内容的判断、选择必然有一定的价值取向，信息技术课程价值问题一直伴随信息技术课程的发展。

国内有关信息技术课程价值的研究一直没有得到应有的重视，也没有成为独立的重点研究课题。从国内目前的研究现状来看，很多研究是零散的、不系统的，课程价值的有关表述更多是关于信息技术课程价值取向的。

1. 国内有关信息技术课程价值的研究多是零散的、不系统的

虽然从实践层面来说，对信息技术课程价值的诉求很强烈，但是我国的信息技术课程研究人员对于信息技术课程价值问题的研究仍然不够，或者说仍然缺乏系统的信息技术课程价值研究。已有的信息技术课程价值研究主要集中在课程目标的研究中，或者在信息技术课程价值取向的研究上。在研究方法上，主要是以思辨、论述为主，极少有采用科学、系统的

研究方法。

　　从搜集的文献来看，解月光从实施的角度对信息技术课程价值进行了探索性研究，她通过问卷调查以及实地访谈后得出："教师、教研员、校长和学生在谈对信息技术课程价值的认识时，主要涉及的关键词有 3 个，依照频度高低的次序是'处理与交流''创造'和'思维方式'。其中，使用频度最高的关键词是'处理与交流'和'创造'，它们是师生共同使用最多的价值关键词，'思维方式'是教师、教研员等都提到的关键词。"① 可见，解月光教授将人们对信息技术课程价值的认识作为实施信息技术课程的一个角度进行研究。她还提出："学生对学科课程价值的认识是以其自身体验到的实际课程的感受为基础的，与其自身需要和教师实施的课程活动密切相关；校长和教研员对学科课程价值的认识则主要基于其对文件课程的理解、对实际课程的观察和个人的教育信念；教师对规定的学科课程价值的理解就是他对学科知识的传授过程应该体现的价值的感悟，是以他个人实际运作的课程和个人的学科信念为前提的。"②

　　信息技术课程价值的已有研究都没有从价值的基本概念出发，也没有从信息技术课程对于个人发展需要和社会发展需要的作用角度出发，系统、全面地阐释信息技术课程价值。

　　2. 泛化的信息技术课程价值观——信息素养是否是信息技术课程核心价值之争

　　目前，很多关于信息技术课程价值的论述，都将信息技术课程价值泛化了，信息技术课程逐渐被修饰成一门"全能型"的课程。泛化的信息技术课程价值观，必然会导致信息技术课程本原价值的淡化。例如，教育实践中就存在关于信息技术课程的核心价值的讨论，即关于到底能否把信息素养作为信息技术课程目标的争论。

　　自 20 世纪 90 年代末，我国信息技术课程研究者将信息素养理论引入国内以后，信息技术课程研究者逐渐将培养和提升学生的信息素养作为信息技术课程的核心价值。例如，《普通高中技术课程标准（实验）》中就

① 解月光. 普通高中技术课程实施个案研究——学校水平的特征与归因 ［D］. 长春：东北师范大学，2007：77-78.

② 解月光. 普通高中技术课程实施个案研究——学校水平的特征与归因 ［D］. 长春：东北师范大学，2007：77-78.

明确提出："普通高中信息技术课程的总目标是提升学生的信息素养。学生的信息素养表现在：对信息的获取、加工、管理、表达与交流的能力；对信息及信息活动的过程、方法、结果进行评价的能力；发表观点、交流思想、开展合作并解决学习和生活中实际问题的能力；遵守相关的伦理道德与法律法规，形成与信息社会相适应的价值观和责任感。"但是，一些信息技术课程实践者与研究者却对此持不同意见。例如，很多一线信息技术教师就提出了信息技术课程到底是应该重信息还是重技术的疑问。苗逢春提出："信息技术课程目标机械套用舶来的'信息素养'，致使课程目标的骨架不坚实、课程核心价值弱化且模糊，进而导致该课程在可有可无的计算机扫盲课和早晚会被取消的临时课程的尴尬境地中痛苦求索。"他认为，应该把培养和提升学生的信息技术素养作为信息技术课程的核心价值。祝智庭也提出："信息技术课程的技术味要浓一些。"

出现这些争论的核心原因就是人们对信息技术课程价值的不同认识。一些学者认为信息技术课程应该注重技术应用的方法，体现学习者自我价值的关注，注重锻炼学生的思维。另外，一些学者则从社会的需要出发，强调学习者收集、处理和发布信息的能力，注重学生的社会伦理道德教育。用信息技术素养代替信息素养可能在某种程度上消除人们对此类字眼的争论，但是不能消除人们对信息技术课程价值的不同意见。只有进一步明确信息技术课程价值，才能够真正指导实践，促进信息技术课程理论与实践的发展。

3. 关于信息技术课程价值取向的研究

研究信息技术课程的价值，就必然会涉及价值取向问题。许多信息技术课程价值研究其实都是研究价值取向的。2005 年，董玉琦在他的博士论文中提出了信息技术课程的价值取向问题。① 董玉琦的观点是我国较早提出的关于信息技术课程价值取向的论述。

关于信息技术课程的文化价值，国内很少有相关的研究。其中，朱彩兰在她的博士论文中指出，"信息技术课程的文化价值分为两个层面：在社会层面上，一方面体现为对信息文化的建构。另一方面就基础教育阶段的课程而言，对中华民族优秀文化的传承也是课程的文化价值之一；在个

---

① 董玉琦. 信息技术课程设计构成要因与价值取向 [J]. 教育研究，2005（4）：62-67.

人层面上，则具体体现为信息素养的培养"①。以上研究仅仅是简单论述式的，没有对信息技术课程文化价值进行系统全面的研究。

4. 国外关于信息技术课程价值的表述

国外对信息技术课程价值的研究也不够系统，主要是见于一些论述中。国外关于信息技术课程价值的表述，可以通过对课程目标的分析得到。例如，美国计算机教师协会认为，计算机科学是一个科学学科，而不是一项为其他课程的学习提供简单支持的"技术"。计算机科学不是简单的字符大小与点击的技能，它是有一套核心科学原理体系的学科，可以用于解决复杂的、现实世界的问题，并能引发高级思维。总之，当今教育中的计算机科学知识是很重要的，和任何传统科学知识一样是必不可少的。②

美国全国研究委员会（National Research Council）于 1999 年公布了一份报告，报告题目为"信息技术通晓"（Being Fluent with Information Technology），其中提出了信息技术通晓（Fluency with Information Technology，简称 FITness）这一新的概念，该报告用通晓（fluency）代替了基本能力（literacy）。该报告认为信息技术通晓超出了计算机基本能力的传统概念，信息技术基本技能一般指的是对一些技术工具的最低水平的了解，如字处理工具、电子邮件、网络浏览器等，相反，信息技术通晓要求人们能够广泛地理解信息技术，从而能够在工作和日常生活中富有成效地运用，能够认识到信息技术既能帮助也能阻碍目标的实现，并能不断地调整自己适应信息技术的发展。因此，与传统的信息技术基本技能相比，信息技术通晓需要对利用信息技术处理信息、交流和解决问题有更深刻、更本质性的掌握与理解。信息技术通晓由三个层次的概念、技能和能力组成，包括信息技术技能（information technology skills）、信息技术概念（information technology concepts）和智力性能力（intellectual capabilities）。信息技术技能是指使用现在的计算机设备的技能。在当前的劳动力市场上，技能是一项工作的最基本组成部分，更加重要的是，技能提供了建立

---

① 朱彩兰. 文化教育视野下的信息技术课程建构［D］. 南京：南京师范大学，2005：59.

② The New Educational Imperative：Improving High School Computer Science Education，http://www. csta.acm.org/Communications/sub/DocsPresentationFiles/NewImperativeIntl.pdf.

新能力的基础。信息技术概念是指用来支持技术的计算机、网络和信息的原则和概念，而概念是理解新信息技术的原始资料。智力性能力是指在复杂和支撑性环境中应用信息技术、在信息技术环境中促进高级思维的能力。智力性能力能使人们控制媒介以得到利益，并且能够处理未曾预想到的问题，可以加强信息和信息控制方面的抽象思维。

日本教育工学学会原会长永野和男指出，信息技术教育主要包括使用信息的实践能力、对于信息的科学理解和积极参与信息社会的态度。

从以上两个国家的有关论述来看，信息技术课程价值主要可以分为三个层次，即操作性技能层次、方法层次和社会参与层次。

第三章　信息技术课程价值：
历时态和共时态考察

对于信息技术课程价值，可以从历时态和共时态两个时态维度进行考察。从历时态维度透视，我国的信息技术课程价值经历了一个时间短暂却曲折的发展历程。从最初以程序设计为主，到今天以信息素养为主，再到受到计算思维冲击，信息技术课程价值在不断地变化。从共时态的维度透视，世界各国和地区的信息技术课程价值研究对于我国具有很强的借鉴意义。从美国的学生教育技术能力标准到日本的"信息"课程，再到英国从信息与通信技术课程变成计算课程，其借鉴与影响是不能忽视的。

一、历时态考察：我国信息技术课程价值的演变

我国古代的史学家司马光曾经说过："鉴前世之兴衰，考古今之得失。"我国近代的史学家梁启超曾经说过："历史的目的在于将过去的真事实予以新意义或新价值，以供现代人活动之资鉴。"我国当代的史学家庞朴曾经说过："我们想知道一个东西的性质和未来，有一个很重要的手段就是要知道它的过去。"

意大利的历史哲学家克罗齐曾经说过："思想历史当然就是把历史分期。因为思想是机体，是辩证，是剧，作为机体、辩证和剧，它就有它的时期，有它的开始，有它的中间，有它的结尾，有剧所含有的和要求的其

他理想段落。"我国 30 多年间的信息技术课程也恰似一幕大剧，不但经历了初兴、发展、繁荣阶段，也经历了挫折和停滞阶段，在不断地变化、摇摆着。考察我国信息技术课程价值发展的不同历史阶段，有助于我们了解信息技术课程价值的来龙去脉，分析得出影响我国信息技术课程价值发展变化的深层次因素，为构建当前的信息技术课程价值体系提供有利的事实基础。

（一）我国信息技术课程的发展历史

1982 年，原国家教委决定在清华大学、北京大学、北京师范大学、复旦大学和华东师范大学五所高校的附属中学开始计算机选修课程的实验工作。自此，计算机课程正式在我国进入中学，我国的中学计算机课程正式掀开了大幕。可以说，1982 年是我国计算机课程的元年。自 1982 年至今，我国曾经发布了多部信息技术课程内容指导性文件，这些文件在某种程度上都是价值选择的结果，也是价值的承载体。表 3-1 所示是我国不同阶段的信息技术课程内容指导性文件及其承载的课程价值。

表 3-1　我国不同阶段的信息技术课程内容指导性文件及其承载的课程价值

阶段	时间	教学大纲（指导纲要、课程标准）	备注	课程价值
计算机文化论阶段	1983 年	制订了《中学计算机选修课教学大纲》	第一次全国中学计算机教育工作会议	掌握基本的 BASIC 语言；培养逻辑思维和解决问题的能力。 主要观点是"程序设计是第二文化"
	1984 年	颁发了《中学电子计算机选修课教学纲要（试行）》	——	
	1986 年	讨论、修订了《普通中学电子计算机选修课教学大纲（试行）》	第三次全国中学计算机教育工作会议	
	1987 年	颁布《普通中学电子计算机选修课教学大纲（试行）》	——	

续表

阶段	时间	教学大纲（指导纲要、课程标准）	备　注	课程价值
计算机工具论阶段	1991 年	讨论了《中学计算机课程指导纲要》	第四次全国中学计算机教育工作会议	强调计算机的应用价值；强调学习应用软件，特别是几个常用软件的学习，包括数据库、字处理和电子表格软件等。主要观点是"计算机是一种工具"
	1994 年	印发《中小学计算机课程指导纲要》	教基司［1994］51 号文件	
	1997 年	印发《中小学计算机课程指导纲要（修订稿）》	教基厅［1997］17 号文件，自1998 年 9 月起在我国实行	
信息素养论阶段	2000 年	印发《中小学信息技术课程指导纲要（试行）》	全国中小学信息技术教育工作会议，教基［2000］35 号文件	突出了获取信息、传输信息、处理信息和应用信息的能力。主要观点是"信息素养是社会公民必备的基本素养"
	2003 年	颁发《普通高中技术课程标准（实验）》	包含信息技术和通用技术两部分，信息技术课程标准为其中的一部分	

　　我国信息技术课程的发展历史，虽然仅仅经历了 30 多年，但是由于内容变化较快，所以有了很多不同发展阶段的分法。由于观察的视角不同，人们关于信息技术课程历史阶段的划分也不尽相同。例如，按照规模来看，有人将其划分为起步阶段、逐步发展阶段和全面发展阶段。另外，从不同的信息技术课程内容的观念来看，王吉庆教授将信息技术课程发展阶段分成了四个阶段：计算机文化论、计算机工具论、计算机文化论的再次升温、信息素养等。① 笔者在 2002 年与其他同事一起撰写《信息技术

---

① 王吉庆. 中小学计算机课程的沿革与反思［J］. 课程·教材·教法，2001（1）：58-61.

教育风雨 20 年》①一文时，也曾经根据信息技术课程不同发展时期的内容与特点，将其分为四个阶段。表面上我们是按照时间维度进行的划分，实际上我们还考虑了信息技术课程价值内容变化的阶段性。

（二）各时期我国信息技术课程价值的具体内容

如上所述，我国的信息技术课程可以根据不同的观察视角划分发展阶段，从信息技术课程价值内容变化的视角出发，我们将信息技术课程发展阶段划分为计算机文化论阶段、计算机工具论阶段和信息素养论阶段。其实，每个时期的价值内容虽然有所不同，但是随着信息技术课程的发展与完善，价值体系是在不断丰富和完善的。

1. 计算机文化论阶段

计算机文化论阶段其实也是以程序设计文化为主导的阶段，甚至可以将其称为程序设计文化阶段。计算机文化论阶段是在一定的技术发展背景下产生的。1946 年，世界上第一台电子计算机 ENIAC 在美国诞生。与当今的个人计算机相比，它绝对是一个庞然大物。早期的计算机作为科学家的"助手"，主要在科学研究领域发挥其功能。自从 20 世纪 70 年代开始，计算机开始走向小型化和微型化。1974 年，第一台微型计算机诞生以后，计算机的体积越来越小，功能日益提高，价格也日益降低。

在计算机的使用上，0 和 1 组成的最初使用规则使得其只能为少数专家掌握。后来，计算机操作系统诞生了，但是大多数操作仍然需要在程序的支持下工作，而程序一般都比较复杂和庞大，所以，当时是否能够编写程序，是否能够对程序查错、测试和修改，就成为是否能够使用计算机的最关键所在。正如美国加州大学伯克利分校劳伦斯科学馆的副主任阿瑟·刘赫曼 1984 年提出的，"计算机文化也是一种思维技能。计算机文化意味着能够吩咐计算机做那些你希望它做的事情……程序设计形成了计算机文化的脊椎骨"②。

1981 年 8 月，苏联的著名计算机教育学家叶尔肖夫提出了人类生活

---

① 李节，谷力，刘向永，苗逢春. 信息技术教育风雨 20 年 [J]. 中小学信息技术教育，2003 (1/2)：4-16.
② 王吉庆. 中小学计算机课程的沿革与反思 [J]. 课程·教材·教法，2000 (1)：58-61.

在一个"程序设计的世界"的看法。叶尔肖夫提出，现代人除了传统的读写算意识与能力外，还应该具有一种可以与之相比拟的程序设计意识与能力，也就是说具有第二种文化——程序设计文化。

计算机文化论阶段，除了受到第三届世界计算机教育应用大会的影响外，至少还受到以下几方面的影响。一是受到我国计算机教育界部分专家提出的"程序设计语言有助于培养和发展学生解决问题的能力"观点的影响。多年以来，我国计算机教育界有一批很有声望的专家认为，学习程序设计语言可以培养学生运用算法来解决实际问题的能力，这种解决问题的方式是计算机所独有的，也只有通过对计算机程序设计语言和程序设计方法的学习才有可能获得这种解决问题的能力。他们认为，从某种意义上说，用算法解决问题的能力甚至比数值计算的能力更为重要。因此，这些专家强调在基础教育中学习程序设计语言和程序设计方法是培养全面发展的、能迎接信息化社会挑战的新型人才所必需的，不仅不能削弱而且还要加强。尽管现在看来，这种将方法简单为算法，将借助计算机解决问题简单为使用程序设计解决问题的观点非常狭隘，但是，在当时的背景下，这种认识不失其应有的价值，在确定计算机教育的教学内容时，这部分专家的意见起到了主导作用。

二是在我国中小学计算机教育发展初期，所装备的机器大都是不带磁盘驱动器的，这些机器不能运行应用软件，只能用于教授 BASIC 程序设计语言。

我们可以发现当时的计算机教育在内容上基本是以 BASIC 语言为中心的，在教育目标上则将"程序设计是第二文化"的观点发挥到了极致，形成了"全民学习 BASIC"的壮观景象。客观地讲，BASIC 程序设计语言在我国中小学计算机教育发展初期扮演了极为重要的角色。在此阶段，我国圆满完成了信息技术（计算机）教育的第一个研究、实验周期，取得的成果成为推动下一阶段信息技术教育发展的重要动力。

在这个阶段，原国家教委（现称为教育部）为加强对中小学计算机教学实验的研究和指导，还特别成立了"全国中学计算机教育试验中心"（全国中小学计算机教育研究中心前身）。

计算机文化论阶段的课程价值主要是集中在程序设计内容上，并且以此来扩展其价值，当时特别强调程序设计学习对解决问题能力的培养，认为"程序设计是第二文化"。应该说，当时的计算机课程价值主要定位在了解计算机基本原理以及培养逻辑思维能力、问题解决能力上，而课程内容则确定为程序设计。

1984 年颁布的《中学电子计算机选修课教学纲要（试行）》中规定，计算机选修课程的目标是："初步了解计算机的基本工作原理和它对人类社会的影响；掌握基本的 BASIC 语言并初步具有读、写程序和上机调试的能力；逐步培养逻辑思维和分析问题、解决问题的能力。"从课程目标中就不难理解，计算机文化论阶段的课程价值主要集中在程序设计上。

从当时的计算机课程价值取向来看，社会取向占有明显的地位。当时计算机课程的开设主要是考虑到了计算机的巨大功效以及其在社会发展中的作用。特别是从社会发展的视角来看，国际上将程序设计作为一种文化列为每个人必须具有的文化素养，从而更加确立了计算机课程开设的目的性。从王吉庆教授（1981 年参加了第三届世界计算机教育大会）的谈话中可以看出："我们参加会议的代表，有个很大的感触，那就是当时匈牙利那样的一个小国家已经在开设计算机课程了，我们这样一个大国连试验都没有，是有些落后了。"[①] 郭善渡也提道："当时全社会对计算机教育都很重视，大家认为这是高科技，很神奇，定会对社会的发展、经济的发展起到重大的推动作用，所以无论是领导、学校，还是家长、学生都非常重视，因此学习热情非常高。"[②] 从以上专家的言论中可以看出，当时的计算机课程仍然是一种精英文化和意识，是将计算机课程作为一种高科技产品的普及化。所以，当时计算机课程价值中的社会价值主要强调的是了解计算机对人类社会的影响。对于学生个体来说，主要强调的是程序设计作为一种文化对于个体的作用，强调问题解决能力的重要性。

人们强调利用算法解决问题的能力，在实践中却逐步异化为只讲授程序设计语言，在语言的难度和深度上有所加强，而其与生活的联系则较少，自然而然就逐渐受到广大的师生，特别是学生的诟病。

应该说，计算机文化论阶段的课程价值比较单薄，具有一定的历史局

① 王世军. 我国中小学信息技术课程：历程和归因［D］. 长春：东北师范大学，2006：10.
② 王世军. 我国中小学信息技术课程：历程和归因［D］. 长春：东北师范大学，2006：10.

限性。尽管如此，在当时的技术水平下，这种认识仍然有力地推进了计算机课程的起源和发展，计算机文化论作为一种单纯的价值取向，即使在今天的社会中，在信息技术课程价值体系中仍然具有一定的价值和地位，只是将其作为信息技术课程价值的主体或者全部，会显得有些不合时宜。

2. 计算机工具论阶段

从 20 世纪 80 年代开始的计算机课程逐步发展，到 20 世纪 80 年代末 90 年代初，其文化论主导思想受到了批评和质疑，以程序设计语言作为主要学习内容的一些弊端也逐渐显现出来。因此，从 20 世纪 90 年代开始，计算机工具论逐渐代替了计算机文化论。

计算机工具论也是随着信息技术的普及和发展而不断发展的。总体来说，计算机工具论是基于三个方面的因素得到发展的：一是计算机的推广和普及；二是信息技术的发展；三是人们对计算机文化论的批判和反思。首先，自 20 世纪 80 年代以来，计算机逐步开始走进普通家庭中，到 80 年代末已经有相当一部分家庭拥有了计算机。同时，在社会上，计算机也得到了普通的应用。此时的计算机已经不仅仅是科学家的"助手"，它也成为寻常百姓的"助手"，从简单的科学计算，逐步成为各行各业基本的信息处理工具。人们在日常生活中也开始应用计算机进行信息处理。其次，信息技术的发展也提供了许多便利，20 世纪 90 年代，出现了基于图形用户界面的操作系统，图形界面操作系统使得人们可以借助鼠标得到一个直观、形象的图形化界面。此外，各种应用软件不断涌现，电子表格、字处理、图形图像处理软件都有了长足的发展。最后，长期以来的程序设计语言教学使得学生感觉沉闷，缺乏兴趣。人们也认识到了程序设计教学只能成为一种独立的课程价值选择，而不能够涵盖全部的课程价值。基于以上三个原因，计算机工具论得以显现和发展。

在 1985 年召开的第四届世界计算机教育大会上，英国专家明确提出应当把计算机作为一种工具来应用，这一观点得到了普遍的认同。人们逐渐认识到计算机是一种工具，对于大多数人来说，普及计算机教育主要是把计算机作为一种资源、一种工具来掌握就够了。应该说，计算机工具论是对计算机文化论的一种发展和提升。

计算机工具论阶段的计算机课程价值主要强调计算机的应用价值，特别是强调学习应用软件，强调计算机使用能力的培养，尤其是几个常用软件的学习，包括数据库、字处理和电子表格软件等。

1994年颁布的《中小学计算机课程指导纲要（试行）》中分别对中小学的计算机课程的教学目标进行了规定，其中中学目标为："认识计算机在现代社会中的地位、作用及对人类社会的影响。了解电子计算机是一种应用十分广泛的信息处理工具，培养学生学习和使用计算机的兴趣；初步掌握计算机的基础知识和基本操作技能；培养学生逐步学会使用现代化的工具和方法去处理信息；培养学生分析问题、解决问题的能力，发展学生的思维能力；培养学生实事求是的科学态度和刻苦学习、克服困难的良好品质，进行使用计算机时的道德品质教育。"

同时，该纲要规定计算机课程内容具体包含以下五个模块：

（1）计算机的基础知识；

（2）计算机的基本操作与使用；

（3）几个常用计算机软件的介绍，包括字处理软件、数据库管理系统软件、电子表格软件、教学软件和益智性游戏软件；

（4）程序设计语言，包括BASIC语言程序设计基础和LOGO语言等；

（5）计算机在现代社会中的应用以及对人类社会的影响。

通过以上关于教学目标以及内容的规定我们可以看出，这个阶段的计算机课程的工具性占有主要地位。受到"什么知识最有用"的价值起源的影响，这个阶段的计算机课程明显倾向于实用主义的课程取向，强调计算机课程要教会学生掌握在生活、学习和工作中必须具备的知识与技能。信息技术的快速发展以及大众化发展，使得人们感受到了计算机普及应用的可能性和重要性。学会用计算机成为计算机课程的价值定位，这种工具性定位使得计算机课程局限于软件操作上。

当然，我们从1994年颁布的《中小学计算机课程指导纲要（试行）》中还是看到了计算机课程价值的变化和丰富。1994年的课程价值不仅仅简单地停留在技能培养上，其实质也强调了学生学习和使用计算机的兴趣，以及使用计算机的道德品质教育等，在计算机课程价值体系上更为全面和系统。

计算机工具论阶段过于强调工具性，而对其工具性的认识和了解又仅仅停留在工具软件的使用上，使得很多计算机课程的教材越来越演变成了"用户手册"或者"使用说明书"，教学活动越来越像"微软培训班"。

随着计算机工具论的发展，很多人也对工具论提出了质疑，因为在教学中不能仅仅教授学生掌握一些技能，也不能仅仅满足于学生学习了马上就能够应用。信息技术课程不能仅仅局限在工具的作用和意义上，还需要进一步了解其对学生素质养成的意义。正是由于计算机是工具，它就具有了供学生学习的意义，但是它又绝对不仅仅是工具，还需要体现一定的文化特征，这样它才能够成为在基础教育中站住脚的基础性课程。

计算机工具论的提出是对计算机文化论的一次超越和发展，但是如果仅仅停留在掌握技能的层次上，就必然导致其根基不牢的缺点，自然也导致其工具理性的缺陷。计算机工具论若想发展，就必须脱离仅仅是工具的思维，立足信息技术工具，超越信息技术工具，真正使得信息技术工具具有文化的特征，使信息技术工具具有价值和意义。

3. 信息素养论阶段

随着信息技术课程的发展，人们逐渐对信息技术课程的存在意义与价值产生了许多疑问，特别是在技能化倾向比较严重的情况下，人们更是对仅仅教授软件操作技能的单一课程价值有所反思。到底为什么学信息技术？学习计算机操作究竟有何价值？人们逐渐开始进行探索，而信息素养正好迎合了人们的这种需要。信息素养自20世纪70年代开始兴起，真正进入信息技术课程领域却是在20世纪90年代。

信息素养论阶段的信息技术课程也是在一定的技术发展背景下得以发展和应用的。飞速发展的信息技术已经形成了足够强大的大众化技术分支，也逐渐开始满足百姓的日常生活、学习和工作的需要。随着计算机应用的不断提升，基于计算机的生活和学习就迅速成为人的个体生活中不可缺少的一部分。另外，网络技术的面世，更使人们接触了无限的信息资源和网络空间。网络不仅仅给人们提供了便利的沟通与交流手段，同时，也带来了海量的信息。面对海量信息，就必然要求人们具有迅速地筛选和获取信息、准确地鉴别信息的真伪、创造性地加工和处理信息的能力，并把学生掌握和运用信息技术的能力作为与读、写、算同等重要的终身有用的能力。在此背景下，获取、加工、表达信息的能力就成为信息技术课程的重要目标和要求。

同时，信息技术越来越走入人们的工作、学习、生活和生产中。在工作方式上，随着计算机和网络的普及，"无纸化办公"成为办公的主流。

在学习方式上，以往是把教育和工作截然分开的，而随着网络的普及，人们对于教育的观念发生了很大的变化，教育不再是单指学校教育，终身教育理念逐渐成为一种流行的教育观念。网络教育扩大了教育的普及面，提高了人们受教育的选择性，更加体现了公平的理念。基于以上技术背景和时代背景，人们逐渐开始超越计算机工具论的认识，走向信息素养，认识到学习信息技术的目的在于信息处理。

2000 年颁布的《中小学信息技术课程指导纲要（试行）》对中小学信息技术课程的主要任务的描述是："培养学生对信息技术的兴趣和意识，让学生了解和掌握信息技术基本知识和技能，了解信息技术的发展及其应用对人类日常生活和科学技术的深刻影响。通过信息技术课程使学生具有获取信息、传输信息、处理信息和应用信息的能力，教育学生正确认识和理解与信息技术相关的文化、伦理和社会等问题，负责任地使用信息技术；培养学生良好的信息素养，把信息技术作为支持终身学习和合作学习的手段，为适应信息社会的学习、工作和生活打下必要的基础。"

《中小学信息技术课程指导纲要（试行）》在国内率先提出信息技术课程的概念，彰显了从计算机课程向信息技术课程的转变。该纲要中突出了获取信息、传输信息、处理信息和应用信息的能力，特别是明确地提出要把培养学生的信息素养作为课程目标之一。应该说，该纲要作为 21 世纪颁发的课程指导纲要，对信息技术课程的指导意义是明显的。但是，由于人们对信息素养概念理解得不透彻，以及实际状况的限制，人们仍然采用工具论的视角来看待具体的课程内容。例如，初中阶段的信息技术课程的教学内容如下。

模块一：信息技术简介。

模块二：操作系统简介。

模块三：文字处理的基本方法。

模块四：用计算机处理数据。

模块五：网络基础及其应用。

模块六：用计算机制作多媒体作品。

模块七：计算机系统的硬件和软件。

可见，与课程目标相比，课程教学内容似乎与计算机工具论指导下的课程内容并无太大差异，只是名称上做了一些改动，如把"计算机简介"

改成了"信息技术简介"。同时，根据时代的发展变化，增加了一些网络方面的具体内容。

2003 年，教育部颁布了《普通高中技术课程标准（实验）》。在这个课程标准中，信息技术课程的价值定位则更加倾向于信息处理能力，课程目标更加立体化和全面化。《普通高中技术课程标准（实验）》在信息技术部分明确提出："普通高中信息技术课程的总目标是提升学生的信息素养。学生的信息素养表现在：对信息的获取、加工、管理、表达与交流能力；对信息及信息活动的过程、方法、结果进行评价的能力；发表观点、交流思想、开展合作并解决学习和生活中实际问题的能力；遵守相关的伦理道德与法律法规，形成与信息社会相适应的价值观和责任感。"

（三）我国信息技术课程价值发展变化的特征

从最初的计算机文化论，到计算机工具论，再到信息素养论，从只在高中开设选修课程，到目前的小学、初中、高中全部开课，信息技术课程从计算机课程走来，经历了变化，课程价值自然而然地也产生着改变。在30 多年的发展变化中，我国的中小学信息技术课程价值的变化呈现出以下特点。

1. 信息技术课程价值的内容不断丰富和发展

在 30 多年的发展变化中，信息技术课程经历了从最初的注重程序设计，到注重应用软件，再到注重信息处理的发展变化，但是从信息技术课程价值体系的角度来看，信息技术课程价值还是在不断地丰富和发展。1984 年的《中学电子计算机选修课教学纲要（试行）》中只是规定了计算机选修课主要学习的内容，并无太多的价值扩展。1994 年的《中小学计算机课程指导纲要（试行）》中的课程价值就显得更加丰富和立体化，不仅规定需要掌握计算机的基本操作，还包括使用计算机时的道德品质教育，以及兴趣培养等。到了 2003 年，《普通高中技术课程标准（实验）》对课程价值的规定就显得更为丰富和立体化。例如，该课程标准明确提出了提升学生的信息素养，并把课程目标具体化，分成了知识与技能、过程与方法、情感态度与价值观三个层面，总共包含了 11 条具体目标，更为详细地对信息技术课程目标进行了描述，这在某种程度上确定了信息技术课程的价值。所以，从我国的信息技术课程价值的发展变化来看，不断丰富和发展是其重要特点。

2. 受西方影响的痕迹较重

自从 1981 年参加第三届世界计算机教育大会以来，我国的每次信息技术课程价值的变革，都有明显地受到西方影响的痕迹。从计算机文化论开始，"程序设计是第二文化"的口号自然而然地影响着国内的学者，工具论的出现也受到了西方观点的影响，再到信息素养论的引入，更是国外理论在国内的应用。当然，信息技术课程价值受西方的影响，并不完全是坏事，与世界先进经验接轨是我们迅速成长的捷径之一。由于西方的政治、经济和文化与我国有非常大的差别，西方的理论容易显得水土不服。目前，我国的信息技术课程有了一定的发展基础和理论研究队伍，提出自己的理论构想与发展路径，显得更为重要。

3. 技术的发展成为影响信息技术课程价值变化的根本因素之一

技术的发展在深刻地影响着信息技术课程价值的发展变化。从最初的个人计算机，到后来的网络技术，再到如今的移动技术，都直接影响着信息技术课程价值变化。技术的发展使得我们看待技术的价值也在发生变化，我们不应该仅仅把技术当成一个工具来看待，而要从它所引起的社会、经济、文化的变化来看待。作为信息技术课程的核心内容，信息技术自身必然会影响着课程价值的走向。技术取向却一直受到信息技术课程研究者的诟病，人们就觉得不能够仅仅局限于教授技术操作，而需要更深层次地发展其内涵与价值。技术的发展虽然是影响信息技术课程价值的最重要因素之一，却不能够成为唯一的因素。我们要从更高的视角去看待技术的价值，从而使得课程价值的属性不仅仅只具有技术的色彩。

二、共时态考察：世界各地信息技术课程价值的借鉴意义

所谓共时态考察，就是要把我国的信息技术课程价值放在全球的大背景下，与世界各国或地区进行横向的比较与研究。自从 20 世纪 70 年代以来，随着技术和社会的发展，世界各国或地区的信息技术课程价值也在不断发展变化着。考察世界各国或地区的信息技术课程价值，必然会对我国的信息技术课程价值研究有所借鉴，从而找出我国信息技术课程的发展思路。

（一）信息技术课程思潮与信息技术课程价值

信息技术课程价值是与信息技术课程的理论思潮变化紧密相关的。从最初的"程序设计是第二文化"的思潮开始，每一次理论思潮都必然带来信息技术课程价值的变化。信息技术课程思潮在某种程度上代表着人们对信息技术的价值观念，从而使得人们开始审视哪些内容是需要教给学生的，哪些内容是对学生有深远影响的。从目前看来，世界上比较有影响的信息技术课程思潮包括信息素养理论、美国国家学生教育技术能力标准、信息技术素养理论、计算思维理论等，很多理论的内容既存在着交叉和重合，又有所区别和侧重，均对世界上的信息技术课程价值有着深刻的影响。

1. 信息素养论

在我国，信息素养理论是人们最为熟知和了解的理论。在当今这样一个技术飞速发展、信息资源日益丰富的社会中，信息素养也是日益重要的一种素质。信息素养是终身学习的基础，这对任何一门学科、任何一种学习环境、任何阶段的教育都是如此，学习者具备一定的信息素养，就能够获得学习的内容，对所做的研究进行扩展，对自己的学习进行更有效的控制。

迄今为止，关于信息素养的定义已有许多，下面介绍一些有代表性的定义。

——作为一个具有信息素养的公民，必须能够认识到什么时候需要信息，能够在需要的时候检索、评估和有效地利用这些信息。

广义的信息素养是指个体访问和理解各种信息资源的能力。

——对信息素养的完整理解是，具有信息素养的人应该同时具备几个条件，首先，要能够知道、使用分析能力明确问题，确定研究问题的方法，利用鉴定能力评估实验的结果；其次，必须有以多种复杂的方法解决这些问题的能力；最后，一旦确定了目标，评估这些目标。

李芳乐给出了自己对信息素养的理解，并将信息技术和信息素养做了比较，如图 3-1 所示。他认为信息素养包含信息技术，信息技术只是人们寻找信息的工具。

信息素养理论对于我国信息技术课程价值的转变起了很大的作用。在

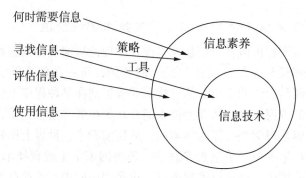

图 3-1　信息素养与信息技术的关系

信息素养理论引进国内以前，计算机工具论占据了主要地位，人们对为什么学习信息技术比较迷茫，同时，计算机工具论视角也使得信息技术课程价值的技能化比较严重。信息素养理论的引入，使人们充分认识了信息技术课程的价值，信息素养与读、写、算一样，是人所必须具备的基本素养。同时，信息素养强调的信息处理的意识与能力，使信息技术学习有了方向，即操作为信息处理服务，从而使信息技术课程价值调整了技能化倾向。人们逐渐开始认识到信息技术课程不仅仅是一个"操作技能培训班"，它也是具有丰富内涵的学科课程。从 2000 年《中小学信息技术课程指导纲要（试行）》中第一次提出培养学生的信息素养，到 2003 年的《普通高中技术课程标准（实验）》（信息技术部分）明确将信息素养作为课程目标，信息素养理论已经成为我国当前信息技术课程领域的主流指导思想。

2. 美国国家学生教育技术能力标准

1998 年，美国国际教育技术协会（ISTE）出版了《美国国家学生教育技术能力标准》。该标准随即在美国 48 个州和其他国家得到广泛采用，成为美国中小学信息技术课程的最权威标准。按照美国国家学生教育技术能力标准，美国各州根据自身的特点，开发了符合各州实际情况的学生教育技术能力标准，可以说，美国国家学生教育技术能力标准是一个具有深远影响的技术能力标准。

新版的《美国国家学生教育技术标准》于 2007 年公布。"新版学生教育技术能力标准"相当于美国信息技术教育的课程标准。该标准中提出的 6 个能力素质维度是：创造力与创新；交流与合作；研究和信息娴熟度；批判性思维、问题解决与决策；数字公民职权；技术操作与概念。围绕这 6 个能力素质维度，按不同的年级段，由低到高、由浅入深地各举例列出 10 个具体的学习活动，由此形成了标准中的概要绩效指标。

美国新版学生教育技术标准的内容如表 3-2 所示。[①]

表 3-2　美国国家学生教育技术能力标准

能力素质维度	具体内容
创造力与创新 （creativity and innovation）	学生表现出创造性思维，能建构知识和利用技术开发具有创新性的产品或过程。 a. 运用现有知识生成新的思想、产品或者过程； b. 以创造独创作品作为个人或团体的表现方式； c. 能够利用模型和模拟来探索复杂系统与问题； d. 能够辨别趋势和预测可能性。
交流与合作 （communication and collaboration）	学生能够利用数字媒体和环境促进沟通与协同工作（包括远程的），支持个人学习和帮助他人学习。 a. 利用多种数字环境和媒体与同伴、专家或他人进行互动、协作和发表作品； b. 使用多种媒体和方式与多种受众有效地交流信息与思想； c. 通过与不同文化的学习者交流，培育文化理解和全球性意识； d. 为项目团队贡献力量，以创造原创作品或解决问题。
研究和信息娴熟度 （research and information fluency）	学生能够利用数字工具来收集、评价及使用信息。 a. 设计引导探究的策略； b. 从多种来源和媒介中，查找、组织、分析、评价、综合及有道德地使用信息； c. 评价和选择合适的信息资源和数字工具，以完成特定的学习任务； d. 处理数据，报告成果。

① National Educational Technology Standards for Students：The Next Generation ［DB/OL］. http：//www. iste. org/Content/NavigationMenu/NETS/NETSforStudentsStandards2007. doc.

能力素质维度	具体内容
批判性思维、问题解决与决策（critical thinking, problem solving, and decision-making）	学生能够利用合适的数字工具和资源，支持以批判性的思维技巧，计划和处理研究、管理项目、解决问题以及做出正式决策。 a. 辨别和定义真正的课题和重要问题，以开展调查研究； b. 为开发一个解决方案或者完成一个项目，计划和管理各项活动； c. 收集和分析数据来辨别解决方案，做出合理决策； d. 利用多种过程和不同视角来探索可选择的解决方案。
数字公民职权（digital citizenship）	学生理解与技术相关的人类的、文化的以及社会的问题、法律实践或道德行为。 a. 主张和实践安全地、合法地及负责任地使用信息和技术； b. 对技术用于支持协作、学习和提升生产力持积极态度； c. 对终身学习尽到个人的责任； d. 对数字公民职权显示领导能力。
技术操作与概念（technology operations and concepts）	学生表现出对技术概念、系统和操作的充分理解。 a. 理解并使用技术系统； b. 有效地和富有成效地选择与使用应用程序； c. 检修系统与应用故障； d. 迁移当前知识以学习新的技术。

美国的学生教育技术能力标准，与我国的高中信息技术课程标准有许多相似之处。虽然两者所对应的内容未必完全相同，但是仍然可以看出一些内容的对应点。我们也看到创造力与创新在我国高中信息技术课程标准中并没有单独设立一个维度。我们认为，我国各教育阶段的信息技术课程标准或指导纲要，也应当与时俱进，旗帜鲜明地围绕"创造力与创新"等能力导向进行改革。标准或指导纲要的修订要超越技术工具观，拓宽"信息素养"的内涵，全面转到以"利用技术学习创造"为核心上来。

3. 信息技术素养

一直以来，我国的信息技术课程研究者更多关注的是信息素养这个概念。信息技术素养概念的提出是与信息素养概念相对应的。对信息技术素养的概念有许多不同的理解和解读。一些国际组织以及不同国家的研究机构等，先后出台了一些相关的文件，界定了信息技术素养这个概念。每个研究组织或研究者都从不同的角度来描述其对信息技术素养的理解，这里特别列出了以下几种典型的关于信息技术素养的界定与说法。

（1）美国教育考试服务中心（Educational Testing Service，简称 ETS）的信息与通信技术素养框架。

2001 年，ETS 设立了一个信息与通信技术素养小组，设立该小组主要有两个目的，一是检查信息与通信技术素养尺度的必要性，使之能够在国际上应用，二是开发能够测量信息与通信技术素养的工具。2002 年 ETS 公布了一份名为《数字变革：信息与通信技术素养的框架》（Digital Transformation：A Framework for ICT Literacy）的报告。其中，将信息与通信技术素养（ICT literacy）定义为"使用技术、交流工具和网络去获取、管理、整合、评估和创造信息，以便在知识社会中行使职责"。关于信息技术素养的这个定义为各国的研究者所认可，也成为进一步研究的基础。该报告中将信息技术素养分为六大部分。①获取（access）：知道怎么搜集信息，并能确定一个从数据库定位信息的策略。②管理（manage）：将信息组织进现在的场景中。③评价（evaluate）：对信息的质量、相关性、可用性、有效性、权威性、偏差和时效等反思并做出判断。④整合（integrate）：提炼、总结、判断和比较来自不同数字化资源的信息。⑤创造（create）：通过在信息技术环境中分析、应用、设计、创造来生成一个新的信息。⑥交流（communicate）：向各种个体或群体传输不同的信息。

（2）美国 21 世纪技能联盟定义的信息技术素养。

美国 21 世纪技能联盟（Partnership for 21st Century Skills）是由教育家、教育政策制定者和全球大型企业组成的组织。该组织提出了"21 世纪所需要的学习技能"与"21 世纪需要掌握的信息与通信技术"的交集，即"21 世纪学习技能+21 世纪的信息与通信工具=信息与通信技术素养"，如表3-3所示。①

表3-3 美国21世纪技能联盟界定的信息与通信技术素养

学习技能	21世纪工具	信息与通信技术素养
信息与交流技能	交流、信息处理和研究工具（如字处理、E-mail、组件、展示、Web开发、Internet搜索工具）	使用信息与通信技术访问、管理、整合、评价、创造和交流信息
思维和问题解决技能	问题解决工具（如表单、决策支持和设计工具）	使用信息与通信技术管理复杂事物、解决问题以及进行批判性、创造性和系统性的思考
人际与自我指导技能	个人发展和生产力工具（如E-learning、时间管理/日历、协作工具）	使用信息与通信技术提高生产力，促进个人发展

信息技术素养（information technology literacy）不同于信息素养。信息素养是了解、发现、评价和使用信息的思维过程，强调的是信息，而信息技术素养同时还强调技术手段。如果说信息素养主要描述针对各种类型媒介的信息的查询、评价、使用能力的话，那么信息技术素养则是对数字化资源的查询、评价和应用能力，可以认为完全是针对信息技术环境的一种基本素养，因而可以说它是在信息技术环境中进行高级学习和认知活动的必要条件。从策略划分的意义上来讲，信息素养更像是"弱方法"，而信息技术素养则是属于"强方法"，更具可操作性。

（二）世界各国或地区的信息技术课程改革走向

最近10多年，随着技术的发展和社会的变革，世界各国或地区的信息技术课程也在不断发生改变。美国、英国、日本以及我国台湾地区等在最近几年都先后修订或者出台了新的信息技术课程标准，其信息技术课程价值自然也有所改变。在科学与应用两者之间，各国或地区的信息技术课程也在进行着平衡。特别是在信息文化浪潮下，如何塑造信息社会的合格

---

① 尤炜.信息技术课程目标与内容的重新审视——访联合国教科文组织亚太教育局苗逢春博士[J].基础教育课程，2009（5）：4-8.

公民，就成为信息技术课程的核心价值；如何培养学生合格的信息伦理道德，成为信息技术课程价值转变的一种思路。

1. 英国的信息与通信技术课程价值的发展与变化

英国于 20 世纪 60 年代初就在中学开设了计算机科学（Computer Science）课程。但是，那个时候的计算机课程仅限于孤立的学科知识教学，甚至计算机课程教学本身都采取的是传统的"粉笔＋黑板"教学模式。随着计算机科学与技术的不断发展，英国逐渐用信息技术替代了计算机科学，信息技术概念内容有别于计算机科学，其范畴广阔，并且重在操作应用层面。1988 年，英国开始开设单列的信息技术课程。1994 年，信息技术作为单独的学科出现在英国的国家课程中。此次课程把原来设立在"设计与技术"课程中的信息技术内容独立出来，作为国家基础课程之一。随着网络技术的普及以及人们对信息技术课程认识的加深，1999 年英国公布了"国家课程 2000"，将 1994 年的"信息技术"课程改变为"信息与通信技术"课程，强调发挥应用信息技术的传播交流功能，注重培养学生应用信息与通信技术进行合作与交流的能力。2007 年，英国公布了新的中学课程方案。在此新中学课程方案中，对信息与通信技术课程也进行了一定的修订和改变。

从英国的信息与通信技术课程的发展中可以看出，其课程价值的发展变化与我国的信息技术课程的发展历史有所类似。从最初的计算机学科开始，由于技术的限制，课程价值仍然局限于计算机科学知识的介绍方面，始于 20 世纪 90 年代的信息技术课程强调信息技术的操作能力以及收集和处理信息的能力，而到 1994 年，由于网络的逐渐普及，英国将信息技术课程改名为信息与通信技术课程，这不仅仅是名称的变化，更是课程内容和课程价值的转变。信息技术课程不仅仅停留在信息处理层面，而是逐渐走向了合作与交流，走向了更广阔的信息传播层面。后来，英国对信息技术课程价值进行了深度的思考，认为原来的信息与通信技术课程不能够满足社会和人才发展的需要，将其改名为计算课程。

（1）原来的信息与通信技术课程的价值。

英国的信息与通信技术课程特别强调信息与通信技术应作为人的基本生存技能。2007 年的中学课程标准中规定了信息与通信技术课程的重要性，即在某种程度上说明了其意义和价值："技术被越来越多地应用到社会各方面。因此，自信地、有创造性地和富有成效地利用信息与通信技术是生活的一项基本技能。信息与通信技术能力不仅包括对技术技能与技巧的精通，还包括了解正确地、安全地、负责任地将这些技能应用于学习、日常生活和工作当中。信息与通信技术能力是参加与参与现代社会的基础。信息与通信技术能被用来发现、开发、分析和发布信息，同时能模拟情境和解决问题。信息与通信技术能使人快速了解不同社区、不同文化以至于范围更广泛的人们的想法与经历，并让学生能进行大规模的合作和信息交流。信息与通信技术是改变公民与社会的强大动力，我们应该对信息与通信技术在社会、伦理、法律与经济方面的影响有所了解，包括如何安全和负责任地使用信息与通信技术。应不断增长信息与通信技术的运用能力以便为独立的、创造性的学习提供支持，使学生能够对何时何地使用信息与通信技术做出明智的判断，提高他们的学习与工作的质量。"[①] 从中可以看出，信息与通信技术对于个体来说，是一项基本技能，对于社会来说，是改变公民与社会的强大动力。英国的信息与通信技术课程将信息与通信技术能力定义为不仅包括对技术技能与技巧的精通，还包括了解正确地、安全地、负责任地将这些技能应用于学习、日常生活和工作当中。

英国曾经实行的中学信息与通信技术课程主要是与其国家课程相对应的。对于学生个体来说，课程目标主要包括三大方面。①培养"成功的学习者"。信息与通信技术课程要与学生的生活、个人经历和未来发展相联系，增强学生学习的动机，激发学生的学习兴趣。信息与通信技术要为学生提供强有力的工具，使其发展创造性思维和独立思维，帮助学生探究和解决问题，发展学生的逻辑推理能力、质疑精神和分析研究能力。②培养"自信的个体"。信息与通信技术课程要鼓励学生利用信息与通信技术进行原创，逐渐成为独立的学习者，发展自尊心与自信心。信息与通信技术要使学生在毫无畏惧的情况下进行尝试、探索，寻求问题解决途径，鼓励学生在安全的、负责任的情况下进行远距离交流。③培养"负责任的公民"。信息与通信技术能力是现代社会生存的必备基础能力，人们对于信息与通信技术的使用和依赖将会与日俱增。信息与通信技术课程要鼓励

① ICT Programme of study for key stage 3、ICT Programme of study for key stage 4，http：// curriculum. qca. org. uk/key-stages-3-and-4/subjects/ict/index. aspx.

学生不断地对信息与通信技术的使用进行反思，反思信息与通信技术的使用对个人和社会在社会的、伦理的与文化上的影响。

国家课程的三个目标反映在个人发展、学习发展和思维技能发展上，主要体现为在课程中要培养学生成为"独立的探究者""具有创造性的思想者""团队合作者""自我管理者""有效的参与者"和"反思的学习者"，具体内容如下。可以说，信息与通信技术国家课程标准在关键概念、关键过程、学习范围和内容以及课程机会（curriculum opportunities）中均体现了以上培养目标。①

① 培养"独立的探究者"，使学习者有机会在信息与通信技术课程中：

- 计划和实施自己的研究，探究解决问题的方法；
- 独立进行信息、信息工具和技术决策，并测试假设；
- 分析信息、批判性地评价信息，判断其可靠性、目的性、准确性、似真性、价值和可能存在的偏见；
- 不断地开始独立地工作，在新的和富有挑战性的环境中运用自身的能力。

② 培养"创造性的思想者"，使学习者有机会在信息与通信技术课程中：

- 发展自己的思想，探讨可能性，探寻解决问题的新途径，形成新的模型或风格；
- 设计自己的信息系统，调试和修正自己的想法，如创造性地提炼信息，以形成文本、声音和图像；
- 不断反思自身的工作和思维方式。

③ 培养"团队合作者"，使学习者有机会在信息与通信技术课程中：

- 在分配角色和任务时认识到自己和他人的优势，以便更好地获得任务结果；
- 自我探索如何在不同地域范围内运用信息与通信技术进行交流、

---

① http：//curriculum. qcda. gov. uk/key-stages-3-and-4/subjects/ict/keystage3/ICT_ and_ personal_ learning_ and_ thinking_ skills. aspx? return =/key-stages-3-and-4/subjects/ict/keystage3/ICT_ and_ the_ national_ curriculum_ aims. aspx.

合作和共享；

• 安全地、负责任地运用信息与通信技术进行交流；

• 提供有建设性的反馈意见，并对有建设性的反馈意见做出反应，考虑到不同的观点，建立解决问题的信心，达到预期目标。

④培养"自我管理者"，使学习者有机会在信息与通信技术课程中：

• 自己负责组织时间和资源、优化行动和管理风险，并成功地完成任务，如有效利用信息与通信技术组织与管理时间和资源；

• 在完成富有挑战性的任务中，表现出毅力、首创精神和创造力；

• 对信息与通信技术如何有效支持学习和校外活动做出决策；

• 积极应对新的或变更了的事件，如积极迎接新环境中运用新知识的挑战。

⑤培养"有效的参与者"，使学习者有机会在信息与通信技术课程中：

• 探究信息交流、思想交换和信息呈现如何成为变革的力量；

• 使用信息与通信技术获得信息、进行信息交流，以便对地方事务、国家事务和国际事务做出贡献，如参与数字化讨论（e-debate）；

• 协商与平衡各方面的信息和观点的来源，对解决事务和问题做出自己的决策。

⑥培养"反思的学习者"，使学习者有机会在信息与通信技术课程中：

• 批判地反思可用的信息，如考虑其目的、作者、资金和环境等；

• 对一定范围内的受众使用适当的交流方式，调整交流方式；

• 持续地监控自己的进步，确认成功的标准，适当调整自己的学习。

（2）计算课程的价值。

随着时代的发展以及学生的变化，英国信息与通信技术课程越来越受到学术界、产业界等方面的质疑与批评。从2006年开始，英国信息技术教育研究者就试图在信息与通信技术课程中加强计算机科学教育。2013年2月，英国教育部正式颁布了计算课程学习计划草案。2013年9月11日，英国教育部正式颁布了计算课程学习计划。纵观英国从信息与通信技术课程到计算课程的变革发展过程，主要有如表3-4所示的一些关键性事件。

表3-4 英国信息技术课程变革大事记

序号	时 间	组 织	事 件
1	2009 年	英国计算机协会（British Computer Society，简称 BCS）、微软、谷歌以及英特尔等	成立了学校计算机工作组（the Computing at School Working Group，简称 CAS）
2	2009 年	学校计算机工作组	发布《中小学的计算机科学：英国的现状》（Computing at School：the State of the Nation）报告
3	2011 年 6 月	英国计算机协会	BCS 联合英国的计算机教育专家给教育部长迈克尔·高夫递交了一封信，呼吁重视计算机科学教育
4	2011 年 7 月	英国政府文化、传播及创意产业部（Culture Communication and the Creative Industries）	发布了《下一代报告书》（Next Gen：Transforming the UK into the World's Leading Talent Hub for the Video Games and Visual Effects Industries）
5	2011 年 12 月	英国教育标准办公室	发布了《学校中的 ICT 2008—2011》（ICT in Schools 2008—2011）的报告
6	2012 年 1 月	英国皇家学会（Royal Society）	发布了《关闭还是重新开始：英国中小学中计算的方式》（Shut Down or Restart? The Way Forward for Computing in UK Schools）的报告
7	2012 年	学校计算机工作组	公布了《计算机科学和信息技术的课程框架》（A Curriculum Framework for Computer Science and Information Technology）文件
8	2012 年 3 月	英国教育部（Department of Education）	宣布废止执行信息与通信技术课程国家学习计划，学校自行设计课程

续表

序号	时　　间	组　　织	事　　件
9	2013 年 2 月	英国教育部（Department of Education）	公布了《计算学习计划一到四学段》（Computing Programmes of Study for Key Stages 1–4）草案
10	2013 年 9 月 11 日	英国教育部（Department of Education）	正式公布了计算课程学习计划

通过表 3-4 所示的发展路线可以看出，英国信息技术课程变革经历了一个逐渐发展变化的过程，该过程从民间批判反思开始，经学术组织研究后，最后带来了官方政策的改变。

首先，英国信息技术课程变革起源于人们对信息技术课程的质疑和批判。由于英国中小学信息与通信技术课程单纯教授微软应用软件，导致学生兴趣下降、选修人数降低，并且受到了来自社会各界的质疑与批评。2011 年 6 月，英国计算机协会联合了一些计算机科学专家给英国教育部长迈克尔·高夫发去了一封信，呼吁英国政府重视计算机科学课程，提出计算机科学是一门严肃的、符合学生需要的课程内容体系。信息技术产业界对信息技术课程现状也表示了不满，其中最具有代表性的观点就是谷歌的董事长艾瑞克·思其米特（Eric Schmidt），他说："我对于现在英国学校没有将资讯工程纳入课程这件事感到吃惊。"[1] 基于这些社会压力，英国教育部长迈克尔·高夫于 2012 年 1 月 11 日在英国教育培训和技术展上发表讲话时表示，现有的计算机课程让学生觉得烦闷无聊，当前信息与通信技术课程的不足会危害英国的经济发展，将对英国中小学计算机教育展开全面改革。

其次，英国学术团体推动并进行了信息技术课程的相关研究。为了推动计算机科学在中小学的普及与培养，英国皇家学会、英国计算机协会以及英国计算机教师协会、英国教师教育信息技术协会等社会组织和研究机构试图重构信息技术课程。英国皇家学会发布的《关闭还是重新开始：

---

[1]　Eric Schmidt. Condemns British Education System［DB/OL］.［2013-09-12］. http：//www. theguardian. com/technology/2011/aug/26/eric-schmidt-chairman-google-education.

英国中小学中计算的方式》报告是英国信息技术课程变革的纲领性文件。由英国计算机协会、微软、谷歌以及英特尔等联合组成的研究团体学校计算机工作组是一个致力于促进学校中的计算机科学课程的研究团体，是一个计算机科学课程的研究和推广组织。学校计算机工作组组织自从 2009 年开始发布了多个有关计算机科学课程的研究文件，组织了计算机科学课程的国际比较研究，研发了计算机科学课程框架等。谷歌、微软等公司赞助了相关的计算机科学课程研究，直接推动了中小学计算机科学课程的研究与推广。

英国教育部在 2013 年年初公布了《计算学习计划—到四学段》，并且正式面向社会征询意见。2013 年 9 月 11 日，英国教育部公布了正式的计算课程学习计划。具体的计算课程学习计划内容如下。①

① 学习目的。高质量的计算教育能让学生使用计算思维和创造力来理解和改变世界。计算与数学、科学和设计与技术等深度关联，提供了一个理解自然系统和人工系统的视角。计算的核心是计算机科学，在这门学科中学生学习信息与计算的原理、数字系统如何工作以及如何通过编程使得这些知识得以使用。基于这些知识与理解，让学生应用信息技术创造程序、系统等。计算教育也能确保学生具备数字素养，让学生应用并通过信息与通信技术表达自己想法，使他们能达到一定的水平以适应未来的工作，并成为数字社会的积极参与者。

② 课程目标。国家计算课程的目标是让学生：理解和应用计算机科学的基本原理和概念，包括抽象、逻辑、算法、数据表示；能使用计算术语来分析问题，并具备为解决这些问题不断地编写计算机程序的实践经验；能评价和使用信息技术，包括新的或不熟悉的技术，分析性地解决问题；成为有责任心、有能力、自信的、有创造力的信息与通信技术使用者。

2. 日本的高中信息课程价值的沿革与变化

日本的中小学信息教育是从 20 世纪 80 年代初开始，到目前已经经历了 30 余年。这一点与我国的情况相似。把信息课程作为高中必修课程，

---

① Computing Programmes of study for Key Stages 1-4 [DB/OL]. [2013-09-20]. http：//computingatschool. org. uk/data/uploads/computing-04-02-13_001. pdf.

则是在 1999 年公布的高中学习指导要领中提出的。日本全国高中在 2002 年全面实施信息必修课。2008 年 12 月，日本的文部科学省公布了新的学习指导要领，对高中信息科目的标准也进行了修改。2008 年公布的日本高中信息学习指导要领在 2013 年开始实施。

此次修改的背景主要有以下两个方面。①2008 年的中央教育审议会中，信息教育被指是"为适应社会变化而要改善的教科事项"之一。审议会中指出信息教育的重要性，即"培养信息运用能力是掌握基础的、基本的知识、技能，同时也是运用发表、记录、概括、报告等知识和技能而进行的言语活动的基础"。从培养学生自主地应对社会的信息化发展的能力和态度的观点出发，以"参与信息社会的态度"和"对信息的科学理解"为中心对"信息"课程内容进行了修改。同时，为了能够让学生具有扎实的信息能力，以小、中、高一贯制的信息教育实施为基础，通过在一定范围内重复相关内容的方式指导学生的学习。②信息化也给儿童们带来很大的负面影响，如网络上的诽谤和欺诈、个人信息的流失和隐私权的侵犯、有害信息和病毒的破坏等。为了解决这些负面影响，学校需要与家长们建立联系，加强信息道德方面的指导。为此，在课程内容中确立将信息道德作为一个独立的内容，在学习活动中重视学生信息道德的培养。

目前正在实行的日本高中《学习指导要领》（1999 年公布）中，将必修科目分成了信息 A、信息 B、信息 C 三个部分。日本的高中学生必须选择 A、B、C 中的一门进行必修。信息 A 主要侧重于信息技术的运用；信息 B 主要侧重于信息科学的理解；信息 C 主要侧重于参与信息社会的态度。在 2008 年新颁布的高中信息学习指导要领中，将目前的必修科目信息 A、信息 B、信息 C 改成了"社会与信息""信息科学"两个科目。日本的高中学生必须从"社会与信息"和"信息科学"中选择一个科目进行学习。具体修改的内容如图 3-2 所示。①

日本高中"信息"新课程的总目标：让学生掌握运用信息以及信息技术的知识与技能，培养学生关于信息的科学观点与方法，能够理解信息和信息技术在社会中发挥的作用以及影响，培养在社会的信息化发展中能

---

① 黄松爱. 日本高中信息课程的新变化［J］. 中国信息技术教育，2009（10）：78-81.

现行课程结构

科目	学分	必修科目
信息 A	2	
信息 B	2	三选一
信息 C	2	

修改后的课程结构

科目	学分	必修科目
社会与信息	2	二选一
信息科学	2	

图 3-2　日本高中"信息"课程结构修改前后的比较

够自主对应的能力和态度。①

　　"社会与信息"重视开展运用信息设备和信息通信网络搜集、分析、表现信息以及进行有效交流的学习活动；重视开展理解信息的特征、信息化对社会的影响及促进学生信息伦理道德内化的学习活动。表 3-5 是"社会与信息"科目的内容构成。

表 3-5　"社会与信息"科目的内容构成

信息的运用和表现	• 信息和媒体的特征 • 信息的数字化 • 信息的表现与传递
信息通信网络与传播	• 传播手段的发展 • 信息通信网络的构成 • 信息通信网络的运用与传播
信息社会的课题与信息伦理道德	• 信息化对社会的影响和课题 • 信息安全的确保 • 信息社会中的法与个人的责任
构建理想的信息社会	• 社会中的信息系统 • 信息系统与人 • 信息社会中问题的解决

　　"信息科学"以解决问题为目的，开展有效运用信息和信息技术的学习活动及以此为目的的科学思考方法的学习活动；重视开展理解信息技术

---

① 日本文部科学省．高等学校学习指导要领，2009（3）：101-104.

作为信息社会基础的作用与影响以及信息伦理道德内化的学习活动。表3-6是"信息科学"科目的内容构成。

表3-6   "信息科学"科目的内容构成

计算机和信息通信网络	• 计算机和信息处理 • 信息通信网络的构成 • 信息系统的机能和提供的服务
解决问题和运用计算机	• 解决问题的基本方法 • 问题的解决和处理程序的自动化 • 模型化和模拟
信息的管理和问题解决	• 信息通信网络和问题解决 • 信息的存储、管理和数据库 • 对问题解决的评价和完善
信息技术的发展和信息伦理	• 社会信息化和人类 • 信息社会的安全和信息技术 • 信息社会的发展和信息技术

日本高中信息课程曾经分为科学、技术和社会三大部分，但是在具体实践中实施得并不理想。这是因为任何事物都不是孤立的，综合的课程内容设置可能更加容易被接受。日本当前的高中信息课程，分为"社会与信息"和"信息科学"两个科目，就是为了照顾高中学生的个性取向和差距。日本高中信息课程在信息伦理、参与信息社会等方面则显示了其很强的社会价值，强调信息课程的学习需要照顾信息社会的社会价值，而不仅仅是个体的信息技术操作技能的掌握和灵活应用。同时，日本高中信息课程的科学取向较为明显，例如信息技术与模型化、信息技术与问题解决等，将信息课程引入了更为深层次的科学理解层面。

3. 美国的中小学信息技术课程

美国应该算是世界上信息技术教育起步最早的国家，从20世纪60年代中期开始，麻省理工学院就以幼儿园儿童为实验对象，进行LOGO语言的教学实验。而且，美国的基础教育信息化方面一直走在世界前列，这为中小学信息技术教育的发展提供了坚实的基础。美国信息技术课程的情况比较复杂，处于多种称谓与实施类型并存的状态。各州、各学区信息技术的教学应用大体有两种形式，一是将信息技术整合到学科教学中，另一种是设置专门的学习时间与学科课程，以使学生学习与信息技术相关的知识与技能。前一种形式是美国各州实施信息技术课程的重要方式，各州普遍要求中小学在学科教学中要包含信息技术方面的内容与目标，还有一些州，如路易斯安那州、威斯康星州对每一门核心课程都做了具体要求。同时，也有相当数量的州在执行整合方案的同时还设置不同形式的专门课程或时间供学生补充或加强相关知识与技能，并且这种课程在小学、初中到高中体现出不同的形态与目标。

美国中小学包含信息技术课程内容的课程名称也是复杂多样的，表3-7列举了一些信息技术课程名称。

表3-7　美国部分州的信息技术课程名称

州　名	信息技术课程名称	州　名	信息技术课程名称
威斯康星州	信息与技术素养	佛蒙特州	科学、数学与技术
印第安纳州	信息素养、商务营销与信息技术	乔治亚州	信息素养
华盛顿特区	教育技术	亚利桑那州	技术教育
北卡罗来纳州	计算机/技术技能、信息技能	科罗拉多州	信息素养
马萨诸塞州	科学与技术、工程	路易斯安那州	计算机教育
弗吉尼亚州	计算机技术	夏威夷州	教育技术

但在中小学，一般专门的作为独立科目的信息技术课程通常被称为"计算机科学"。美国计算机学会（Association of Computing Machinery，简称ACM）是世界上第一个集科学性及教育性于一体的计算机学会。该学会一直致力于促进将计算机科学作为一门独立学科，强调计算机科学内在的概念、原理、方法，在美国计算机科学课程的发展中起到了重要的作用。

1993年，美国计算机学会高中教育委员会发表了"ACM高中计算机科学课程模型"报告，该报告为高中推荐了一个计算机科学课程模型。

2003 年，隶属于美国计算机学会的计算机科学教师协会（Computer Science Teacher's Association，简称 CSTA）重新公布了"ACM K-12 阶段计算机科学课程示范模型（第 2 版）"。

作为课程模型中的基础概念，计算机科学被定义为："计算机科学是计算机和算法过程的学习，它包括其中的原理、硬件及软件设计、应用软件及其对社会的影响。"[1] 计算机科学课程主要包括：编程；硬件设计；网络；图形；数据库与信息搜索；计算机安全；软件设计；编程语言；逻辑；编程模式；两种抽象之间的转换；人工智能；计算机的局限性（计算机不能做什么）；信息技术应用与信息系统以及社会问题（因特网安全；隐私；知识产权等）。

该课程模型提出 K-12 阶段计算机课程的目标是：① 从小学开始向所有学生介绍计算机科学的基本概念；② 在高中阶段开设计算机科学课程，并占课程的学分（例如，得到数学或科学课程的学分）；③ 在高中阶段为学生提供额外的计算机课程，激发学生的兴趣并进一步深入学习，为他们将来的工作或大学的学习做好准备；④ 促进全体学生计算机科学知识的增长，特别是那些占学习计算机课程者比例较小的群体。[2]

该课程模型是基于"计算机科学是一门科学"这样的认识而设计的，即计算机科学的学习以及将它确定为一门课程是可能的。该课程模型遵循以下 10 个原则，计算机科学课程必须：①强调计算机背后的科学原理；②让学生熟悉包括抽象性、复杂性、模块化和可重用性等重要原理；③强调问题解决方法和批判性思维的技巧；④帮助学生发展独立于技术之外的广泛认知能力与使用技巧；⑤是一个全面的课程，足以为学生提供广泛的领域介绍陈述和学科历史，以使他们更好地理解如何使用计算机来解决实际问题（它能参与解决各个领域的问题，包括设计、网络、图形、数据库和信息检索、计算机安全、软件设计、程序语言、逻辑、编程模式、人工智能、信息技术应用、信息系统和社会问题等）；⑥明确设计和分析的过程，以使学生对计算机系统的结构以及过程中涉及的设计、开发和维护

---

[1] ACM K-12 Task Force Curriculum Committee A Model Curriculum for K-12 Computer Science [OE/BL]. http：//csta. acm. org/Curriculum/sub/ACMK12CSModel. html.

[2] ACM K-12 Task Force Curriculum Committee A Model Curriculum for K-12 Computer Science [OE/BL]. http：//csta. acm. org/Curriculum/sub/ACMK12CSModel. html.

有所了解；⑦通过一系列的课程促使学生学习与接受新思想、新概念与新技巧，课程需给出与年龄相适应的学习目标；⑧不论性别和种族，学习内容应以能让所有学生参与的方式进行教学；⑨将概念性的和实验性的问题相结合，以使学生了解学科的理论基础及其对实践的影响；⑩了解计算机科学与计算机素养（教给学生如何使用各种软件而不是教计算机科学）的不同。

美国的信息技术课程本身就不固定，所以，其课程价值也显得更为多元化，从信息素养课程、教育技术课程、媒介素养课程，再到计算机科学课程，基本上涵盖了所有的方面，同时各州自身的取向不同，也采取了不同的课程价值取向。美国的 ACM 课程模型，作为影响全世界的计算机科学课程模型，其特点和价值是非常明显的。它强调计算机课程的科学性，而不仅仅是将其作为应用的工具，这与我国的信息技术课程价值取向截然不同。我国的信息技术课程仍然强调其作为信息处理的工具的课程价值，而没有深入到信息技术的科学层面去深入挖掘。美国的计算机科学课程虽然强调计算机科学是一门科学，但仍然强调与之相关的一些能力的培养，如 ACM 课程强调问题解决方法和批判性思维的技巧。

（三）世界各国或地区的信息技术课程价值的综合比较

应该说课程目标是课程价值的承载，课程目标在某种程度上反映了课程价值。信息技术课程价值在课程目标上会有所体现。如表 3-8 所示，笔者综合了各国或地区的信息技术课程的目标要求，从中提炼出一些课程价值的选项，并且进行了一些综合性比较，以期发现规律。

表 3-8　世界各国或地区的信息技术课程价值比较

国家或地区	日本	英国	韩国	中国香港	中国台湾	中国大陆
课程名称	信息	信息与通信技术（ICT）	信息与通信技术（ICT）	资讯及通信技术（ICT）	资讯科技	信息技术
开设学段	高中	小学、初中、高中	高中		高中	小学、初中、高中
信息技术工具	★	★	★	★	★	★

续表

国家或地区	日 本	英 国	韩 国	中国香港	中国台湾	中国大陆
信息的理解与应用	★	★	★	★	—	★
模型、模拟	★	★	—	—	★	—
逻辑思维	—	—	★	—	★	
批判性思维	★	★		★	—	★
问题解决	★	★	★	—	★	★
表达、合作、交流	★	★	★	★		★
信息伦理道德	★	★	—	★	—	★
促进学习能力	★			★		★
联系生活	★	★	★	★	★	★
创新、创造	★		★	★	★	★

从世界各国或地区的信息技术课程价值的比较来看，我们可以看出一些共性，总结起来，主要包括以下几个方面的特征和规律。

1. 强调应用，注重学生问题解决能力的培养

从 20 世纪 80 年代的程序设计教学开始，到 20 世纪 90 年代的信息技术工具教学，信息技术课程的价值已经逐渐转向到应用价值上。信息技术课程的价值不再是追求信息技术内在的科学性，而是强调如何应用。其实，应用应该不仅是信息技术课程追求的价值，同时，也是信息技术课程价值实现的方法。杜威说过，知识的学习应该与应用相结合，这样才能够真正促进知识的掌握。应用应该包括两个层面：一个是使用层面，即掌握信息技术的操作技能；另一个就是能够在实践进行应用。

从各国或地区的信息技术课程价值来看，信息技术课程的应用价值成为主流已经是不争的事实。例如，英国的中学信息与通信技术课程中就明确提出："使学生在日常生活和学习中，恰当地选择何时何地利用技术。"这就是强调在实践中应用信息技术的能力。例如，我国的《普通高中技术课程标准（实验）》（信息技术部分）中明确地提出："高中信息技术

课程强调结合高中学生的生活和学习实际设计问题，让学生在活动过程中掌握应用信息技术解决问题的思想和方法；鼓励学生将所学的信息技术积极地应用到生产、生活乃至信息技术革新等各项实践活动中去，在实践中创新，在创新中实践。"以上都说明信息技术课程价值的应用层面是非常重要的。

2. 重视表达、交流与合作

信息技术不仅是信息处理的工具，还是人们表达和交流的工具。从最初的利用信件传递信息，到如今的电子邮件，人们的交流途径不仅仅多样化了，而且交流所付出的成本也降低了许多。信息技术一个很重要的功能就是用于表达和交流。信息技术课程价值体系中，表达和交流成为一个重要的部分。人们认识到，如何采用恰当的形式和方式来表达思想、交流想法是非常关键的。

英国的中学信息与通信技术课程中明确地提出："使用一系列信息与通信技术工具来发布信息，形式适合用途、满足受众需要、内容适当；有效、安全和负责任地沟通和交流信息（包括在数字环境下沟通）。"可见，信息技术支持下的表达和交流不仅仅要求会用信息技术，还需要考虑所要交流的对象，能够采用适合对象的工具和途径进行表达和交流，才是信息技术课程价值所强调的。

我国的《普通高中技术课程标准（实验）》（信息技术部分）强调："高中信息技术课程鼓励高中学生结合生活和学习实际，运用合适的信息技术，恰当地表达自己的思想，进行广泛的交流与合作，在此过程中共享思路、激发灵感、反思自我、增进友谊，共同建构健康的信息文化。"

3. 促进学生学习能力的培养

信息技术课程价值不仅局限于培养学习者的信息技术技能，从全世界的发展趋势来看，促进学生学习能力的培养，提升学习者的学习品质，已经成为各国或地区的一个共同趋势。信息技术作为一种工具，必然会使得人类的学习内容和学习方式发生根本性的变化。1996 年，联合国教科文组织从终身教育的要求出发，提出将"学会认知""学会做事""学会共同生活"和"学会生存"作为教育的四大支柱，并且指出"未来的文盲是那些没有学会怎样学习的人"。探究性学习、研究性学习、合作学习成为信息化发展趋势下的一种学习取向。

英国的中学信息技术课程标准就明确提出培养"成功的学习者"，要求："信息与通信技术课程要与学生的生活、个人经历和未来发展相联系，增强学生学习的动机、激发学生的学习兴趣。信息与通信技术课程要为学生提供强有力的工具，使其发展创造性思维和独立思维，帮助学生探究和解决问题，发展学生的逻辑推理能力、质疑能力和分析研究能力。"中国香港等地区也提出过类似的要求。

我国2000年颁布的《中小学信息技术课程指导纲要（试行）》明确指出："把信息技术作为支持终身学习和合作学习的手段，为适应信息社会的学习、工作和生活打下必要的基础。"我国的《普通高中技术课程标准（实验）》（信息技术部分）也提出："既关注当前的学习，更重视可持续发展，为学生打造终身学习的平台。"终身学习就要求学习者能够利用信息技术来学习新的知识与技能，掌握新的学习方式和方法。

可见，促进学习者学习能力的培养，应该是信息技术课程价值中一个很重要的价值取向。改变学生的学习方式，促进学生学习能力的提高，不仅是信息技术课程所体现的价值，也是新一轮基础教育课程改革的重要目标之一。传统的学习方式把学习建立在人的客体性、受动性和依赖性的基础之上，忽略了人的主动性、能动性和独立性。新一轮基础教育课程改革提倡培养学生的学习能力，提倡自主、探索与合作的学习方式。

4. 重视信息伦理道德教育

从最初的程序设计教学开始，有关负责任地使用计算机等道德问题就已经是一项重要内容。从科学、技术和社会这三个层面来看，信息技术课程价值的社会维度就是要重视学生的信息伦理道德。

在信息化带给人类巨大优势的同时，必然也会同时带有一定伦理道德的新危机。计算机犯罪、网络沉迷等，都在深深地困扰着家长和教育工作者。信息伦理道德教育对于国家、社会和个人都是非常重要、不可或缺的。从信息技术课程价值来说，既然信息技术课程要教授学生使用信息技术，就有责任引导学生正确地看待信息技术，负责任地使用信息技术。

英国的中学信息与通信技术课程目标中就有一条是培养"负责任的公民"，人们对信息与通信技术的使用和依赖将会与日俱增，信息与通信技术课程鼓励学生不断地对信息与通信技术的使用进行反思。同时，在英国的信息与通信技术课程标准中也有一条关于技术影响的要求："探求信息与通信技术是如何改变我们的生活方式的以及其对社会、伦理和文化产生的显著影响；认识到围绕信息与通信技术使用的风险、安全和责任问题。"日本的高中信息课程中则更为明显地体现了其对信息伦理道德教育的重视。在"社会与信息"科目中，"信息社会的课题与信息伦理道德"部分的要求是："使学生认识到大量的信息被公开流通的现状，同时理解信息保护的必要性和为此制定的法规与个人的责任。"从英国和日本的信息技术课程中就可以清晰地看到信息伦理道德很重要。

我国的《普通高中技术课程标准（实验）》（信息技术部分）中明确提出："能辩证地认识信息技术对社会发展、科技进步和日常生活学习的影响；能理解并遵守与信息活动相关的伦理道德与法律法规，负责任地、安全地、健康地使用信息技术。"从课程定位的角度来看，信息伦理道德已经成为信息技术课程价值体系的一个重要组成部分。

虽然从课程的内容层面来看，各国或地区的信息技术课程价值中都重视了信息伦理道德，但是在实际的教学实践中，仍然没有得到很好的执行。许多信息技术教师或者认为信息伦理道德教育太虚无缥缈，或者认为信息伦理道德教育应该属于思想政治教育的范畴，认为信息技术课程仍然需要踏踏实实地教给学生一些实在的技术和操作。

三、当前我国信息技术课程价值发展的动力分析

在动态、变化、充满挑战和机遇的社会变革里，发展已经成为我国信息技术课程价值的一种生存常态。希腊哲学家赫拉克利特说："世界上唯一不变的就是变化本身。"信息技术课程价值不可能一成不变，即使在某一历史时刻看起来很完善，也会随着时间的推移，在改变了的环境中变得不再完善。当前，我国信息技术课程正处在发展的十字路口，烦琐操作训练式的信息技术课程内容难以满足当前社会以及个人的发展要求，亟待发展变革。下面笔者尝试着从内、外两个角度对促进当前我国信息技术课程价值发展的动力体系进行深入剖析。

（一）信息技术课程价值发展动力的产生与作用机理

信息技术课程价值发展作为一个动态发展的过程和复杂系统的演化，充满着各种力量的互动。任何时代的信息技术课程价值都处于不断发展变

化之中，引起这种变化的直接动力来源于信息技术课程体系内部的基本矛盾，即课程体系预期目标与课程体系结构功能的矛盾。当信息技术课程目标与内容不能满足社会需要与个人需要的时候，自然就会产生矛盾，从而产生信息技术课程价值发展的动力。在参考了刘芹茂等人的教育发展动力机制研究①之后，笔者提出了信息技术课程价值发展的动力机制。信息技术课程发展动力的产生与循环过程是一个多维的、复杂的立体结构，要较为充分地理解其产生与作用的机理，必须明确以下三个问题。

1. 需要是信息技术课程价值的出发点和归宿

信息技术课程价值发展的根本动力来源于需要，即社会和个人对信息技术课程的需要。需要产生于主体自身的结构规定性和主体同周围世界的不可分割的联系。对于信息技术课程而言，社会以及个人的需要是信息技术课程价值发展的出发点。如果社会和个人没有这种需要，信息技术课程根本不会具备存在价值，自然也谈不上发展。当信息技术课程价值的现实状况不能满足社会和个人需要时就会产生矛盾，当矛盾达到一定程度的时候，就需要改变现有信息技术课程内容体系和功能结构，信息技术课程自然就会得到发展。因此，需要是信息技术课程价值发展的出发点和归宿。

2. 矛盾的程度是信息技术课程价值发展的助推力

唯物辩证法指出，在物质世界中，矛盾是普遍存在的，正是每对矛盾双方的相互作用，成为事物发展的源泉和动力。虽然信息技术课程价值发展的根本动力来源于社会和个人的需要，但是信息技术课程现状离满足这种需要的差距程度，即矛盾的程度，将决定社会和个人对教育的进一步需求，从而关系到信息技术课程价值发展动力的循环、增益和扩展。随着时代的发展，社会需求和个人需求的变化会与信息技术课程现状之间产生矛盾，当矛盾显现不够明显时，是难以促进信息技术课程价值发生变革的，但是当矛盾的程度逐渐加大时，变革的压力也会随之加大。

3. 社会价值和个人价值的一致与差异

一直以来，信息技术课程的社会价值与个人价值存在着矛盾。人们普遍认为，社会价值与个人价值之间应该是一致的。但是从某个历史阶段来说，个人价值与社会价值却呈现"二律背反"现象。从最初的程序设计

---

① 刘芹茂，杨东. 建立我国教育发展的动力机制 [J]. 教育与经济，1992（4）：1-7.

到后来的工具论，再到计算思维，信息技术课程其实一直在个人价值与社会价值之间摇摆。某个阶段内，信息技术课程可能更偏重于个人价值，而转换了社会背景之后，信息技术课程又可能偏重于社会价值。信息技术课程的个人价值与社会价值在一致之中体现着差异，在差异中体现着不同的取舍和侧重，自然也就带来了信息技术课程功能与结构、体系目标与社会、个人之间的矛盾，也带动了信息技术课程的发展。

根据马克思主义原理，任何事物发展的原因都不外乎从事物的外部系统和内在体系两个方面来探寻。根据动力理论，信息技术课程价值发展动力可以分为外源动力与内源动力。外源动力主要是基于社会需要和个人需要而带给信息技术课程价值发展的机会，表现为社会发展、技术发展以及学生发展等。内源动力来自于对信息技术课程自身实践与认识的深化，随着研究与实践的深入发展，对信息技术课程价值的认识以及理解更加深入，从而激发了信息技术课程价值发展的动机与活力，促进了信息技术课程价值的发展与变革。

（二）催发：当前我国信息技术课程价值发展的外源动力分析

任何形态的信息技术课程都是在一定的社会环境中产生、发展的。因此，不可避免地受到社会政治、经济和文化诸因素的影响。随着时代的发展，当前我国信息技术课程与社会、技术、学生等的需求之间产生更多的矛盾，构成了课程价值发展的外源动力。

1. 时代的发展呼唤信息技术课程超越信息技术技能

我国社会信息化的快速普及与信息技术快速发展改变着对信息技术课程的需求，原有课程价值体系不适应社会需要而出现了结构不良与功能失调的问题。当前社会正处在第三次工业革命、创客时代、移动时代，这都要求人们重新思考信息技术教育的价值与培养目标。第一，数字文化的广泛渗透导致了人们对于数字化素养的关注。社会信息化带来信息总量爆炸，"信息是我们这个世界运行所依赖的血液、食物和生命力"[1]。但是，信息疲劳、信息焦虑以及信息过剩，是我们遇到的新问题。数字化素养要求人们超越简单化操作信息技术工具的状况，更多地关注如何获取信息、

---

[1]　詹姆斯·格雷克. 信息简史［M］. 北京：人民邮电出版社，2013：5.

管理信息、加工信息和表达信息。第二，时代发展要求学生成为技术创造者。社会信息化程度的提升直接导致了社会结构的解构与重构，人类社会进入"第三次工业革命""创客时代"，要求未来社会的人有更多的创造和创新能力，要求教育必须适应时代发展，成为适应技术创新性的先锋。安德森在2012年出版的《创客：新工业革命》中提出了创客一词，他认为人人都可以成为一名独特的制造者——创客。① 学生需要摆脱以往只是学习软件操作的状况，即不只是消费技术，还要能创造技术。

2. 技术的发展催动改变原来的信息技术学习内容与形式

任何一个学科课程都受到其所在学科发展的影响。我国信息技术课程的发展自然也会受到信息技术学科发展的影响。当前，随着信息技术不断向人靠拢，操作界面越来越友好，使用门槛越来越低，基于操作技能教学的需求也会越来越少。技术发展催动我国信息技术课程在内容与形式上进行发展与变革。第一，新技术的涌现催动内容改变。当今社会已经进入移动时代，平板电脑以及手机等成为人们处理信息的主要工具。我国信息技术课程仍然以个人计算机（PC 机）为核心，以微软 Windows 系统为主。新技术、新平台、新软件都催动我国信息技术课程内容必须要改变原来的内容体系。第二，信息技术使用习惯的改变催动内容更新。随着信息技术的快速发展，人们使用信息技术的习惯已经改变，人们曾经经常使用的一些信息技术工具在逐渐淡化。例如，人们更多使用的是即时通信工具（QQ、微信等），而不是曾经风光一时的电子邮件。信息技术操作习惯的改变要求剔除过时的信息技术操作，增加更多经常使用的信息技术内容。第三，信息技术操作难度降低催动内容和形式改变。工具软件的日益"功能豪华"和人性化，使人们不再需要学习烦琐的操作技能。

3. 学生的发展需要信息技术课程适应数字原住民

信息技术的快速发展与普及，使得信息技术逐渐走入了千家万户。信息技术的普及也在改变着信息技术课程的受众——学生。学生最大的改变就是成为"数字原住民"。著名教育游戏专家马克·普伦斯基（Marc Prensky）于2001年首次提出"数字原住民"（digital natives）和"数字移民"（digital immigrants）概念，将那些在网络时代成长起来的一代人称为

---

① 安德森. 创客：新工业革命［M］. 北京：中信出版社，2012：23.

"数字原住民"。①根据《2014 年度全国中小学生网络生活方式蓝皮书》调查显示："我国中小学生已初步显示出'数字原住民'的多种特征。"②数字原住民的特点标志着学生已经发生变化。信息技术课程必须适应学生的发展需要，即要满足数字原住民的发展特点。第一，数字原住民对于技术具有天然的亲切感，缺乏数字移民所具备的技术畏惧感。数字原住民面对新技术时敢于尝试，敢于自主探索。信息技术课程必须要适应数字原住民的特点，赋予学生更多自主学习和创造信息技术的机会。第二，数字原住民的操作技能起点提高。信息技术大众化使得学生比以前更容易在学校之外接触信息技术。学生已经在学校外掌握了许多信息技术操作技能，自然对操作技能的学习需求就会减弱。信息技术课程内容体系中就需要适当降低信息技术基本操作的比例，提供更多的时间和机会让学生掌握信息处理的方法以及发展计算思维。

基于以上信息技术课程发展的外源动力分析可知，当前我国信息技术课程已经到了必须改变的时候。或者消亡，或者改变，信息技术课程面临着两种选择。只有勇于面对社会需求以及学生的发展需求，改变原有的信息技术课程内容体系，才有可能浴火重生。

（三）自为：当前我国信息技术课程发展的内源动力分析

我国信息技术课程的主体觉醒带动了信息技术课程发展的自为。信息技术课程并不是被动地接受着外源性动力，其自身也在主动地调试以及适应。内源动力是影响信息技术课程发展的重要因素。作为信息技术课程主体的教育研究者、教师等都是信息技术课程的先行者、创造者，积极推动着信息技术课程的发展。

1. 理论牵引：计算思维突破信息素养局限

理论是变革的先导，信息技术课程是在理论与思想牵引下发展和变革的。没有正确的理论作为指导，发展就会陷入盲目和被动。我国信息技术

① 曹培杰，余胜泉．数字原住民的提出、研究现状及未来发展［J］．电化教育研究，2012（4）：21-27.
② 教育信息技术协同创新中心．2014 年度全国中小学生网络生活方式蓝皮书［R］．北京，2014.

课程的发展变化离不开理论的解释、评价和改进。在如今信息技术飞速发展变化的时代，社会需求以及个人发展需求都要求重新审视信息技术课程理论。第一，时代发展促使人们反思信息素养理论。人们认识到信息素养理论作为单一课程指导理论存在着一定的弊端与不足。由于信息素养偏重于信息处理，更侧重于方法层面，会导致课程内容偏向于实用倾向，更强调作为一个社会人所必须具备的实用技能，而信息技术教师对于信息素养的理解和实践更容易偏于操作技能训练。此外，信息素养理论忽视了技术也在改变着人们的思维方式。第二，计算思维开拓了理论新视角。基于人们对于单纯技能化训练的批判以及对于信息素养理论的担心，人们试图寻求新的理论基础。卡内基梅隆大学计算机系原主任、现微软副总裁周以真（Jeannette M. Wing）教授，在接受专访中谈到我国国内的信息技术课程过于强调操作技能教学的问题时明确地提出："我认为中国学生学习使用应用软件并不是错误的，但我想学生们其实应该有机会与能力学习一些更多和更深的概念。"[①] 计算思维不仅仅属于计算机科学家，它应当是每个人的基本技能。计算思维有助于信息技术课程重新关注个体思维发展，而不是仅仅关注操作技能训练。李锋等人认为："发展学生的计算思维，提高学生利用信息技术解决问题的能力就成为学校信息技术课程的一种重要的内在价值。"[②]

2. 国际示范：突出计算机科学

要把我国信息技术课程发展放在全球发展的大背景下，与世界各国或地区进行横向的比较和研究，国际发展趋势与可能路径将有效地推动我国信息技术课程的有序发展。当前，世界各国基本上都在高中开设了信息技术（计算机科学）课程。随着时代的发展，原有的信息技术课程内容逐渐受到批评和质疑，国际上逐渐开始寻求变革信息技术课程的途径。考察美国、英国、日本、印度等国家或地区的信息技术课程最新动态后，笔者等发现中小学信息技术教育学科课程的内容应在原有基础上拓展与深化。[③] 当前，国际上最典型的信息技术课程变革案例是英国在 2011 年将

---

① 周以真，等. 计算思维改变信息技术课程 [J]. 中国信息技术教育，2013 (6)：5-12.

② 李锋，等. 计算思维：信息技术课程的一种内在价值 [J]. 中国电化教育，2013 (8)：19-23.

③ 董玉琦，等. 国际中小学信息技术课程最新发展动态及其启示 [J]. 中国电化教育，2014 (2)：23-26.

原来的信息与通信技术课程改为计算课程。深度剖析英国从信息与通信技术课程到计算课程的变革历程，其深层次原因与我国有相似之处。从2006 年开始，英国的信息技术教育研究者就试图在信息与通信技术课程中加强计算机科学教育。2013 年 9 月 11 日，英国教育部正式公布了计算课程标准。英国的信息技术课程变革对世界范围内的信息技术课程发展起到了引领和示范作用。从国际发展现状及趋势来看，突出计算机科学课程成为大势所趋。当前，我国信息技术课程存在着与国际上相类似的问题，只是由于我国落后于发达国家，问题还未集中暴露。我们必须借鉴国际发展动态并结合本国国情才可能造就最佳的信息技术课程。

3. 研究推动：夯实基础，深化认识

每门学科的发展都具有历史性、阶段性和继承性。一门学科每一阶段的成果既是前一阶段发展的结果，又是后一阶段发展的起点和基础。研究是形成信息技术课程发展方向与内容的推动力。随着研究的进展和深化，人们的思想是不断发展变化的，对于信息技术课程价值与内容的认识也是不断发展的。当前，我国信息技术课程研究者对于信息技术课程"为什么""是什么"的研究逐渐深入，呈现出深入基础、多向发展等特点。例如，南京师范大学的李艺教授等人基于"蒙起原初意义，昭示课程本质"对信息技术课程思想进行了深入研究。刘向永于 2011 年对信息技术课程价值体系与取向进行了研究。李赫、钱松岭等人对信息科学、信息社会学课程化进行了系统研究。有些研究对当前我国信息技术课程偏重于技术化倾向进行了批判。钱旭升等认为："我们的信息教育过多地关注了计算机带有的极强的社会功利性烙印的'特质'，而忽视了人文价值的体现，使得学生在现实中无法完整地感受信息技术，不能从社会文化大背景去看待和理解信息技术，而只剩下科学技术层面的理解与感悟。"[①] 通过有关信息技术课程的系统、多向度的研究，人们对于信息技术课程内容选择以及发展趋势等产生了全新的认识和理解。信息技术课程需要在解构的基础上对课程内容进行重新建构。在对信息技术课程内容做了区分以后，人们普遍认为应该重视以往受到忽视的计算机科学内容以及信息社会学内容。

---

① 钱旭升，罗生全. 高中信息教育课程设计中的技术取向 [J]. 中国远程教育，2007（7）：62-65.

4. 实践引领：国内信息技术课程实践

当前我国信息技术课程发展的动力很大程度上来自于实践的推动。在无数次信息技术课程变革的背后，都有信息技术课程实践者要求的变革声音。信息技术课程实践先行者的实践与思想在领域内起着一个"先觉觉后觉"的引领作用，并且逐渐成为其他学校甚至区域课程发展的范本，是信息技术课程发展变革的重要动力来源。当前我国信息技术课程实践主要包括以下两个方面。第一，是数字文化素养的实践。基于对信息技术课程重操作轻创作、重技术轻文化现状的批判，许多信息技术教师对数字文化素养的概念与实践进行了积极探索。例如，2005 年，王继华发表了一篇论文《对信息技术课程内容的新思考》，其中谈道："信息技术是工具，但只有超越工具本身，信息技术才能体现出它的价值。超越这个工具，把学习重点放到利用这个工具去创造新型数字文化上来，这不仅是一个非常有价值的课程目标，而且也是一个非常有价值的实施办法。"① 第二，是Scratch 程序设计的实践。Scratch 作为一种编程语言，符合当前让学生成为技术"生产者"的期望。特别是许多地区和学校将 Scratch 与传感器等结合，结合了 STEM（科学、技术、工程和数学）理念，进行各种素养和能力的培养。艾森伯格认为面对未来世界不可预期的挑战，单纯强调技术训练的信息技术教育是不可行的，强调个人、控制、抽象的信息技术教育典范与合作、好奇、具象的信息技术教育典范产生了一股相互拉扯的力量，而 Scratch 建造主义式的活动正好能够同时满足抽象与具象的需求。② Scratch 程序设计的实践与探索丰富了我国信息技术课程的内涵。

发展就是一种适应。当前，我国信息技术课程的外在环境已经发生了改变，信息技术课程价值自然也要随着时代发展而发展。只有通过发展来适应，才有可能在变化了的时代里生存。著名的生物进化论创始者达尔文曾经说道："最后生存下来的不是最强大的物种，也不是最智慧的，而是最适应变化的物种。"信息技术课程价值也必须适应世界的趋势和时代的发展，持续地进化才能够生存。

---

① 王继华. 对信息技术课程内容的新思考 [J]. 信息技术教育，2005（12）：33-35.
② 许惠美. Scratch 教学研究热点综述 [J]. 中国信息技术教育，2014（13）：5-8.

第四章 信息技术课程价值体系

我国的信息技术课程要走出目前的困境，一个重要的选择就是要重新认识到信息技术课程价值研究的重要性。这是因为价值问题是教育的根本问题，就如杜威所言"任何教育皆有价值属性"①。要想实现信息技术课程价值，首先要真正系统、全面地认识信息技术课程价值。本章主要是对信息技术课程价值体系进行理论建构，从社会需要和学生需要两个维度出发、从价值论的基础出发，探讨信息技术课程价值体系的结构，并详细说明信息技术课程价值的具体内容。

一、对信息技术的认识

一般来说，人们认为，信息技术就是获取、处理、传递、储存、使用信息的技术。凡是与上述诸方面相关的技术都可以称为信息技术。信息技术可以分为四类，即感测技术、通信技术、计算机技术和控制技术。感测技术是指对信息的传感、采集技术；通信技术是指传递信息的技术；计算机技术是指处理、存储信息的技术；控制技术是指使用与反馈信息的技术。

---

① 张法琨. 杜威教育理论的体系及其批判吸取问题 [J]. 教育评论，1986（2）：50-55.

信息技术常常被称为"3C"技术或"3A"技术。所谓3C，就是指通信（Communication）、计算机（Computer）、控制（Control）等三种技术，由于通信、计算机、控制等三种技术的英文名称的第一个字母都是"C"，所以就简称为 3C 技术。所谓 3A，就是指工厂自动化（Factory Automation）、办公自动化（Office Automation）和家庭自动化（Home Automation）。显然，3A 技术就是信息技术在人类生产活动和生活过程中的最为典型的应用。除了 3C、3A 说法以外，信息技术还有"3D"的说法。所谓 3D，就是指数字传输（Digital Transmission）、数字交换（Digital Switching）、数字处理（Digital Processing）等三种数字技术。3D 技术是信息技术在不同领域中的具体应用。总之，由于发展迅速，信息技术的内涵与外延一直在不断地变换，到现在也没有一个大家普遍认可的信息技术概念。

作为信息技术课程的背景知识，人们对于信息技术的看法是不一样的，其在社会上的地位也是不一样的。对信息技术的本质认识主要体现在以下几个方面。

1. 作为工具的信息技术

正如一般人所理解的一样，信息技术自诞生之日起，就被当作一种工具来看待。人们习惯将信息技术作为获取、处理、表达信息，以及解决问题的工具。信息技术不仅仅成为寻常百姓的日常生活、学习和工作的工具，成为人们交流、合作、解决问题等工具，而且成为现代科学发展的强大动力，在所有学科的发展中都可以看到信息技术的影子。无论是从语言学的层面来看，还是从航天、航空科学的发展来看，信息技术无不起着巨大的作用。信息技术作为工具的特性和价值，在现代社会的方方面面都得到了淋漓尽致的展现。

2. 作为思维的信息技术

从信息技术诞生之日起，人们就将信息技术作为思维的表述。从最初的程序设计思维开始，人们就逐渐认识到了信息技术作为思维的一种方式的作用。信息技术不仅仅具备思维训练的价值，而且成为人类的一种思维方式而存在和发展着。人类之所以需要而且离不开这种思维方式，在于它具有与众不同的思维特征。

信息技术其实与逻辑思维、批判性思维紧密相连。从信息的处理角度来看，强调信息的建模与问题解决，从而使逻辑思维得以发展。信息量的爆炸式增长，更使批判性思维成为人们日常生活和学习中的必要思维方式。

3. 作为文化的信息技术

当一种技术在社会上得到普遍的认可和应用，并且这种应用成为人们日常生活和学习中的一种行为方式时，就会衍生成为一种文化。以计算机、网络等技术为代表的信息技术的普及与应用，正在深刻地影响着人们的生活，它早就超越单纯的技术范畴，成为一种文化现象。

由计算机、网络技术等构成的信息技术，使得人类社会拥有前所未有的信息总量。信息技术引起了不同国家、不同族群等在文化层面的重大的范式转变，包括人们的价值观念、行为方式、思维方法等，都在发生着不同程度的转变，继而使人的道德观念和价值取向也发生变化，形成了一种新的文化。在操作的技术中，文化多半在操作的技能、规范中体现出来，而在信息技术中，文化则更偏重于理性和知识。信息技术是一种文化，是信息社会成员所习得且共有的与信息社会相适应的基本观念和行为方式。

正如韩小谦所说："我们把信息技术视为一种文化，还在于今天的计算机操作已日渐成为一种社会职业，一个现代人必须具备的技能。技术衍生为文化，很重要的一点是必须要有一定的社会群来操作此项技术。"[①]

二、信息技术课程价值主体的需要分析

按照价值的定义，价值是主体的需要与客体的属性之间的特定关系，所以，对信息技术课程价值来说，我们就必须首先认定信息技术课程价值的主体是什么和主体的需要是什么。价值的主体是指实践者、认识者，即主体是指对象性行为中作为行为者的人。主体必然是"人"，而此"人"可以包括人类、国家、族群、团体和个人等多个层次。由此，信息技术课程价值的主体也就必然包含了人类、国家、族群、团体和个人等多个层次。在本研究中我们更加强调个人和社会两种层次的主体的需要。图4-1就是信息技术课程价值分析的示意图。

图4-2所示是信息技术课程价值主体的需要。由于信息技术的飞速

---

① 韩小谦. 信息技术·文化·知识——浅谈信息技术文化 [J]. 自然辩证法研究，1999（7）：45-49.

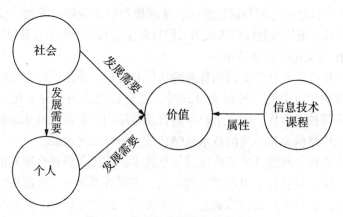

图 4-1　信息技术课程价值的分析

发展以及由此带来的信息总量的爆炸式增长,产生了信息技术课程主体
(社会主体、个人主体) 的需要。信息技术课程的社会主体需要主要是由

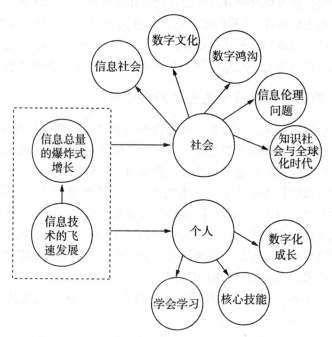

图 4-2　信息技术课程价值主体的需要

信息社会、数字文化、数字鸿沟、信息伦理问题以及知识社会与全球化时代等产生的需要。信息技术课程的个人主体需要主要是由学会学习、核心技能以及数字化成长等产生的需要。

（一）人的需要与价值

人的需要是课程价值中非常重要的一个方面。在我国有关价值的理论与讨论中，很多学者都认同从"需要的满足"来界定价值，认为价值是"客体对于主体的需要的满足"。也就是说，价值是主体和客体之间需要与满足的关系。价值的本质在于客体的属性与功能能够满足主体的需要，需要是主体对客体作用的内在动因。

人们也经常从能否满足社会的需要来评论某一个人的价值。一个人的行为活动，如果能满足社会（国家、民族、群体）的需要，这个人就是一个有价值的人；如果一个人的行为活动完全不能满足社会（国家、民族、群体）的需要，这个人便是一个没有价值的人。这是自古以来多数人的共同见解。

那么，什么是"需要"呢？需要是如何分类的呢？《辞海》中对"需要"的解释为：人对一定客观事物需求的表现。《现代汉语词典》中对"需要"的解释更为简单：对事物的要求。一般来说，需要是生物体为维持并恢复自身内部和环境的平衡状态而产生的一种动态依赖关系与倾向。人的需要是人对其生存、享受和发展的客观条件的依赖与需求。需要产生于主体自身的结构规定性和主体同周围世界的不可分割的联系。从最一般的意义上说，需要是一切生物体的共同特征，是生物区别于非生物的一个标志。生物体的自我保存和自我更新依托对外物的摄取与交换。无生命物体对外部条件不存在定向选择，因此也就不发生需要问题。人的需要是生物需要的一种特殊形式，它与其他生物、动物的需要有着本质的不同。

除了具有正当与不正当以及合理与不合理之分外，需要还具有层次、数量等方面的不同。张岱年先生说，人们都承认，有些需要是比较高级的，有些需要是比较低级的。饮食的需要，择偶的需要，互助的需要，在民族危急的时期救国的需要，在阶级斗争激烈的时期革命的需要，在有人陷入危难之时加以拯救的需要，还有人追求声色货利、贪财好色的需要……这些需要显然不是齐等的，而是有高下之分。如何评论需要的高低

呢？这是一个重要的理论问题。① 而满足价值主体高层次和低层次需要的
事物，其价值也是不同的。需要的价值主要分为两种情况，一种是对那些
已经满足低层次需要的人来说，能够满足高层次需要比满足低层次需要更
有价值；而对于低层次需要还没有满足的人来说，能够满足其低层次的需
要比满足高层次的需要具有更大的价值。

人的需要是多种多样的，与之相对应的价值也是多种多样的，并表现
出不同的形态。从需要的主体来说，有个人的需要、集体的需要、社会的
需要和人类的需要，与之对应的就有个人价值、集体价值、社会价值和人
类价值。从需要的客体来说，人有物质的需要、精神的需要和人对人的需
要，于是客体对主体的价值就有物质价值、精神价值和人的价值。从主体
对客体的需要的目标方面来说，人需要生存、享受和发展，价值也就有生
存价值、享受价值和发展价值之分。

（二）向信息社会转型——信息技术课程价值主体需要的时
代背景

课程价值主体的需要是课程价值产生的关键性因素。信息技术课程价
值主体有许多层次，包括人类、国家、社会（区）、学校、教师以及学习
者等，其中最主要的价值主体就是社会（区）与学习者。研究信息技术
课程价值主体的需要，主要从社会（区）和学习者两个层面来进行研究、
探讨。

"信息社会"学说起源于西方经济学者和社会学学者对未来社会的研
究，"信息社会"一词则源于日本学者梅卓忠夫最早提出的"情报社会"
（即信息社会）一词。1963 年，日本著名的文明史论学者梅卓忠夫在《信
息产业论》一文中提出了未来的社会将是以信息产业为中心的社会的观
点，引起了日本社会的轰动。1964 年，梅卓忠夫在《信息文明学》一文
中，首次使用了"信息社会"的概念。随后这一概念传播到了西方。20
世纪 70 年代，美国社会学家阿尔文·托夫勒（Alvin Toffler）等一批有识
之士十分敏锐地预见到，人类社会正在从工业社会转向信息社会。20 世
纪 80 年代初期，美国当代著名未来学家约翰·奈斯比特（John Naisbitt）

---

① 张岱年. 论价值的层次 [J]. 中国社会科学, 1990 (3)：3-10.

在《大趋势——改变我们生活的十个新方向》一书中明确指出，在社会多方面的变化中，从工业社会到信息社会的转变更为微妙，也更具有爆炸性。在这样的背景下，"信息社会"的提法应运而生了。我国学者钟义信教授将信息社会定义为："把这个社会称为'信息社会'的更本质的原因在于它所使用的资源、工具和产品的性质：信息资源越来越成为社会的表征性资源，基于信息技术的智能工具日益成为表征性的社会工具，信息产品越来越成为表征性的社会产品。"①

那么，信息社会具有哪些特征呢？从生产力的构成要素来看，脑力劳动者、智能工具和数字化信息是信息社会区别于其他社会形态的本质特征。约翰·奈斯比特认为信息社会具有以下几个特点：第一，信息是经济社会的驱动；第二，信息和知识在经济增长中起着举足轻重的作用；第三，人们的时间和生活观念总是倾向于未来；第四，人与人相互交往的增多，使竞争和对抗成为人们相互作用的主要表现形式，等等。其中，"智力工业"和"知识工业"是信息社会的核心工业。总结起来，信息社会大致上具有以下几个特征。

1. 信息总量迅速膨胀

信息社会的突出特征之一就是信息总量迅速增加。如果形象地加以描述的话，可用"信息爆炸"来形容，也就是说信息总量增加的速度越来越快。董玉琦先后于 2001 年 7 月、2003 年 8 月 21 日两次通过搜索引擎 Google 搜索"信息""信息技术""信息技术教育"和"中小学信息技术教育"②，笔者也参照此种方法于 2010 年 2 月 1 日搜索了"信息""信息技术""信息技术教育"和"中小学信息技术教育"，这三次的搜索结果如表 4-1 所示。通过三次搜索结果的比较可以看出，有关的信息量增加的速度是惊人的，这在一定程度上说明了信息社会中信息总量增加的速度。浩瀚的信息海洋容易使人们淹没于其中，如何从中寻找对自己有用的或是有价值的信息，是信息社会对人们提出的新要求。

---

① 钟义信. 信息社会：概念、原理与途径 [J]. 北京邮电大学学报（社会科学版），2004 (4)：1-7.
② 董玉琦. 信息教育课程设计原理：要因与取向 [D]. 长春：东北师范大学，2003：50.

表 4-1   "信息"等词语的三次搜索结果

	信　　息	信息技术	信息技术教育	中小学信息技术教育
2001 年 7 月	10900000	493000	8440	2940
2003 年 8 月	24000000	3220000	52400	31200
2010 年 2 月	689000000	18700000	11500000	10200000

2. 信息技术迅速发展与普及

从 20 世纪开始，人类进入了一个飞速发展的时代，各种新型工具不断出现，而其中最为引人注目，或者说是最为显著地改变着人类生产、生活方式的，莫过于信息技术的不断发展与普及。例如，互联网就成为促使人类发生巨大变革的因素。互联网起源于 1969 年美国国防部高级研究计划署建立的阿帕网（ARPANet）。近半个世纪以来，互联网发展迅猛。在我国，2014 年 7 月 21 日，中国互联网络信息中心（CNNIC）在京发布了第 34 次《中国互联网络发展状况统计报告》（以下简称《报告》）。《报告》显示，截至 2014 年 6 月，中国网民规模达 6.32 亿人，其中，手机网民规模为 5.27 亿人，互联网普及率达到 46.9%。网民上网设备中，手机使用率达 83.4%，首次超越传统个人计算机（PC）整体 80.9% 的使用率，手机作为第一大上网终端的地位更加巩固。图 4-3 给出了我国自 2010 年以来的各年网民规模与互联网普及率。信息技术的迅速发展与普及，也使世界变成了一个地球村，麦克卢汉在 20 世纪 60 年代就曾经预测，即将有一个地球村时代的来临。他说，电信传输瞬息万变的特性，不会使人类大家庭扩大，而是使其卷入村落生活的凝聚状态。①

3. 信息社会带来人类生存和交往方式的数字化

信息社会中新的生活、生存方式也正在形成。在信息社会里，智能化的网络将遍布社会的各个角落，固定电话、移动电话、电视、计算机等信息化的终端设备将无处不在。"无论何事、无论何时、无论何地"，人们都可以方便、快捷地获得文字、声音、图像信息，人们将生活在一个被各种信息终端所包围的社会中。在今天，对于许多人来说，计算机和手机等设备已经成为生活中必不可少的设备，这就说明信息技术已经深度地介入

---

① 麦克卢汉. 理解媒介——论人的延伸 [M]. 何道宽，译. 北京：商务印书馆，2007：151.

来源：CNNIC中国互联网络发展状况统计调查，2014年6月。

图4-3　中国网民规模与互联网普及率

了人类的生活和交往中，数字化生存已经得到了各界的认同。同时，媒介是人的延伸，麦克卢汉的这一观点，使得我们重新认识信息社会中人的交往方式和关系，人类社会将出现新的道德观念和规范。

（三）信息技术课程社会主体需要

作为信息技术课程价值主体，社会其实不仅仅是空洞的概念，而是直接给予信息技术课程以需要。

1. 知识经济与知识社会的需要

1996年，世界经合组织发表了题为"以知识为基础的经济"的报告。该报告将知识经济定义为建立在知识的生产、分配和使用（消费）之上的经济。其中知识是指人类迄今为止所创造的一切知识，其最重要的部分是科学技术、管理及行为科学知识。从某种角度来讲，这份报告是人类面向21世纪的发展宣言——人类的发展将更加倚重于自己的知识和智能，知识经济将取代工业经济成为时代的主流。

正如种植和养殖技术革命推动人类进入农业经济时代、蒸汽机和电气技术革命推动人类进入工业经济时代、信息技术革命推动人类进入知识经济时代，新的信息革命——数字化、网络化、信息化为人类共享信息、高效率地产生新的知识，或者说提高知识生产率，提供了坚实的技术条件，并最终推动人类社会进入知识经济时代。知识经济与信息经济有着密切的联系，也有一定的区别。知识经济的基础是信息技术。知识经济的关键是知识生产率，即创新能力。只有信息共享，并与人的认知能力——智能相结合，才能高效率地产生新的知识。所以，知识经济更突出人的大脑和人的智能。反过来，只有在信息共享的条件下，人的智能才能有效地产生新的知识。所以，信息革命——数字化、网络化、信息化为信息共享、高效率地产生新的知识打下了坚实的技术基础。也就是说，信息革命、信息化与知识经济有着密不可分的关系。目前，知识经济、信息经济、智能经济这几种说法，在国际上往往还同时使用。

2. 缩小数字鸿沟的需要

随着信息化的发展，社会的公平和正义问题越来越得到重视。与信息化紧密相关的公平方面的词语是"数字鸿沟"（digital divide）。任何新技术的产生与发展都可能带来新的政治、经济和文化等社会问题。现代信息技术与数字技术除给人们带来便利和福音之外，也带来了新的等级分化和不公平，一部分人面对的是信息过剩，而另一部分人则是严重的信息匮乏。信息环境中普遍存在的信息不平等以及"信息落差"被学术界广泛称为"数字鸿沟"。数字鸿沟已经成为全世界公认的信息时代所必须要解决的社会问题。数字鸿沟一词起源于劳埃德·莫里塞特（Lloyd Morrisett）对信息富人和信息穷人之间存在的一种鸿沟的认识。它真正引起公众关注是在 1995 年美国商业部电信与信息局发布的《被互联网遗忘的角落：一项有关美国城乡信息穷人的调查报告》对数字鸿沟现象的具体描述中，该报告详细地描述了当时美国社会不同阶层人群采纳和使用互联网的差别。自此，有关数字鸿沟的报道和研究文章就不断涌现。

已有的研究表明，我国与发达国家之间的数字鸿沟差距仍然很显著。此外，我国东西部的数字鸿沟差距也很大，城乡之间的数字鸿沟也很明显，不同阶层之间的数字鸿沟也仍然存在。中国互联网络信息中心于2009 年 3 月发布的《2008—2009 中国互联网研究报告系列之"中国青少年上网行为调查报告"》显示，青少年网民规模的城乡比例约为 2∶1，城镇青少年网民比农村青少年网民多 5178 万人。由于城乡之间在基础设施和社会发展上存在差距，城镇与农村青少年在上网场所、上网设备和网络应用方面的差异，均表现出与规模差异相似的特点。

数字鸿沟的存在已经严重影响和制约着我国和谐社会的建设。我国政府和有关学者都对数字鸿沟问题进行了研究。最近几年，政府与专家也高度关注信息资源配置与信息公平问题，信息化战略被定位为重要的强国战略。我国的信息化宏观政策，比如《2006—2020 年国家信息化发展战略》的适时出台体现了我国政府在缩小信息差距方面迈出了可喜的步伐。但是由于经济条件等方面的制约，我国的数字鸿沟扩大的趋势并没有得到有效的遏制和缩小，反而是愈演愈烈。数字鸿沟的存在是我国社会信息化进程中不可回避的问题，也是社会信息化最终必然要解决的问题。

3. 信息文化

随着信息社会的来临，人们开始思考在信息社会中人类的生活、工作和学习方式将发生怎样的变化，以及人类的文化将在信息化社会中发生怎样的变革。1996 年，美国学者尼葛洛庞帝的《数字化生存》被译介到中国，此事成为信息化的一个象征。信息化不仅指人们通过广泛应用现代信息技术，改造传统产业、提升产业结构的过程，而且意味着整个社会信息基础设施的重构和技术、经济、社会范式的转型。这种转型必然导致人类生存方式的重大变革，由此催生新型的社会文化形态——信息文化。同时信息文化又深刻影响信息时代人类的生存状况和发展态势，成为制约社会发展进程的基本因素。

究竟什么是信息文化呢？能否给信息文化下一个准确而又科学的定义呢？这是一个不好回答的问题。柴庆云等人总结了目前我国学者关于信息文化的定义，认为有以下几种意见。第一种意见认为，信息文化是信息时代的特征文化，是人类社会发展到一定阶段的时代文化。第二种意见认为，信息文化是相对于渔猎文化、农业文化、工业文化而言的信息社会的文化形态。第三种意见认为，信息文化是以电子、电磁波为载体，能同时表达语言、文字、图像信息的文化形态，是继语言文化、文字文化之后人类创造的第二代文化。第四种意见认为，由信息技术与网络技术形成的全新的社会基础结构带来了人类生产方式、生活方式、通信方式、工作方式、决策方式等各方面的变革，进而引起思维方式和观念以及社会文化发生结构性变革，信息文化就是有关于此的文化。第五种意见认为，信息文化是人们在网络空间里利用新的沟通方式进行交流，逐渐形成新的行为特征、思想意识并在此基础上创造出来的具有新质的文化。第六种意见认为，信息文化可以从广义和狭义两个方面来看，从广义上说，信息文化是以计算机为标志的信息技术、信息流通、信息产品，以及人类对第三代生存环境（信息环境）的适应所产生的，包括生产方式、生活方式、交往方式、思维方式等在内的种种文化现实；从狭义上说，则指数字化的传播生存方式及其结果。① 这些关于信息文化的定义从不同角度概括了信息文化的实质和表现形式，对我们进一步认识信息文化有很大的启迪和借鉴作用。但是，如何更准确地定义信息文化，还需要我们继续探讨和研究。笔者根据自身对信息文化的理解，并基于本研究的视角，认为信息文化是由于信息技术的发展所产生的文化形态，它是与信息社会相关联的，或者可以说是信息化所具有的文化形态，信息文化不是一个地域文化，而应该是一个时域文化。

此外，信息文化与计算机文化、网络文化、赛博文化等是有区别的。作为一种社会形态所产生的文化形态，其与计算机文化等由技术所带来的文化形态是有所区别的。笔者认为，信息文化是更加上位和宏观的概念，其内涵或内容中包括了网络文化、计算机文化等。

（四）信息社会的"合格公民"——信息技术课程学生主体的需要

信息文化的发展和信息技术的快速发展，正在使得社会发生深刻的变化，并改变着人们的生活方式、学习方式。信息社会使得人们必须要适应其发展变化，这样才能在信息社会中占有一席之地。所以，信息社会中的合格公民必须具备一定的信息素养，这是作为信息社会的个体生存的需要。成为信息社会的"合格公民"，是信息技术课程学生主体的需要。

1. 信息技术能力——21 世纪人们必备的技能

信息技术对社会产生了巨大而深刻的影响，自然也波及生存在其中的人们。互联网通过全球计算机的联网，将古今中外全人类的智慧汇集到覆盖全球的巨型复杂网络系统中，从而创造了一个外化的每时每刻都在急剧

---

① 柴庆云，等. 信息文化：人类文明的新形态 [M]. 北京：军事科学出版社，2003：25-26.

发展的全人类的大脑。①在信息社会中，掌握一定的信息技术能力是每一个信息社会公民必须具备的基本能力。人们将外语、汽车驾驶和信息技术作为 21 世纪人们必须具备的基本技能。其实，很多国家和组织都已经将信息技术能力作为人们必须具备的基本能力之一。例如，欧盟将"公民关键能力"定义为：一个人在知识社会中自我实现、社会融入，以及就业时所需的能力；这种能力包括知识、技能与态度等三个层面。欧盟在 2002 年提出了公民应该具备的关键能力，包括母语沟通能力（communication in the mother tongue），外语沟通能力（communication in the foreign language），数学素养（mathematical competence），科学与科技能力（basic competence in science and technology），数字化能力（digital competence），学习如何学习（learning to learn），人际、跨文化以及社会能力（interpersonal，intercultural and social competence），公民能力（civic competence），企业与创新精神（entrepreneurship），文化表现（cultural expression）。其中数字化能力就是我们所说的信息技术能力，欧盟提出的数字化能力是指为了工作、休闲与沟通，有信心并且批判性地使用信息社会技术的能力。在最基本层次，信息与通信技术包括运用多媒体技术以取得、评估、储存、生产、呈现、交换信息，以及通过网络进行沟通。美国 21 世纪技能联盟确立了全球化时代人们必须具备的核心技能。在其发表的《21 世纪技能、教育和竞争力报告》中，将信息技术技能作为必须达成的三大核心目标之一，其中规定的信息技术技能主要包括信息能力、媒体素养和信息与通信技术能力等三大方面。

　　信息技术能力是信息社会人的必备能力，这已经成为全社会的共识。陈至立说："在过去的十年中，互联网和多媒体技术已成为拓展人类能力的创造性工具。为了适应科学技术高速发展及经济全球化的挑战，发达国家已经开始把注意力放在培养学生一系列新的能力上，特别要求学生具备迅速地筛选和获取信息、准确地鉴别信息的真伪、创造性地加工和处理信息的能力，并把学生掌握和运用信息技术的能力作为与读、写、算一样重

---

① 桑新民．从印刷时代到信息时代：人类学习方式和教育模式的历史性变革［J］．职业技术教育，2001（12）：32-37.

要的新的终身有用的基础能力。"① 所以，从个人的生存和发展来说，信息技术能力都是必须具备的能力。

2. 信息伦理道德与信息法规教育的需要

基于信息技术给人们的工作、生活和学习所带来的好处，人们对信息社会充满了期待的目光。但是任何事物都是具有两面性的，信息技术在带给人们快捷、方便的同时，也必然会带来一定的弊端和危机。在信息时代，信息伦理道德与法律法规也面临着巨大的危机。在当今社会中，我们必然要面对信息伦理的失范和信息犯罪的浪潮。信息伦理的兴起与发展，是由于信息技术的迅速发展所面临的道德困境而受到重视的。信息伦理最早起源于 20 世纪 70 年代的计算机伦理研究，而随着 20 世纪 90 年代信息技术的快速发展，特别是网络的迅速普及，计算机伦理的研究范畴扩展为信息伦理研究。一般而言，所谓信息伦理，是指涉及信息开发、信息传播、信息的管理和利用等方面的伦理要求、伦理准则、伦理规约，以及在此基础上形成的新型伦理关系。② 信息爆炸使人们无所适从，大量庸俗、色情甚至反社会的信息对网络造成了严重的破坏和污染。一些非法、不符合伦理的信息行为对传统伦理观念与规范造成了冲击。梅森等人认为，信息伦理问题，是由技术的推力（technological push）与需求的推力（demand push）两股力量造成的。在信息社会中，信息技术的快速发展使得人们的行为产生了扩大效果。有了网络以后，人们除了现实生活世界以外，还接触虚拟的网络生活世界。从工业社会向信息社会转型的过程中，法制、法规等不健全而导致的管理层面的混乱和监督机制的缺失，造成了很多伦理问题。信息伦理问题一般包括网络成瘾、侵犯隐私权、侵犯知识产权、计算机犯罪、网络性侵害以及数字鸿沟等。

3. 学习的需要

信息社会中的学习发生了根本性的变化，信息技术不仅仅扩展了人类的学习内容，同时拓宽了人类的学习视野，赋予学习更丰富的内涵。董玉琦认为："信息教育同其他学科一样，具有文化传承和社会改造的价值；

---

① 陈至立. 抓住机遇，加快发展，在中小学大力普及信息技术教育［DB/OL］. http：//www. moe. edu. cn/edoas/website18/96/info5596. htm.

② 吕耀怀. 信息伦理学［M］. 长沙：中南大学出版社，2002：3.

但是，我们也必须要看到，信息教育由于促进了适应信息社会的学习改善，所以具有其他学科不具备的特质价值。"① 对于信息技术课程的学习来说，则需要考虑学习内容的变化、学习内涵的转变以及学习方式的改变等。

信息技术能力作为人们在信息社会所必须具备的一种能力，已经成为重要的学习内容。信息素养已经成为与读、写、算同等重要的内容。所以，学习信息技术能力已经成为教育界的一致共识。

学习方式的变化也与信息技术的发展有紧密联系。信息技术的飞速发展，使得信息总量爆炸式增长，海量信息使人们必须从传统的接受式学习中摆脱出来，倡导理解性、探究性学习。

由于信息技术的发展还拓展了学习的内涵。联合国教科文组织国际21世纪教育委员会在《教育——财富蕴藏其中》的报告中，从21世纪对人的素质要求的角度提出了21世纪教育的四大支柱，即学会认知、学会做事、学会共同生活和学会生存。除了专业知识之外，团队精神、协作精神、沟通能力等都是我们的生存要素，其中学会生存尤为重要，在信息化社会中其实质就是学会学习。一个人的生存技能可以包括很多方面，但是终身学习的能力是基础性和关键性的技能，是每个人必须具备的生存手段。在瞬息万变的信息社会中，知识更新的速度越来越快，新知识不断增加，如果不能持续学习，就将被社会所抛弃，所以在信息时代，终身学习的意识和能力非常重要。

4. 数字化成长的需要

新的年青一代是跟随着信息化而成长起来的一代，他们与信息技术有着亲密的接触，他们生活的每时每刻都离不开数字化。所以，从这个意义上说，年轻的一代可以称为"数字化成长"的一代。对于新的一代，信息技术工具对他们来说，是生活所必须具备的。麻省理工学院的认识论教授伊迪特·哈雷尔说："对孩子们来说，这就和铅笔一样。家长不会谈铅笔，只谈写字；孩子们不谈科技，只谈玩、建网站、给朋友写信。"② 从年青一代成长的角度来说，信息技术已经成为他们成长过程中必不可少的

① 董玉琦. 信息教育课程设计原理：要因与取向 [D]. 长春：东北师范大学，2003：63.
② 泰普斯科特. 数字化成长 [M]. 3.0版. 云帆，译. 北京：中国人民大学出版社，2009.

东西。无论家长赞成与否，信息技术都已经成为儿童成长过程中的一个音符，是不可或缺的。

三、信息技术课程价值分类与视角

人类生活中的价值关系以及价值现象，是一个极其复杂和丰富的领域。对于信息技术课程价值来说，从信息技术课程的价值主体需要出发，迎合信息技术课程价值客体的属性，从而产生了信息技术课程的价值。信息技术课程价值不是一个单一的描述，而是复杂的价值体系。因为根据价值哲学的原理，价值不是单一的主体需要或者单一的客体属性，而是价值主体和价值客体的相互关系。价值既受到价值主体的需要影响，也受到价值客体的属性制约。就主体而言，主体的状态以及需要是影响主体参与价值活动的关键性因素。而在客体方面，客体的性质、特点、功能等也影响着其参与主客体活动的过程。在信息技术课程价值关系中，价值的主体是多重的，客体也是多样的。所以，信息技术课程价值也是复杂的体系。从信息技术课程的价值主体来看，可以包括社会（区）、学生以及学校、教师等。但是其中最重要的就是社会（区）和学生。从客体来说，信息技术课程的探究性等特性也是制约信息技术课程价值的关键性因素。

1. 信息技术课程价值的分类

价值现象具体表现为哪些形式呢？如何对价值进行分类和划分？李德顺根据主客体关系理论，认为现实中的价值必然由三个方面的因素构成并确定："什么或谁的价值"，即价值客体；"对于谁或什么人的价值"，即价值主体；"什么性质的，或适合主体哪一方面尺度的价值"，即价值内容。[①] 关于价值的分类，可以从客体方面划分，比如本研究所确定的"信息技术课程价值"，其实就是信息技术课程对于个人和社会的价值，其中的信息技术课程就是客体。也可以从主体方面对价值进行划分。例如，根据人所处的不同的社会生活领域，可以把价值分为政治价值、经济价值、道德价值、审美价值等。还有，根据所满足的需要在主体活动中的地位和性质，也可以将价值区分为目的价值和工具价值等。此外，还可以根据价值满足的程度对价值进行分类，将价值分为正价值与负价值、潜在价值和

---

① 李德顺. 价值论［M］. 第 2 版. 北京：中国人民大学出版社，2007：129.

现实价值等。

在教育领域中讨论价值问题，就更为具体。人们根据教育中特定需要与满足的关系，对教育价值进行了相应的分类。例如，美国教育家杜威提出了最著名的教育价值两分法，将教育价值分为两大类，即教育的内在价值与外在价值，也有人称之为教育的理想价值与工具价值。杜威认为，教育的价值就是教育对现实社会和人的生活所带来的益处。杜威是从目的和手段的关系上说明内在价值与外在价值的。

国内在教育价值分类方面比较有研究的是华中师范大学的王坤庆教授，他认为教育价值分类必须遵循三个原则：① 教育价值的概念是教育价值分类的出发点；② 教育活动本身的特点是分类必须考虑的主要因素；③ 按照教育价值关系运动的成果来划分，能够比较好地体现教育价值不同于其他价值关系的特殊性。王坤庆将教育价值分为教育价值的宏观层次和微观层次，形成了教育价值的两个层次、四大类，如表4-2所示。①

表4-2 教育价值分类

层　　次	教育价值的基本类型	主要表现形式
教育价值的宏观层次	教育与社会之间的价值关系。在这一价值关系中，社会作为价值主体，必须要求教育满足自身发展的需要，同时，也给教育提供相应的基础和条件。	政治价值；经济价值；伦理道德价值；文化历史价值；……
	教育与人的发展之间的价值关系。在这一价值关系中，人作为价值主体，总是需要教育满足自身的价值要求，并且，教育价值的大小是以人的需要获得满足的程度为尺度。	生存价值；享受价值；发展价值。

① 王坤庆. 教育哲学——一种哲学价值论视角的研究 [M]. 武汉：华中师范大学出版社，2006：206.

续表

层　　次	教育价值的基本类型	主要表现形式
教育价值的微观层次	教育者之间、受教育者之间、教育者与受教育者之间的价值关系。这里体现的是教育中的"人—人"关系，即在一定的条件下，他们总是互为主客体。	人格价值；陶冶价值；榜样价值；理想价值。
	教育者、受教育者与教育内容、教育情境、教育媒体之间的价值关系。在这种价值关系中，体现的是教育中的"人—物"关系，即主体指人，客体为物。	知识价值；活动价值；训练价值；创造价值。

　　从以上教育价值的分类来看，可以从多个维度和层面进行信息技术课程价值体系的建构。首先，从一般价值的主体来说，主体"人"可以包括个体的人、群体的人和人类社会。而对于信息技术课程的价值主体来说，我们可以将主体圈定为社会（区）、学生以及学校、教师等。这些主体是在信息技术课程价值活动中起主要作用的主体。信息技术课程对于社会的价值以及对于学校和教师的价值都不尽相同。

　　图4-4所示就是主体视角下的信息技术课程价值体系，从中可以看

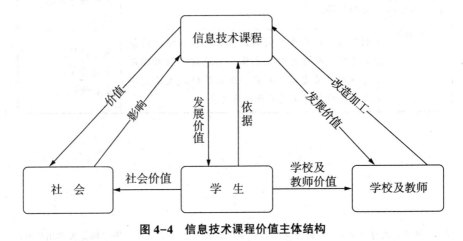

图4-4　信息技术课程价值主体结构

出信息技术课程的价值选择受到社会的影响，我们必须根据社会发展的需要来确定信息技术课程的目标与内容。信息技术课程最根本的依据是学生，学生的发展特点、发展规律、发展任务决定了信息技术课程的价值取向，决定了信息技术课程的目标以及内容的表现形式，甚至决定了信息技术课程所需要的特定情境和活动方式。学校以及教师也会对信息技术课程进行相应的改造和加工，但是他们必须以学生的发展为最根本的依据。信息技术课程价值体系中，最为主要的价值是对学生的发展价值。因为信息技术课程必须以学生发展为课程价值选择的依据，也自然会对学生的身心发展起到作用。信息技术课程对于社会的价值需要通过学生来实现，信息技术课程对于学生的发展价值，使作为社会个体的学生的信息素养得以提升，自然也使社会的整体信息化水平得以提升，从而使得信息技术课程对于社会具有社会价值。信息技术课程对于学校以及教师的价值，也必然主要通过学生来实现，作为学校最主要产品的学生，学生的发展必然使得学校的水平得以发展，从而使得信息技术课程对于学校的价值得以体现。学生的发展也使得教师具有成就感，从而使得信息技术课程对于教师具有价值。因此，信息技术课程价值体系中，最主要的价值体现为对于学生的发展价值，离开了对于学生的发展价值，根本谈不上对于社会以及学校与教师的价值，因此信息技术课程价值体系中的核心价值就是学生的发展价值。

2. 从信息技术课程发展的视角看信息技术课程价值

信息技术课程价值的确立有很多的视角和来源。当我们将信息技术课程价值置于信息技术课程发展的维度来看时，就会发现更加恰当的信息技术课程价值选择。本研究选择了两种信息技术课程发展的说法，一是董玉琦提出来的信息技术课程的发展走向图，另一个是苗逢春所列的信息技术课程走向图。

（1）董玉琦的学校信息教育发展历程图景。

董玉琦认为，在了解了20世纪后期世界主要国家或地区的信息教育发展历程之后，可以比较清晰地得到关于学校信息教育发展历程的连续图景，那就是从计算机教育、信息技术教育，走向信息教育，如图4-5所示。

从计算机教育到信息技术教育，再到信息教育不是简单的不相关联的

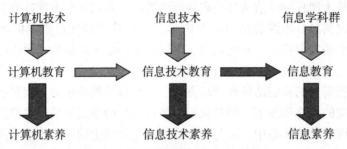

图4-5　学校信息教育发展历程图景

过渡，而是内涵不断扩展、"向下兼容"的过程。既可以从学科背景扩展的角度理解这一点，也可以从课程目标变迁的视点体会这一点。信息教育的学科背景是信息学科群，其课程目标是信息素养；信息技术教育的学科背景是信息技术，是信息学科群的一部分。信息技术教育的目标是信息技术素养，是信息素养的一部分；计算机教育的学科背景是计算机技术，是信息技术的一部分。计算机教育的目标是计算机素养，是信息技术素养的一部分。

（2）苗逢春的信息技术课程演变图。

苗逢春认为，任何一个课程的演变都可以用"河流模型"来模拟和分析，理想的课程发展形态应该是一个类似于河流流域的课程生态系统，即课程的源头是相关学科或领域的科学知识及其技术演变，课程内容在与社会经济文化等外在因素相互作用的过程中发生着类似水循环的课程内容更新、拓宽或萎缩。课程内容借助教育管理和教学实践的课程河床滋润着受益人群。有益、有效的课程流域系统会实现不同课程学科之间通过课程"地下水系"（即潜在课程联系，对应高中新课程中"领域"的概念）滋养下的既相互贯通又相对独立的"课程地表水系"（相关学科、课程模块、教学单元和学习活动），并逐步在受益人群中形成纵横贯通但各有针对性的湖泊群，也就是培养学生在各学科中相对独立又彼此关联的能力结构或素养群。具体到信息技术课程领域，可以用图4-6所示的信息技术课程发展演变的扇形流域模型，来疏浚信息技术课程的历史脉络和未来走势。

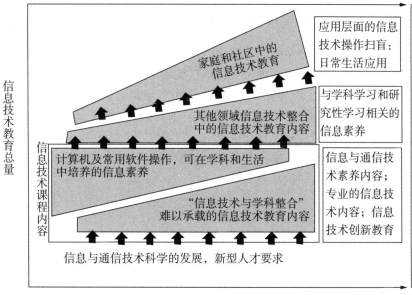

中小学信息技术课程发展

学科设置期	学科发展期	学科与整合并存期	课程分化期
（2000年前）	（2000—2005年）	（2005年至今）	（下次课程调整）

信息技术教育总量

信息技术教育目标达成

信息技术课程内容

应用层面的信息技术操作扫盲：日常生活应用

家庭和社区中的信息技术教育

与学科学习和研究性学习相关的信息素养

其他领域信息技术整合中的信息技术教育内容

计算机及常用软件操作，可在学科和生活中培养的信息素养

信息与通信技术素养内容；专业的信息技术内容；信息技术创新教育

"信息技术与学科整合"难以承载的信息技术教育内容

信息与通信技术科学的发展，新型人才要求

萌芽期	应用期	整合期	变革期

中小学教师信息技术能力

图4-6　信息技术课程演变的扇形流域模型

（3）从发展的视角看信息技术课程价值。

从以上两位学者的论述中可以看出，信息技术课程总是在向前发展的，它不会只停留在目前的发展阶段。信息技术课程与其他的学科课程不尽相同的地方就是它受到信息技术发展的影响比较大，从最初的关注程序设计教学，到后来的信息技术工具论，再到目前的信息素养论，再到两位学者提出的未来发展阶段，我国的信息技术课程价值仍然需要兼顾目前的国情，然后沿着信息技术课程的发展方向去改造课程。两位学者认为，我国的信息技术课程的发展，必然都会超越单纯的技术操作学习。但是，由于我国目前的信息技术发展不均衡，各地的信息技术课程在弥补数字鸿沟方面仍在发挥着巨大作用。从目前的信息技术课程内容来看，仍然不能放松或者减少技术操作的内容。我们需要进一步改造课程，一是从信息的角

度来认识课程价值，二是加大信息技术学科本位的课程内容开发。

信息技术课程在发展，课程价值也在变化，我们对信息技术课程价值的认识只是在某个历史阶段的暂时认定。

四、信息技术课程价值体系的具体内容

我们在考察了其他学科的课程价值体系后，借鉴了王坤庆有关教育价值的分类方式，根据价值学理论，将信息技术课程价值分为三个层级，分别是个体内在价值、个体工具价值以及社会价值，具体的价值内容如图4-7所示。个体内在价值包含了信息技术知识与操作、信息处理的方法与技能、能力培养、社会责任以及情感与态度。个体工具价值包括了生存的价值、发展的价值、享受的价值。社会价值则包含了缩小数字鸿沟、构建信息文化、适应知识社会。

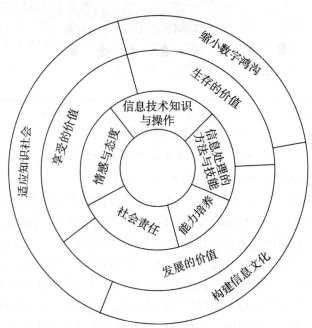

图4-7 信息技术课程价值体系

（一）信息技术课程的社会价值

所谓信息技术课程的社会价值，就是在社会大系统中，信息技术课程作为教育的子系统，对社会的其他子系统的作用与功能。教育，从它的诞生之日起，就会对政治、经济、文化等诸多方面有巨大价值，信息技术课程亦然。信息技术课程就是依照一定的社会需求而产生的，信息技术课程有其必然的社会价值。

从信息技术课程的社会价值来看，其自然具备了政治、经济和文化等多个层面的价值。政治价值体现在信息技术课程培养出信息社会的"人"。信息社会的公民在追求信息公开、追求自由平等等方面，具有以往的社会形态所不具备的优势。信息技术课程的政治价值体现在它促进了社会政治的开放，允许更多民众参与公共事务的决策，从而在一定程度上改善了政治文明。信息技术课程的经济价值，体现为在信息技术普及的状况下，人们的经济活动发生了根本的变化，网络购物已经成为时尚。信息技术课程的文化价值，则在于信息文化的普及。

信息技术课程在政治、经济和文化等方面都有价值。具体来说，信息技术课程的社会价值主要体现在三大方面：缩小数字鸿沟、构建信息文化和适应知识社会。

1. 缩小数字鸿沟

信息技术课程的具体教学目标是要普及信息技术操作，促进学生的信息处理能力的提升。在我国，由于偏远地区与农村地区的经济和文化落后，其信息技术水平远远落后于城市地区。自然而然，农村地区的儿童与城市的儿童有着巨大的数字鸿沟。数字鸿沟不仅仅存在于城乡之间，而且也存在于不同地区、不同族群以及不同阶层之间。开设信息技术课程的社会价值之一，就是缩小了数字鸿沟。信息技术课程使得学校成为儿童发展信息技术技能的最主要场所，使得落后地区的儿童能够接受先进的技术教育，从而缩小他们与发达地区儿童的数字鸿沟差距。

在表面上看，数字鸿沟现象是受教育者接受信息技术机会的不同。实际上，数字鸿沟现象在某种程度上也是一种不平等现象。在信息社会中，由于信息成为与物质、能量同等重要的资源。所以，"信息富裕者"就更加容易拥有知识、权力和财富；"信息贫困者"就自然处于劣势，从而不能与其他人平等竞争，由此形成的不平等现象，更可能引起社会的不满以及动荡。所以，数字鸿沟不仅仅是一个现象，其实质上是信息时代的社会公平问题。

信息技术课程由于在学校教育中强制地赋予所有学生接受信息技术教育的机会，使得所有人都有平等地接受信息的机会，这有助于缩小数字鸿沟，从而促进信息时代的平等与公平。当然，信息技术课程只能在某种程度上缩小数字鸿沟，它不可能完全消除这一鸿沟，社会文化、政治与经济方面的差异，仍然影响着数字鸿沟现象的存在。

2. 构建信息文化

正如前面所言，信息技术可以被认为是一种文化。信息文化作为信息社会所特有的文化特质，自然成为信息时代的社会形态的特征之一。信息文化更加追求民主与平等，倡导开放与自由。信息技术课程对信息文化具有很大的作用与价值。

信息技术课程对信息文化起到选择、继承、传播与创造的价值。作为教育的一个组成部分，课程会对社会主流文化起到一定的传承和创新的功能。信息技术课程作为一种学科课程，也会对信息文化起到如此的功效。信息技术课程适应信息文化，就要塑造出适应信息文化的公民。《普通高中技术课程标准（实验）》（信息技术部分）明确提出"体验信息技术所蕴含的文化内涵"和"共同建构健康的信息文化"。信息技术课程构建信息文化，主要是通过提升学生个体的信息素养来实现。随着学生个体的信息素养的提升，学生具有了适应信息社会的基本能力，从而能够以具备信息文化特征的个体参与到社会活动中，自然就会形成信息文化。

信息技术课程与信息文化两者之间是互动、平衡的关系。信息技术课程不是被动、消极地去适应信息文化的变化，而是通过对信息文化的选择和加工，促进信息文化的传承与创新，从而推动信息文化的持续发展。

此外，信息技术课程中还应该包括文化理解，即学生应该理解其他国家、地区和种族的文化。例如，英国的中学信息与通信技术课程强调了认同文化多样性的重要性，也强调学生需要理解在不同文化背景下信息与通信技术使用方式的不同以及发挥的不同作用等。

3. 适应知识社会

信息技术课程正是要适应知识社会。知识社会需要学校培养能够适应和促进知识经济的下一代。信息社会本身就是一个知识社会，知识社会首先就是一个信息爆炸式增长的社会。信息技术课程在创造一个信息社会的同时也在创造一个知识社会。知识社会所强调的批判性思维、创新性思维，正是信息技术课程所关注的重点。信息技术课程要培养学生的团队合作、集体精神等，正符合知识社会的基本社会要求。在信息技术课程教学中应培养学生的灵活性和独创性，使学生具备创造力和解决问题的能力，并形成集体合作、专业诚信、敢于冒险、勤于提高的优良品质。信息技术课程通过培养适应知识社会的人才来体现其适应知识社会的价值。

（二）信息技术课程对于个体的工具价值

信息技术课程之所以具有一定的社会价值，其根本原因在于信息技术课程的培养满足了社会对于个体的某种需要，即信息技术课程对于个体具有价值。脱离了有生命的个体和每个具体的个人对自身发展目标的追求，信息技术课程的社会价值就根本无从谈起。正如马克思、恩格斯所说，"任何人类历史上的第一个前提无疑是有生命的个人的存在"[①]。信息技术课程作用于个体，或者说信息技术课程对于个体的工具价值，主要体现在个人的生存价值、发展价值和享受价值方面。

1. 生存价值

人要在社会上生存，就必须要掌握生存的本领和手段。教育正是通过传授知识、技能，去培养人的认知能力，去发展人的聪明才智，从而使得人们在接受教育之后，能够在智力水平、思想品德和人格个性等诸多方面获得发展，从而能够不断地改造、发明和创造新的技术和方法，在改造自然的过程中使自己的生存条件得到不断的改善。若没有教育赋予人的知识和技能，人类或者个体是不可能生存的，或者是不可能生存得如此好的。

信息技术课程的核心是培养学生的信息技术知识与操作，提升学生信息处理的水平和能力，使学生成为信息社会的合格公民。信息技术课程对于个体来说，首先是满足了个体在信息社会中的生存需要，信息技术课程对于个体来说，具备生存的价值。信息技术能力是信息社会人才必须具备

---

① 马克思，恩格斯．德意志意识形态［M］．//中共中央马克思恩格斯列宁斯大林著作编译局．马克思恩格斯选集（第1卷）．北京：人民出版社，1972：24.

的基本能力，这已经成为全世界的共识。澳大利亚提出要鉴别信息社会人才的所谓"关键能力"，包括收集、分析和组织信息；交流思想和信息；计划和组织活动；与别人和小组共同工作；解决问题；利用技术；对文化的理解等。这种关键能力是信息社会所必备的。人们认识到，读、写、算是印刷时代的"三大支柱"，而在信息社会，信息素养成为与读、写、算同等重要的第四大支柱；信息素养是每一个信息时代公民必不可少的基本素养，必须从小开始培养。信息技术课程对于个体来说，首要的价值就是生存价值。

2. 发展价值

人类在具备基本的生存条件以后，就会追求更高层次的价值。信息技术课程使得个体在满足生存的需要以后，就必然要追求作为社会的个体的精神生活，参与到社会生活中。对于个体来说，可以通过信息技术课程对个体进行文化培养，使个体得以发展。作为教育的一个组成部分，信息技术课程就是要促进个体的发展，并通过个体的发展去促进社会进步。

信息技术课程通过传授给个体信息技术知识与技能，可以使个体具备进一步发展的先决条件。信息技术课程所强调的批判性思维、交流、合作等能力，使个体有了发展的高层次条件。个体的发展主要体现在知识与技能、过程与方法以及情感与态度等方面的发展，信息技术课程使得这些方面的发展成为可能。

3. 享受价值

信息技术课程对于学生来说也具有享受的价值。人除了生产、学习以外，也具有娱乐、休闲的权利，对于中小学生来说也是如此。学生可以利用信息技术来收听歌曲、进行网络交流等，以放松心情、休闲娱乐。人不可能总是在紧张的工作和学习中度过，作为生活的一部分，学生也需要通过休闲娱乐来调整身心状态，从而更好地迎接未来的学习和工作。

信息技术课程对于学生的享受价值，就是使学生在生存和发展之外，也有自由地享受生活、享受人际关系、享受美好音乐等的能力和意识，使学生珍惜美好的生活，放松紧张的学习心理，调整身心状态。

（三）信息技术课程对于个体的内在价值

个体的内在价值，是将课程内容、教学活动等作为客体，强调其满足个人在各个方面的需要。个体的内在价值应该是信息技术课程价值体系的最核心一环，因为只有通过信息技术课程内容与个体的相互满足，才能使个体更好地生存与发展，从而使信息技术课程的社会价值得以外显。

1. 信息素养概念与内涵综述

在强调信息技术课程对于个体的内在价值时，我们就必须要厘清信息素养的概念，因为研究信息技术课程的价值离不开对信息素养概念的理解。

（1）李艺等提出的信息素养详解。

李艺、钟柏昌提出了一种对信息素养的理解。他们认为，信息素养是由知识、技术、人际互动、问题解决、评价调控、情感态度与价值观等六个部分组成的。在这六个部分中，知识是为其他五个部分提供基础准备的，评价调控则为其他五个部分（包括知识部分）提供重要的形成保证，所以知识和评价调控组成了其余四个部分的共同承载。而技术部分、人际互动部分、问题解决部分等有机相连，并且呈现一定的层级。情感态度与价值观则是一种更高的层次，渗透于技术、人际互动、问题解决之中，并且相互影响。由此，六个部分组成一个有机的整体，如图4-8所示。[1]

（2）香港学生资讯素养架构。

为了加深对信息素养发展趋势的理解，并且开拓全球视野，香港的研究者选取了一套来自世界各地的信息素养架构。基于其分析结果，香港的研究者发现可就图4-9所示的分类结构按四大学习层面分类，即认知层面、后设认知层面、情感层面及社会文化层面。[2] 认知层面使学生掌握必要的技能，来理解、找寻、分析、审慎评估以及综合信息，并运用知识做出适当的决定及解决问题；后设认知层面则培养学生的反思能力，若要使学习更有意义，其过程便不应该脱离社会的处境与学生的体验。同样，情感及社会文化层面能促进学生了解求知过程，增加其中的乐趣，并使学生在自习及群体学习的过程中增强信息运用的自主能力，承担更多社会责任。由此可见，上述四大学习层面是建立整个信息素养架构的理解基础。

（3）基于STS理念的信息素养框架。

---

① 李艺，钟柏昌. 信息素养详解 [J]. 课程·教材·教法，2003（10）：5-28.
② 香港教育统筹局. 香港学生资讯素养架构：资讯时代学生学会学习能力的培养.

图 4-8　信息素养详解

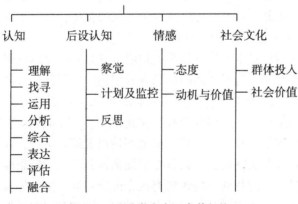

图 4-9　香港学生资讯素养架构

在考察世界范围内信息技术教育的历程后，董玉琦认为信息技术教育将经历计算机教育、信息技术教育阶段，最终会走向信息教育，信息教育的学科背景将是信息学科群。他认为可以用 STS 的观点来解析信息素养，信息学科群包含信息科学、信息技术和信息社会三方面的内容。从这三方面内容的相互关系来考察信息技术课程的价值，信息科学内容是为学生提供对信息知识的理解，信息技术内容是为学生提供应用信息技术的技能和方法，信息社会则是培养学生以正确的价值观念为指导，恰当地使用信息科学知识和信息技术。从学习目标层次上看，为全面提高学生的理解能力、实践能力和创造能力，应该从"概念原理""基本应用"和"问题解决"三个层次来构建学生信息素养评价框架。由此，我们从内容和目标两个维度上解析了信息技术课程，如表4-3所示①，并以此为评价框架对义务教育阶段的学生信息素养状况进行调查。

表4-3　STS视角下的信息技术课程评价框架

目标层次 内容维度	概念原理	基本应用	问题解决
S 信息科学			
T 信息技术			
S 信息社会			

（4）信息素养内涵的综合。

从以上的信息素养概念来看，信息素养的核心是信息处理的能力，包括获取信息、加工信息、表达信息和交流信息等能力。以上几种信息素养的具体界定虽然不尽相同，但是有一些共性的内容。首先，信息素养既包括对信息的科学理解，也包括具体应用信息技术的能力，同时，也特别注重学生情感态度与价值观的培养，基本上是按照科学、技术与社会的三大维度的分类方法进行分类。其次，从信息处理能力的内涵来看，信息素养不仅仅包括信息技术的操作与技能，同时也包括信息处理的方法等认知层面的内容。

综合以上的信息素养的具体内容可以看出，信息素养既包括信息技术基本操作，也包括利用这些操作后去处理信息的方法，既包括能力层面，也包括社会责任方面，以及情感态度与价值观方面的内容。

2. 个体内在价值的具体内容

现行的《普通高中技术课程标准（实验）》（信息技术部分）对信

息技术课程目标进行了规定，具体内容如下。①

> 高中学生的信息素养表现在：对信息的获取、加工、管理、表达与交流的能力；对信息及信息活动的过程、方法、结果进行评价的能力；发表观点、交流思想、开展合作并且解决学习和生活中实际问题的能力；遵守相关的信息伦理道德与法律法规，形成与信息社会相适应的价值观和责任感。具体可以归纳为知识与技能、过程与方法和情感态度与价值观等三个方面。

根据《普通高中技术课程标准（实验）》（信息技术部分）对课程目标的具体规定，结合前面对信息素养概念与内涵的综合分析，我们认为信息技术课程对于个体的内在价值主要包含以下五个方面：信息技术知识与操作、信息处理的方法与技能、能力培养、情感与态度以及社会责任等。能力培养则又具体分为交流、合作、问题解决等能力。同时，信息技术课程也特别注重培养学习者的批判性思维。将所有的内容综合后，将具体内容进行图示化，则形成如图4-10所示的个体内在价值的具体内容。

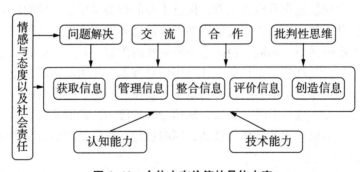

图4-10 个体内在价值的具体内容

（1）信息处理能力。
信息处理能力不仅仅是单纯的技术方面问题，还是认知层面的问题。

---

① 中华人民共和国教育部．普通高中技术课程标准（实验）[M]．北京：人民教育出版社，2003：12-13．

信息处理的过程包括获取信息、管理信息、整合信息、评价信息和创造信息等五部分。信息处理能力的组成要素包括认知能力和技术能力。认知能力是一些认知上的能力，比如综合能力、分析能力、决策能力等；技术能力指的是个体使用信息技术设备的操作能力。

（2）高层次能力培养。

信息技术课程对于个体的内在价值不仅局限于信息处理能力，还有一些高层次的能力，比如交流能力、合作能力、问题解决能力和批判性思维等。

交流能力就是指通过信息的交流来实现人与人之间的互动沟通和理解。交流能力不仅是指会使用信息技术工具，还需要更高层次的智慧性能力。交流时，首先是要学会倾听，倾听别人的意见。其次要学会表达，能够清晰、准确和符合听众特征地传达出自己的观点，信息技术使得表达的方式得以多样化，如 PowerPoint 等演示工具可以使表达更加精彩和准确。

合作能力就是能够与人协同完成某项任务的能力。在竞争激烈的现代信息社会中，学会合作是社会发展与时代的需要。合作能力不仅包括合作的技能和技巧，还包括合作的意识和能力。信息技术课程中所培养的合作能力，是希望学生掌握使用信息技术，包括采取恰当的信息技术工具进行合作的能力。

问题解决能力就是要能够识别问题、分析问题以及解决问题。问题解决能力不仅在信息技术课程中得到了重视，数学课程中也曾经掀起了一场问题解决浪潮。信息技术课程中非常重视问题解决能力的培养，《普通高中技术课程标准（实验）》（信息技术部分）中明确提出："高中信息技术课程强调结合高中学生的生活和学习实际设计问题，让学生在活动过程中掌握应用信息技术解决问题的思想和方法。"

批判性思维是信息技术课程重点关注的思维。进入信息时代，信息大量涌现，良莠并存，真伪并现，在纷繁复杂的信息面前，人们必须用自己的头脑决定取舍，做出正确的选择和判断。批判性思维被认为是面对做什么或相信什么而做出合理性决定的一系列思考技能和策略，其关注的焦点是做出合理、明智的决定。批判性思维是形成选择决策加工能力的基础，批判性思维的高低将影响人们对信息的选择、判断和辨别。

当然，信息技术课程所涉及的高层次思维能力不仅仅是以上四种，但是以上四种能力是与信息技术课程关联最为紧密的，也是信息技术课程中需要重点培养的。

（3）情感、态度与社会责任。

情感与态度部分强调学习者喜欢使用信息技术、积极主动地使用信息技术。情感与态度部分是指学习者能够了解信息技术在社会上的地位和作用，以积极主动的心态积极参与到信息活动当中去。《普通高中技术课程标准（实验）》（信息技术部分）明确地提出"激发和保持对信息技术的求知欲，形成积极主动地学习和使用信息技术、参与信息活动的态度"①，情感与态度部分不是一个孤立的组成部分，它更多的是融合在信息处理能力等部分之中。

社会责任强调学习者必须要负责任地使用信息技术，强调信息社会中信息技术开发者和使用者的责任感。信息技术不仅仅给人类带来了好处，也给人类带来了危害，黑客就是一个典型的例子。信息伦理道德教育重要性的彰显突出了社会责任部分的重要性。社会责任部分包括信息伦理道德、知识产权等，不仅仅是价值观层面的内容，同时也包含着一定的知识。

五、信息技术课程价值的属性与功能

（一）信息技术课程价值的属性

属性就是对一个对象的抽象刻画。一个具体事物总是有许许多多的性质与关系，我们把事物的性质与关系都称为事物的属性。信息技术课程价值作为一个事物自然也具有自身的属性。信息技术课程价值的属性是多方面、多层次的。信息技术课程价值既是相对的，也是绝对的；既是多元的，也是一元的。分析信息技术课程价值的属性，可以从信息技术课程价值的相对性和绝对性等方面考虑。

1. 信息技术课程价值的相对性和绝对性

按照一般的哲学原理，任何事物，例如真理等，既是相对的，也是绝

---

① 中华人民共和国教育部．普通高中技术课程标准（实验）[M]．北京：人民教育出版社，2003．

对的。但是对于价值来说，其相对性和绝对性却有着特殊内容。因为价值与其对主体——社会与人的需要紧密相关，从而具有特殊的相对性。的确，不同社会形态、不同人，甚至不同时期的人，由于需求的变化，价值也会随着变化，从而变得相对了。但是，我们不能够据此就认为世界上没有普遍意义上的价值，一切价值都只是相对的。如果没有价值的绝对性，没有绝对的要求和目的摆在人们面前，就很难理解人类及其文化是根源于人类社会历史的活动。人类历史及其文化告诉我们，价值之中确实有绝对的东西。

第一，信息技术课程价值的绝对性。要理解信息技术课程价值的绝对性，首先需要理解信息技术课程价值的客观性。其客观性可以从以下三个方面来理解：一是本体论意义上的客观性，就是指不以人的意志为转移的外部存在；二是认识论意义上的客观性，就是指不以主体意志为转移的东西；三是主客体对象性关系上的客观性，就是指主体之外存在的东西。对于信息技术课程价值的客观性来说，信息技术课程作为客体对于社会和学生的效应是客观的，也是可以验证的。检验信息技术课程价值的标准是社会实践。社会实践可以检验价值的大小和有无，也可以创造价值。价值的绝对性就是价值作为课程对主体的效应存在着普遍性、无条件性、恒常性。价值的普遍性突出表现在人类存在着共同的全人类的价值。例如，当前，世界各国都在对学生进行信息技术教育，倡导培养学生收集信息、处理信息和发布信息的能力，这就是信息技术课程的普遍价值。它有助于人类社会从工业社会向信息社会转型。另外，恒常性就是可以变化的价值中包含着不变的、恒常的因素。这一可变价值中的客体来源、主体需要及其主客体之间的关系是恒常不变的。例如，信息技术课程所强调的思维能力培养，是信息技术课程所一直强调的，是人类社会所持久需要的，是恒常的，所以，信息技术课程价值是具有绝对性的。

第二，信息技术课程价值的相对性。价值具有相对性的一个重要表征，也是它不同于其他相对性的方面，就是它的相关性，即相对于不同的主体需要，具有不同的价值。而主体需要是可以发生变化的。随着时代发展、外部环境变化等，主体需要自然发生变化。同时，主体需要也是分层次、分维度的，价值也是相对的。例如，对于社会的需要来说，信息技术课程价值具有文化价值、经济价值和政治价值等。对于不同的主体来说，信息技术课程价值具有多层次、多维度的特点，从而也说明信息技术课程价值具有相对性。

2. 信息技术课程价值的多元性和一元性

信息技术课程的价值呈现出多元性与一元性的矛盾和统一。价值的多元性是其相对性的表现，而价值的一元性是其绝对性的表现。信息技术课程价值的多元性，是指在一定范围的社会生活中，现实世界存在的主体是多元的，而每一个主体都有一套自己的价值坐标体系。不同的主体之间在价值关系上不可能彼此等同、重合或代替。价值的多元化是在人类内部存在着多样化生存条件、多样化利益差别和多样化角色分工的情况下，一种不可避免的现象。

信息技术课程价值的多元性主要表现在以下几个方面。

（1）对于不同主体的价值不同。信息技术课程价值包括不同的价值主体，例如包括社会、学校、教师以及学生，当然其中最主要的主体是社会和学生，而对于社会主体来说，信息技术课程的价值主要是经济价值、文化价值、政治价值和伦理价值等。而对于学生主体来说，信息技术课程的价值就是思维能力培养、问题解决能力培养等。针对不同的主体，信息技术课程就会产生不同的价值。

（2）对同一主体的不同时期，信息技术课程的价值也不同。随着时间的变化，同一主体的需要也会发生变化，导致价值也会随之改变。例如，信息技术课程价值最早的价值观点主要是培养学生的程序设计思维，而随着时代的变化，这一价值逐步弱化，已变成了从属地位的价值。而随着时代发展，人们逐渐认识到信息技术是为人服务的，所以信息技术课程的工具价值逐渐得到重视。到了如今这个时代，人们又开始认识到技术工具在不断更新与变化，学生不仅仅需要掌握技术操作技能，还需要挖掘技术背后的思维，信息技术课程的价值取向开始偏向思维能力的培养。

（3）对于同一主体的不同方面，信息技术课程价值也不尽相同。因为同一主体有不同的需要，所以价值也不会相同，必然会产生多元的价值。例如，对于社会主体来说，其价值就包括文化价值、经济价值、政治价值和伦理价值四个方面，这也是针对社会主体四个方面的需要而言的。

对于个体的学生来说，信息技术课程对于他们的价值也是分层次、分维度的。

不同主体之间的多元化恰恰是以每一个主体的自我一元化为前提的，即在某一个历史时期、某一个主体的价值是唯一的、确定的。一个主体（个人、群体、民族和国家等）只有保持了自身的价值的一元化，才能够生存和发展。这就好比一个人走路，同一时刻不可能也不应该选择出多条道路来走，而只能沿着一个方向走一条道路。信息技术课程价值的多元化的前提就是价值主体的一元化选择。

3. 信息技术课程价值的时效性和历史性

价值的时效性是指每一种具体的价值都具有主体的时间性，随着主体的每一变化和发展，一定客体对主体的价值或者在性质和方向上，或者在程度上，都会随之改变。[①] 价值的时效性可以表现为人们价值水准的提高，比如人们审美品位的变化等，但是归根结底还是在于主体的发展变化和需要的不断发展，从而导致价值的变化。价值的时效性包含很多形式，比如及时型的，就是价值在一定时间内是存在的，但是过了这段时间，价值就不存在了。还有一种价值则表现得相对持久一些，比如，一次感官上的满足可能很快过去了，但是理想的鼓舞却持久很长时间，甚至影响人的一生。价值的时效性说明了价值是一个动态的、发展的过程，而不是一个凝固的、静态的过程。所以，信息技术课程价值的时效性也表明，信息技术课程价值绝对不是一成不变、永恒的价值。从我们最初关注程序设计教学到如今的信息素养教育，信息技术课程价值在不断变化和发展。所以，我们就要承认一个事实，那就是信息技术课程价值只是一个暂时时间段的价值选择，而不可能是永恒的。随着人类的进步、科技的发展、人类认识的提高，信息技术课程价值必然会逐渐走向变化和发展。当前我国所处的社会阶段和生产力发展水平，使得信息技术课程价值只能呈现出目前的状态。

信息技术课程价值的历史性，体现之一是可以从历史态来考查学生。由于价值的主体具有多样化和个体性，所以具体的价值必然会随着主体、客体以及环境的变化而变化，具体表现为时间上的过渡或流变形态。信息技术课程价值的历史性是由其社会性决定的，是其主体的历史性决定了价

---

① 李德顺. 价值论 [M]. 第 2 版. 北京：中国人民大学出版社，2007：113.

值必然具有历史性。当我们从无到有建设信息技术课程时，其价值必然随着时间的变化而发生变化，但是信息技术课程价值的历史性也表明了任何事物绝对不是凭空产生的，而是必然有其历史根源，从信息技术课程价值的历史进程来看发展变化，也更有利于我们清晰、明了地确认信息技术课程的当前价值。

（二）信息技术课程价值的功能

价值结构决定了价值的功能。价值结构是以主体利益和客体功能为核心的各种主体因素和客体因素相互作用的统一，其功能就是价值系统各种主体因素与客体相互作用的效应所具有的内在能量。这种功能主要表现为以下几个方面：自觉功能、动力功能、取向功能、规范功能、调节功能、发展功能、创新功能。① 所以，信息技术课程价值的功能主要有以下几个方面。

1. 有助于实现信息技术课程价值的最大化

价值的大小是一个比较与选择的过程，在这个过程中，人们总是要追求价值的最大化，信息技术课程也是如此。人们在进行信息技术课程价值活动时，必然期待着发挥出信息技术课程最大的价值。明晰、清楚的信息技术课程价值预测，必将有助于信息技术课程价值活动过程中的认识和选择，从而带动信息技术课程价值实现的最大化。

2. 导向功能

信息技术课程价值的确立，将会引导和规范实施中的信息技术课程价值取向，使得人们能判断出什么应当做，并在实施中知道如何做。明晰了信息技术课程价值之后，教师以及学生都明确了价值理想和价值追求，就能够有坚定的价值目标，能够约束教师和学生的行为，从而起到一定的导向作用。

3. 激发信息技术课程价值主体的动力

人的一切活动都是为了价值，价值是主体活动的动力。信息技术课程价值目标是根据信息技术课程价值主体的需要而确立的。明确了信息技术课程价值之后，教师和学生都有了明确的价值目标，他们会知道信息技术课程对其是有价值的，从而能够激发自身行动的动力。

---

① 王玉樑. 价值哲学初探 [M]. 西安：陕西人民教育出版社，2000：75.

第五章　对信息技术课程价值的认识

从价值实现的角度来说，要想满足学生和社会发展的需要，需要认识主体能够认识到价值所在。由于差异，每个个体对信息技术课程价值的认识是不尽相同的。正如刘旭东所言："实施主体对规定的课程的价值的认识或者理解，不是从文件课程中背诵而得来的，而是受到其对课程本质及其属性认识的影响，也受到其对自身需要的认识和理解的制约，还会受到实施主体所处在的时代条件和民族文化的影响等。"① 人们对信息技术课程价值的认识是复杂的。本章将从信息技术教师与学生两个方面来了解人们对信息技术课程价值的认识状况以及影响因素。

一、学生对信息技术课程价值的认识

作为信息技术课程价值的主体，学生如何认识信息技术课程价值直接关系着课程价值实现。学生对课程价值的认识关系着他们在价值实践活动中的积极性。学生对课程价值的认识，来源于他们对自身体验到的信息技术课程的感受，也来源于他们对信息技术的兴趣和爱好等，还受到信息技术价值观的影响。笔者了解学生对课程价值的认识，主要是通过问卷调查

① 刘旭东. 现代课程的价值取向研究［M］. 兰州：甘肃教育出版社，2007：71.

和实地访谈两种方式实现。

（一）学生对信息技术课程的喜欢程度

喜欢程度是学生认可信息技术课程价值的最直接表现。一个真正喜欢信息技术课程的学生，对信息技术课程价值的认同程度必然是高的；反之，一个不喜欢信息技术课程的学生，所认识的信息技术课程价值肯定是非常低的。从图5-1所示的学生对信息技术课程是否喜欢的调查结果来看，学生对信息技术课程普遍持喜欢的态度，有43.9%的学生非常喜欢信息技术课程，30.4%的学生喜欢信息技术课程。对信息技术课程感觉一般的学生只占24.0%。此外，有0.8%的学生不喜欢信息技术课程，有0.9%的学生非常不喜欢信息技术课程。JGX1同学在接受访谈时说："我特别喜欢上信息技术课。"

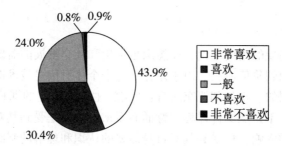

图5-1 学生对信息技术课程的喜欢程度

我们分别根据学生的性别、学段、家庭所在地、家中是否有电脑等四种情况了解学生对信息技术课程喜欢程度进行了差异检验，结果如表5-1所示。

表5-1 学生对信息技术课程的喜欢程度

学 生		满分值	均 值	标准差	标准误	差异检验
性 别	男（n=264）	5	4.22	0.872	0.054	t= 1.665
	女（n=331）	5	4.10	0.885	0.049	Sig. = 0.096>0.05

续表

学　　生		满分值	均　　值	标准差	标准误	差异检验
学　段	小学（n=210）	5	4.49	0.772	0.053	F=31.811 Sig.=0.000<0.05 LSD法多重比较结果：小学与初中、初中与高中、高中与小学之间的 Sig.=0.000<0.05
	初中（n=171）	5	4.15	0.826	0.063	
	高中（n=214）	5	3.84	0.907	0.062	
家庭所在地	农村（n=145）	5	4.06	0.896	0.074	F=2.061 Sig.=0.128>0.05
	城镇（n=72）	5	4.07	0.811	0.096	
	城市（n=378）	5	4.21	0.885	0.046	
家中是否有电脑	有（n=475）	5	4.18	0.870	0.040	t=1.482 Sig.=0.139>0.05
	没有（n=120）	5	4.05	0.915	0.084	

　　学生在性别、家庭所在地、家中是否有电脑等三个方面没有呈现出显著性差异。"Sig.=0.096>0.05"表明学生对信息技术课程的喜欢程度在性别之间并没有显著性差异。从均值方面来看，男生的均值是4.22，大于女生的均值4.10。"F=2.061，Sig.=0.128>0.05"表明农村、城镇、城市三个地域的学生对信息技术课程的喜欢程度在地域类型方面并没有显著性差异。"t=1.482，Sig.=0.139>0.05"表明学生家中是否有电脑对其对信息技术课程的喜欢程度没有呈现出显著性差异。

　　学生对信息技术课程的喜欢程度在学段方面呈现出显著性差异。"F=31.811，Sig.=0.000<0.05"表明小学、初中、高中三个学段学生之间存在着显著性差异。"LSD法多重比较结果：小学与初中、初中与高中、高中与小学之间的 Sig.=0.000<0.05"表明小学与初中、初中与高中、高中与小学三组之间也存在着显著性差异。从均值米看，小学的4.49大于初中的4.15，又大于高中的3.84。随着学段的升高，学生喜欢信息技术课程的程度逐渐降低，这主要有两个原因。一个是学生自身的原因，随着年龄的增加，学生更加注重理性思维，更喜欢抽象类内容，低学段学生更喜欢直观、形象的内容。信息技术工具的新鲜和形象在低年级学生眼中更具

有吸引力。高学段学生的升学压力越来越大，已经无暇顾及考试科目以外的课程，导致其对信息技术课程的关注度有所下降。另一个是信息技术课程自身的原因，自身的不足也影响学生对其喜欢的程度。由于各个学段都采取了零起点的教学内容设置，导致学生经常重复学习同样的信息技术课程内容，由此学习兴趣逐渐减弱。当然，不同学段的学生对信息技术课程的喜欢程度的差异原因是多方面、多维度的，并不只是简单的某个因素起绝对作用。

学生对信息技术课程是否感兴趣的影响因素有很多。表5-2列出了学生对信息技术课程感兴趣与不感兴趣的原因。学生对信息技术课程感兴趣的最大原因是有趣味，占到调查总体人数的72%，可见，信息技术课程能提供一些激发学生兴趣的内容。升学也成为学生学习信息技术课程的一个很重要的原因，这主要是在高中生方面比较明显，因为高中生面临着学业水平考试等。学生对信息技术课程不感兴趣的原因比较分散。信息技术难学（30%）、上课听不懂（19%）、不会上机操作（24%）等信息技术教学方面的原因成为主要原因，学生感觉学了没有用的仅占了15%。可见，并不是学生对信息技术课程自身不感兴趣，而是信息技术课程教学自身的原因扼杀了学生的兴趣。

表5-2　学生对信息技术课程感兴趣与不感兴趣的原因

对信息技术课程感兴趣			对信息技术课程不感兴趣		
原　因	人数（人）	百分比（%）	原　因	人数（人）	百分比（%）
要升学	70	12	学了没有用	20	15
有趣味	396	72	信息技术难学	42	30
要玩游戏	47	8	学习成绩不好	16	12
教师教得好	40	7	上课听不懂	26	19
受父母家庭等影响	8	1	不会上机操作	32	24
总计	561	100	总计	136	100

（二）学生对信息技术课程价值的认同程度

为了了解学生对信息技术课程价值的认同程度，本研究特别设定了以下 5 道题目（见附录）。

　　第 7 题：我经常能把从信息技术课中学到的知识运用到日常生活中；

　　第 8 题：你认为学好信息技术对你现在的日常学习、生活的帮助；

　　第 9 题：你认为学好信息技术对你将来的工作和生活的帮助；

　　第 10 题：你认为信息技术课程对社会发展的贡献；

　　第 11 题：将来你会选择与信息技术有关的专业或职业吗？

　　表 5-3 所示是学生对信息技术课程价值的认同程度。通过表 5-3 可以看出，学生非常认可学好信息技术对将来的工作和生活有帮助，认为帮助很大的占 77.3%。在信息技术课程对社会发展的贡献方面，学生认为贡献很大的占 82.9%。在对于现在的日常学习、生活的帮助方面，认为帮助很大的比例为 55.1%。从以上调查结果我们可以看出，学生对信息技术课程价值是非常认可的，认为其对个体和社会的发展都具有很大的价值。

表 5-3　学生对信息技术课程价值的认同程度

	A（%）	B（%）	C（%）	D（%）
第 7 题	46.4	46.7	6.6	0.3
第 8 题	55.1	40.8	3.7	0.4
第 9 题	77.3	19.3	2.4	1.0
第 10 题	82.9	13.6	2.9	0.6
第 11 题	17.5	57.1	19.3	6.1

　　在男女生对信息技术课程价值的认同程度上，略有一些差异。图 5-2 是第 7~11 题选择 A 选项的比例对比。从图 5-2 可以看出，在第 9 题和第 10 题上，女生是高于男生的，而在第 7 题上男生高于女生，这可能是女生在主观上更加乐观一些，所以其对信息技术课程价值的期待会更大一些，但是在实际中，男生可能更有能力发挥信息技术课程对其自身的价值。

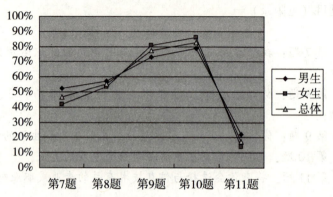

图 5-2　学生对信息技术课程价值认同的第 7～11 题选择 A 选项的情况

（三）关于学生对信息技术课程价值具体内容的认识的调查

为了了解学生对于信息技术课程价值具体内容的认识，本研究中选定了八项信息技术课程价值具体内容进行调查分析，这八项具体内容分别是掌握信息科学知识、提高信息技术能力、培养实践能力、开发创造潜能、解决现实中的问题、丰富学习方式、培养协同解决问题的能力、培养信息伦理道德。调查中，将每项具体内容赋予了最主要、比较主要、一般、不太主要、不主要等五个程度，并分别赋值 5、4、3、2、1。表 5-4 以及图 5-3 所示就是学生对信息技术课程价值内容的认识。

表 5-4　学生对信息技术课程价值内容的认识

学　段		掌握信息科学知识	提高信息技术能力	培养实践能力	开发创造潜能	解决现实中的问题	丰富学习方式	培养协同解决问题的能力	培养信息伦理道德
小学	Mean	4.46	4.51	4.41	4.29	4.46	4.47	4.27	4.31
	N	210	210	210	210	210	210	210	210
初中	Mean	4.36	4.46	4.25	4.06	4.14	4.25	3.96	4.25
	N	171	171	171	171	171	171	171	171

续表

学 段		掌握信息科学知识	提高信息技术能力	培养实践能力	开发创造潜能	解决现实中的问题	丰富学习方式	培养协同解决问题的能力	培养信息伦理道德
高中	Mean	4.06	4.16	4.07	3.74	3.95	3.70	3.48	3.39
	N	214	214	214	214	214	214	214	214
Total	Mean	4.29	4.37	4.25	4.03	4.18	4.13	3.89	3.85
	N	595	595	595	595	595	595	595	595

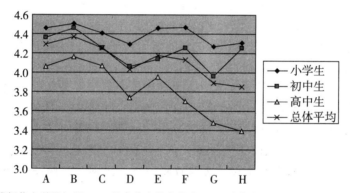

A：掌握信息科学知识；B：提高信息技术能力；C：培养实践能力；D：开发创造潜能；
E：解决现实中的问题；F：丰富学习方式；G：培养协同解决问题的能力；H：培养信息伦理
道德

图 5-3　学生对信息技术课程价值内容的认识

通过比较总体平均值以及分学段的平均值我们可以看出，学生对提高信息技术能力的认可度是最高的，对解决现实中的问题的认同度也比较高，这说明学生对信息技术课程的实用性价值更为认可。但是，在开发创造潜能、培养协同解决问题的能力、培养信息伦理道德三个方面相对来说分值比较低，说明学生对这三个方面的课程价值并不认可。

（四）学生对信息技术课程价值的认识

人们总是在判断知识有何种价值。同样，信息技术课程知识对人和社会有何种价值呢？作为信息技术课程价值主体的学生如何看待其价值，这要取决于学生的个体需要。学生对信息技术课程价值的具体认识，受到许多因素的影响，比如家长因素以及自身家庭的信息化环境的影响，这就导致学生对信息技术课程价值的认识是复杂的。学生对信息技术课程价值的认识，有直观的、功利的因素，比如很多高中生就认为信息技术课程的目的之一就是通过考试。下面笔者就通过问卷调查、实地访谈的结果来分析学生对信息技术课程价值的认识。

学生对信息技术课程价值的认识，直接表现为其学习信息技术课程的目的。学生所认为的信息技术课程的学习目的就是在某种程度上对信息技术课程价值的认识。笔者对学生上信息技术课的目的进行了问卷调查，问卷调查结果如图5-4所示。从问卷调查结果来看，所占的比重最大的是扩展自己的知识，占到了60.50%，对信息技术感兴趣也占到了13.61%。这也说明学生学习信息技术课程的目的是比较正面的，主要是为了获得知识。但是也有一些功利性的目的，比如为了能通过考试，占到了15.46%，这在高中阶段的学生中体现得比较明显，因为高中生面临着学业水平考试等评价要求，也就必然使得学生学习信息技术课的目的变得更加功利。另外，信息技术课程上课的形式也成为一些学生喜欢信息技术课程的原因之一，比如SGX1同学就说："现在都上课嘛，比较累，比较紧张，但是如果上信息技术课，可以放松一下，上网，接触一下外面的世界，了解一下社会。"

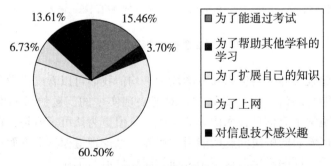

图5-4 学生学习信息技术课的目的

通过梳理学生对"信息技术课程价值及其实现"学生问卷中的开放性问题"你认为你为什么学习信息技术课程？信息技术课程能够带给你

什么?"针对开放题的具体回答,以及整理和分析对 8 位学生实地访谈的材料,得出表5-5所示的信息技术课程价值典型认识分析。

表5-5 学生对信息技术课程价值典型认识分析

序 号	典 型 认 识
1	升学、通过考试
2	掌握信息技术知识、电脑知识,掌握信息技术技能
3	适应社会发展
4	开阔视野
5	为今后的工作打下基础
6	可以娱乐身心
7	帮助学习
8	可以在生活中应用
9	可以查找资料,制作 PowerPoint 演示文稿、Flash 动画作品等

1. 信息技术课程价值认识的功利主义倾向

如何认识信息技术课程的价值,其实就是"什么知识最有价值?"这一经典问题的延伸。根据调查和访谈结果来看,许多学生对信息技术课程价值的认识仍然停留在功利主义层面。功利主义强调当下的实用取向,强调对于生活和学习的有用性。功利主义的信息技术课程价值认识在学生中是非常盛行的。

(1)应试化认识倾向。

异化的信息技术课程价值认识,表现得比较明显的观点就是学生学习信息技术是为了"通过考试"。"通过考试"的认识在高中学生群体中尤为明显。无论是从问卷调查还是从实地访谈来看,许多高中学生都选择了"升学、通过考试"作为学习信息技术课程的目的。学生功利地将应试认定为信息技术课程的价值,是由于信息技术课程也受到应试倾向的影响。

(2)应用化认识倾向。

学生对信息技术课程价值的认识仍然停留在浅层的应用层面。功利主义的影响使得学生认为信息技术课程只能带给他们一些具体的、在实际生活和学习中的应用。学生强调信息技术课程有助于解决生活和学习中的困难与问题。从下面学生对信息技术课程价值的认识可知，学生更倾向于信息技术课程能够直接带来的眼前利益，强调一些实际有用的操作和方法。

"会进行基本操作，需要时可以运用。"（对问卷中开放性题目的回答）

"因为现在生活中接触信息技术越来越多。学习信息技术能够给生活带来方便，解决生活中的困难。"（对问卷中开放性题目的回答）

"一方面为了考试，另一方面应用在生活中。在日常生活中如果电脑出现一些小问题，可以自己解决，也可以应用到日常工作中。"（对问卷中开放性题目的回答）

"因为信息技术与我们的生活息息相关，还可以上网查资料，很方便。"（对问卷中开放性题目的回答）

"平常上网可以制作一些小动画，查资料，维修电脑。"（对问卷中开放性题目的回答）

"了解信息更加方便、快捷。"（对问卷中开放性题目的回答）

"可以与相隔千里的奶奶聊天。"（对问卷中开放性题目的回答）

"可以帮助我以后的工作以及生活，以后不用费那么大的劲儿去学电脑，还可以获得知识，还有和别人交流，发 E-mail。"（对问卷中开放性题目的回答）

"现在有一定用处。因为我们平常要做一些表格，比如成绩统计，还有学校要交一些电子版的文章，也会用到这些知识。"（JGX1）

"因为现在我们的生活离不开电脑。肯定要接触这些东西。学了以后对这些东西更了解、更掌握，应用起来更熟练。如果没有学这些东西，我们在写个材料、写个文稿、看成绩单的时候，挺麻烦的。"（JGX1）

应用化倾向使得学生普遍认为，信息技术知识与操作是信息技术课程内容中最重要的。因为信息技术知识与操作和学生的直接应用相关。信息技术知识与操作中，学生最为关注信息收集与交流，比较愿意使用信息技术来进行资料搜索、网络交流等活动。网络技术逐步成为信息技术知识与操作中的主要内容。对于具体的信息技术操作，学生更喜欢直观、形象、所见即所得的软件与技术，比如 PowerPoint、Flash 等，小学生则比较喜欢画图软件等创造性工具。

功利主义价值取向导致学生产生注重实际应用的认识。我们并不反对实际应用的认识，但过度地强调实用知识，忽略了从学生个人长远发展角度来看待信息技术课程价值，那么必然是短视的。当前的信息技术课程实践呈现出的技术化倾向，就是为了迎合学生的短期功利需求，不能满足学生的长期需要和社会发展的需要。

2. 对信息技术课程价值的认识的娱乐化倾向

信息技术具有娱乐的功能，它日益成为人们日常生活中娱乐休闲的一种重要方式。受到日常生活应用信息技术方式的影响，学生对信息技术课程的认识逐渐具有娱乐化倾向。这主要表现为信息技术为学生提供了娱乐的工具，同时，许多学生认为信息技术课程与其他课程相比具有放松身心的功能。

> 因为信息技术与我们的生活息息相关，还可以上网查资料，很方便，还可以放松心情，听听音乐，玩玩游戏。信息技术还可以激发我们的思维能力，提高自身素养和素质。
>
> 上信息技术课我认为是一种放松。
>
> 现在都上课嘛，比较累，比较紧张，但是如果上信息技术课，可以放松一下，上网，接触一下外面的世界，了解一下社会。(SGX1)

面对日益增加的学业压力，信息技术课程所倡导的宽松、探索、创造的学习环境，使得学生有了与其他课程并不相同的体验。信息技术课程能够带给学生一种休闲放松的体验，这也是一种正向的价值取向。但是有的学生将信息技术课程仅仅理解为上网课、游戏课等，就使得信息技术课程丧失了本原的价值，成为一个提供娱乐工具的"网吧"。例如，有的信息技术教师就反映，学生上信息技术课时偷着聊天、玩游戏等。本研究所做的调查发现，上信息技术课的目的中有 6.72% 的学生选择了"上网"。有的学生没有充分认识到信息技术课程对其所应有的生存和发展价值，简单地将信息技术课程价值窄化为娱乐价值。

3. 学生对信息技术课程发展价值的认识

由于受到功利主义和娱乐化等倾向的影响，许多学生未能正确地认识到信息技术课程的价值。尽管如此，也有学生认识到了信息技术课程带给自身的发展价值。但是学生对于信息技术课程所带来的发展价值，仅仅在于描述其未来的可能有的价值，尚不能够全面地认识到其价值。虽然信息技术操作对于学生来说具有一定的吸引力，但是真正有价值的是其能够给学习以及生活带来直接的影响。学生特别强调信息技术课程对于学习的帮助。学生认为信息技术可以帮助他们搜集资料、开阔视野等，从而促进学习。学生对于信息技术课程的社会价值的认识普遍不到位，或者说没有深刻认识到信息技术课程对于社会的影响。当笔者问起"信息技术课程对于社会有什么作用"时，学生普遍没有深入地回答此问题，只是笼统地回答"肯定有价值""这个社会以后也离不开计算机"等。还比如，SGX1说道："我认为我学习信息技术：①过会考；②跟社会同步；③为以后工作打基础。我认为我学习信息技术课程是为了适应社会的要求，提高自身的能力，信息技术课程能够让我掌握一些信息技术，今后有利于我自身的发展，同时也为学习提供了有利的条件。"（SGX1）

学生对信息技术课程价值的认识仍然存在着偏差，需要信息技术课程研究者和实践者在价值实现环节注意与改进，努力纠正学生的错误认识，通过宣讲以及实际课堂教学，使学生充分认识到信息技术课程价值不仅仅体现在短期的功利价值上，而且它还直接关系着学生长远和未来的发展。

二、信息技术教师对信息技术课程价值的认识

客观地讲，任何学科的教师，在教授一门学科时，都会碰到如何认识所教科目的价值问题。数学课程有数学课程的价值，历史课程有历史课程的价值，音乐课程有音乐课程的价值，同样，信息技术课程也有信息技术课程的价值。但是由于每个信息技术教师都是个别的个体，其所认识的信息技术课程价值并不相同。信息技术教师处在教学一线，对于信息技术课程价值能够有更加切身的体会和感受。许多信息技术教师都能够从一线的教学经验视角认识信息技术课程价值。信息技术教师对课程价值的认识和取向直接关系着他们的实践取向。所以，了解信息技术教师对信息技术课程价值的认识状况，了解影响信息技术教师对信息技术课程价值认识的影

响因素，直接关系着信息技术课程价值能否实现。

为了解信息技术教师对课程价值的认识现况，本研究中进行了相应的问卷调查以及教师访谈。我们将每位信息技术教师的访谈内容按照意义分成数个片段，然后进行分类。结合我们预先设计的结构与具体的访谈数据中新出现的类别最终生成各个类别的主题。通过多次阅读整理出的访谈录音文字内容，将有意义的访谈片段进行编码，并初步建立了一个编码系统。在编码过程中，我们通过讨论不断地修正编码系统。根据访谈录音意义的片段，我们进行了分级登录，最后根据访谈内容确定了 4 类共包括 18 个小主题的编码系统。最终将信息技术教师访谈编码系统分为四类：个人内在价值、个人工具价值、社会价值以及信息技术课程价值实现的影响因素。最终的编码系统分类如表 5-6 所示，各个小主题的频次如图 5-5 所示。

表 5-6　信息技术教师访谈编码系统

分　类	定　义	编　码	频　次
1. 个人内在价值	1.1 教师认为信息技术知识与技能重要	GI01	17
	1.2 教师认为信息处理的方法与技能重要	GI02	12
	1.3 教师认为能力培养重要	GI03	11
	1.4 教师认为社会责任重要	GI04	5
	1.5 教师认为情感与态度重要	GI05	15
2. 个人工具价值	2.1 教师认为信息技术课程的生存价值重要	GO01	7
	2.2 教师认为信息技术课程的发展价值重要	GO02	0
	2.3 教师认为信息技术课程的享受价值重要	GO03	3
3. 社会价值	3.1 缩小数字鸿沟	SC01	13
	3.2 构建信息文化	SC02	3
	3.3 适应知识社会	SC03	0

续表

分　类	定　义	编　码	频　次
4. 信息技术课程价值实现的影响因素	4.1 课程政策	TM01	13
	4.2 教材	TM02	11
	4.3 评价	TM03	5
	4.4 教学方法	TM04	3
	4.5 硬件条件	TM05	2
	4.6 领导重视	TM06	7
	4.7 学生水平参差不齐	TM07	10

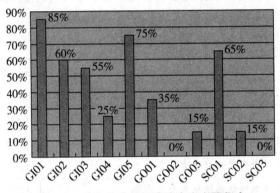

图 5-5　信息技术教师访谈内容主题频次

（一）信息技术教师对信息技术课程的认同

为了解信息技术教师对信息技术课程的认同情况，在调查问卷中设计了一个题目："对于信息技术课程的开设，您的看法是什么？"通过如图 5-6 所示的调查问卷统计结果我们可以看出，44.22%的信息技术教师认为信息技术课程非常有必要，应当作为必修课来开设，14.34%的信息技术教师认为很重要，但更适合作为选修内容开设，还有38.25%的信息技术教师认为将信息技术课程分为必修模块和选修模块能更好地被学生接受，只有0.80%的信息技术教师认为没有必要开设该课程，造成资源浪费。可见，绝大多数的信息技术教师对信息技术课程是持肯定态度的。

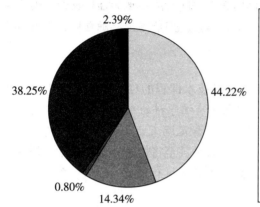

图 5-6　信息技术教师对信息技术课程开设的看法

从笔者对信息技术教师的访谈中也可以看出，信息技术教师对信息技术课程具有认同感。

> 我印象特别深的是我第一年教 QBASIC，四年之后学校有次校庆。有个学生见到我后，跟我说："孟老师，您那时候讲的算法，我上大学的时候特别有用。"当时我就觉得这种东西是对学生有价值的东西。还有个学生，他从来没接触过电脑，敲键盘手指都是僵硬的，我就一点点地教，最后考完试之后他对我说："老师，我特别高兴，我会用电脑了。"这种时候我就觉得我教的课对学生是有价值的。（TT2）

这位 TT2 老师是一位有十年左右工作经历的信息技术教师，她对我充满激情地讲述了上面的话语。从她的言语中，笔者深切地感受到她对于信息技术课程价值的认可，充满了作为信息技术教师的自豪感。

ST4 则主要基于学生能够接触电脑的角度来认可信息技术课程的价值。

> 就是觉得学生对于计算机操作的熟练度提高了，因为他上机时间

多了，逐渐提高了学生处理信息的能力吧，现在孩子们有条件，应该让他们多接触接触。如果他们在小学阶段不接触的话，包括一些上网的孩子，很多学生家里有电脑，但是他们还渴望接触电脑，没有地方去，只能去网吧。(ST4)

TT1 和 WT1 两位教师主要从信息技术课程的独特作用上来肯定信息技术课程价值。就如 TT1 所说："应该有咱学科的东西，这个肯定还是别的学科替代不了的，不然的话咱们学科肯定就灭亡了。"这简短的话语肯定了信息技术课程的独特价值。两位教师甚至将信息技术与数学、语文两门学科课程进行了类比，认为信息技术课程具有独特的价值。

> 信息素养高的人适应社会更好些，如果技术比较好的话更容易领悟信息社会，像有的人提出来电脑是一种基本工具，就跟你小学学完数学会算数一样，这个挺符合现实的，到哪里都用电脑，包括一些电子产品都是基于电脑的，所以这个肯定是对社会有价值的。我不觉得像有些人说的"你都会了何必在学校里再要学呢"，那不一样，还是要经过一些系统的培训。你算数都会，何必再上小学学算数呢，那不一样，还是方法、思想。上升到一定高度就是素养。这不是说我会个什么软件就解决了。我在家里会打字上网，但是系统性的东西没有。还是应该有咱学科的东西，这个肯定还是别的学科替代不了的，不然的话咱们学科肯定就灭亡了。其实应该算是基础学科的东西，就跟数学、语文一样。(TT1)
>
> 比如就像语文，语文这门学科最根本的东西是什么？根本的东西不是认识汉字、会说话，是能够用语言把自己想表达的东西传达给别人，和人交流、沟通，我们类比到信息技术当中，也是这样，因为很多人可能词不达意。有没有这种现象？并不是说我会说话我就会表达了。(WT1)

信息技术教师对于信息技术课程价值普遍是非常认可的。信息技术教师普遍认为信息技术课程有独特的区别于其他学科课程的价值。信息技术教师不认同信息技术课程作为独立学科最终将会走向消亡的说法，强调信息技术课程对于学生具有个人和社会两个方面的发展价值。

（二）信息技术教师对信息技术课程的个体内在价值的认识

对于学生来说，信息技术课程对学生个体的内在价值是至关重要的。到底要培养学生哪些方面的能力呢？这是信息技术课程价值体系中最为关键的一个环节，正是要通过个体内在价值的体现，才能够真正地体现出其工具价值，进而实现社会价值。

1. 信息技术教师对信息技术课程的个体内在价值的认识

根据信息技术课程价值体系，我们将信息技术课程对于个体的内在价值分为信息技术知识与操作、信息处理的方法与技能、能力培养、社会责任以及信息技术的情感与态度等五个部分。信息技术教师对于五个部分的认同程度是不一样的。图5-7所示是信息技术教师对信息技术课程的个体内在价值的认识程度。本题主要是让信息技术教师对这五个部分进行排序。通过图5-7可以看出，排在第一位的比例比较高的是能力培养、信息技术的情感与态度、社会责任，信息技术知识与操作和信息处理的方法与技能排在第一位的比例反而比较低，可见信息技术教师认同能力培养的重要性。社会责任排在第一位和第五位的比例都比较高，由此可以看出，对于社会责任部分，信息技术教师的看法呈现两极分化的表现。

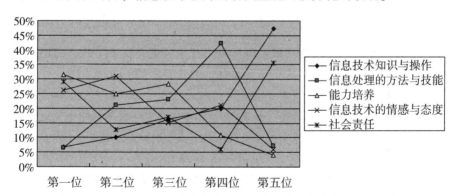

图5-7 信息技术教师对信息技术课程的个体内在价值的认识程度

在具体的能力培养方面，让信息技术教师对问题解决能力、交流能力、合作能力、实践动手能力等四种能力进行排序，排序统计结果如

图 5-8 所示。从排序结果可以看出，问题解决能力是信息技术教师最为看重的能力。

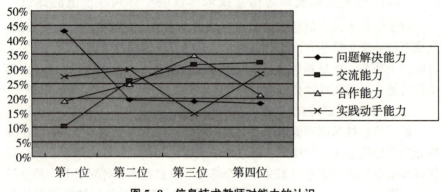

图 5-8　信息技术教师对能力的认识

2. 信息技术教师的技术化取向认识

通过问卷调查发现，信息技术教师认同能力培养的重要性，但是在访谈中发现，信息技术教师仍然将信息技术操作与技能作为实际教学的首选。

以下是一些信息技术教师对于信息技术课程中技术的地位与价值的认识。

> 我感觉以后无论发展到哪一步，技术肯定是少不了的。(JT5)
>
> 咱们的关注点当然还是信息技术的价值。(TT3)
>
> 操作的东西不是没有必要，有些东西还是要讲，因为咱们毕竟是技术课程。前一阵课改讨论，如果都是去跟别的学科综合，综合完之后我感觉就不像信息技术课了，信息技术就变成一种辅助手段了。(TT2)

通过以上三位信息技术教师的认识可以看出，他们强调信息技术课程的"技术味"，甚至认为如今的课程缺少了"技术味"。

CT3 教师却站在信息素养的高度认识到了信息技术知识与技能的必要性，但是他不仅仅强调知识与技能，而且强调其对收集信息等能力的基础作用。

如果落实到学生的个体来说，他必须要掌握信息技术所必备的知识与技能，这是最重要的。然后通过他学习的过程，使他具有收集信息、处理信息、整合信息、应用信息、反馈信息这些能力。（CT3）

有一些信息技术教师简单地将信息技术知识与技能作为课程内容的核心。比如，ST1 教师特别强调了办公软件的作用，认同做个表格、做个数据分析、做个幻灯片的重要性，可见其对于技能化知识的推崇。还有 JT1 和 ST3 两位教师也持有同样的观点。

就是计算机常用的一些操作方法，最常用的一些办公软件。起码他出去了做个表格、做个数据分析、做个幻灯片没什么问题。（ST1）

我觉得 Office 办公软件学生是必须要打好基础的，因为以后走向工作岗位做表格、打字、处理编辑文字可能经常用。上网即使不用老师教的话，学生一打开 IE 就会了嘛，没有什么需要特别教授的。咱们课程里不是也开网络课吗，就教他一些比如这个就叫 IE 浏览器，这里面有什么功能，收藏夹怎么用，怎么设置 IE 主页这些实用的操作方法。Office 那些办公软件还是非常有用的，只是现在没体会到而已。（ST1）

现在都是信息化社会了。作为学生来讲，通过高中阶段的学习，最起码应该了解日常事务的处理。比如做个成绩单或者通讯录，你的学生都不会，那你就是没完成你的教学任务。特别是有些农村来的孩子，在小学、中学阶段，计算机还是一个摆设。（JT1）

让他们掌握一门技巧。他们在信息技术课上学到一些东西，可能他们以后不会在信息技术方面有什么作为，但是在以后的学习生活中他们会用到。比如说网络搜索，可能父母都会让孩子帮忙搜索东西。学的 Excel、Word，教室后面办板报可以用。班主任要把学生的座位表、课程表贴在前面，这些都可以让学生自己做。（ST3）

3. 信息技术教师的功利主义取向

在对信息技术课程价值的认识方面，许多信息技术教师存在着比较明显的功利主义取向。通过对信息技术教师的访谈可以看出，许多信息技术教师强调信息技术课程要教授一些实用的信息技术技能操作，教师认为信息技术知识与技能重要的频次达到了 17 次，甚至有的教师很明确地提出了"什么有用就教什么"，这是一种明显的功利主义的表现。以下是三位信息技术教师的典型认识。

技术是为你的需要服务的。我觉得咱们的课程设计也是往这方面走。学生需要什么，咱们就教什么，而且是教他自己能悟出点什么东西，能够触类旁通。教技术我也赞同。比如说做 Flash，我为什么要做？有一个内驱力。是学技术，但是真正得做点什么，为什么做。就像平时干工作，我干这个活了，问题就解决了。调查学生的需求，拿电脑干什么，而且是能对学习有帮助的，或者对以后都有用的。为什么讲 Office？Office 确实有用。（TT1）

我就讲应用。我觉得什么有用我就给他们讲什么。像 Word 或 Excel，我就从我身边积累的一些例子出发讲，比如说排版，那些方面其实书里讲得挺少的，我都给学生拓展。我要是遇到一个刚开始不会的问题，自己解决了，我就觉得这个问题以后学生参加工作肯定能用上，如果学生不会肯定不行，老板让他们干啥干不了，我就给他们讲。虽然这些东西挺散，都没有什么连续性，我就拿过来就给他们讲。做 Excel 表格关联，有时候讲不到这块，但是经常能用到，我给学生说，如果你们以后干会计什么的，Excel 必须得会。我就一个例子一个例子地嵌进去给学生讲。有些学习不好的学生确实什么都不想学。我们这课就像活动课似的，有些学生什么都不想干，有一部分学生就想打游戏。我就告诉他们最低得会打字，我说将来哪怕你什么都考不上，你还可以当个打字员。（JT3）

我感觉在信息技术课当中，学生感兴趣的就是能在实践当中应用。现在学生给我的观念就是学以致用，还不能等着过时。我马上学了一个知识，回家电脑出现了任何故障，我能用上，你不让他学都不行，他主动地就去学。如果一个知识学完了，当时这个只是讲得挺好，但是学完了之后搁个三四年用不上，他也没兴趣也不去钻研。为什么到 VB 这方面就比基础模块感兴趣得多？我学完了 VB 可以编出一些实用的小程序，比如编个计算器。一是有荣耀感，二是学生有炫耀的心理。原来用软件的时候觉得老神秘了，现在学完 VB 程序之后就感觉应用软件也不神秘，挺简单的。这样他就不用你教，自己去探索。像讲 VB 的时候，我讲了一节，用的是输入文本框和命令按钮，然后我就编了一个解一元一次方程的程序，下面许多学生编出来解一元一次不等式、二元一次不等式这种程序，不用你说，讲完这个他就自动去发挥了。（JT5）

从对信息技术教师的访谈可以看出，信息技术教师强调在日常生活中应用的信息技术知识与操作，认为操作是学生马上能够学以致用的部分，是学生需要的。功利主义的信息技术课程价值认识过于短视和不全面，短视主要是没有站在学生的人生发展的高度来看待信息技术课程所应有的价值，仅仅着眼于眼前的日常生活和学习中的应用；不全面就是仅仅强调知识与技能的作用，忽略了情感与态度以及方法过程的作用，不能够站在学生全面、可持续发展的角度来看待信息技术课程的价值。有的信息技术教师明确提出了"什么有用就教什么"，但是教育是一项长周期的活动，所谓"十年树木，百年树人"，因为当看什么知识对学生最有价值时，我们要从学生未来发展的角度预测。另外，确定有用的标准是什么？所谓的"有用"，是针对学生今后的就业？还是学生日后的日常生活？还是学生和谐地健康发展？有的信息技术教师提出的"什么有用就教什么"只能说是一种典型的功利主义认识。

4. 信息技术教师的学生发展取向

信息技术教师站在学生发展的角度来看待信息技术课程价值，认为信息技术课程对学生的全面发展是有好处的，信息技术课程为学生的未来发展提供了能力和方法。

（1）信息技术情感与态度。

信息技术课程不仅要教授学生一些知识与技能，同时还要注重培养学生的信息技术情感与态度。《普通高中技术课程标准（实验）》（信息技术部分）明确地提出了"激发和保持对信息技术的求知欲，形成积极主动地学习和使用信息技术、参与信息活动的态度"，信息技术情感与态度是信息技术课程内容中非常重要的一部分。只有学生真正地积极主动地学习信息技术，才会在以后的发展过程中不畏惧新技术，能够勇敢地尝试新技术。

W 地的初中信息技术教师 WT1 老师在访谈中提出要注重学生的意识培养。

　　在教的过程当中，更重要的是要体现出更加注重学生的意识培养，一种导向性的东西。比如我们讲因特网的功能，教材举了很多例子，那我们现在就分析，因特网的功能有很多种应用，你在课堂上讲，第一个你也讲不完，第二个你举的例子学生也未必感兴趣，那怎么办？我最近写了一个教学设计的范例，就是用一个网站，即谷歌，把我们生活中能够用到的一些问题结合谷歌网站创设情境，我们创设情境的目的就是要引起学生的共鸣，就是让学生要有生活中的体验，要有一种感觉。一堂课，我最怕是问题问下去，学生麻木地看着你，那个是很无趣的。我感觉我们的老师对情境创设比较看重，情境创设以后，学生的共鸣比较容易引发出来，而且现在我们也动脑筋，对学生做一些调查问卷，还有一些学习反馈，因为我们现在也用电子档案袋，电子档案袋用下来，感觉过程性评价还是能够彰显。（WT1）

（2）注重学生思维能力的培养。
信息技术教师认为信息技术课程不仅是培养学生的信息技术操作技能，还要能够注重学生思维能力的培养。从信息技术课程的价值层面来说，思维方面也是一个很重要的方面。以下是一些信息技术教师对思维能力培养方面的典型看法。

　　我觉得更多的是培养了学生一个思维习惯，我昨天看了一个视频，新浪网对清华大学的吴文虎老师有一个采访，他里面提到一句话，我就特别感兴趣，他说："计算机是一个工具，是一个智力工具，智力工具的意义，是使人变聪明了。"这句话我为什么感兴趣呢？我觉得，如果信息技术教师能够把这句话领会深的话，你让计算机变成了使学生聪明的工具，那价值就马上是另外一个层次了，而不单纯是帮你解决一点打字，帮你解决一点算术，并不单纯停留在这个

层次上，它是想办法让学生变得更聪明。(ST5)

　　思维方面，信息技术对于思维训练应该还是很强的，包括在课程中，最基本的一个归纳和演绎的思路能力的培养，其实，很多学科里都有这样一个功能，在学习过程中，我们引导学生做归纳，包括从一般到特殊、从特殊到一般这样一个规律的遵循。思维训练还是有一些的。从实验入手，开始讲信息，还是能够引起学生的思维辨析的。(WT1)

　　首先是使用技术的一种能力，还有我感觉技术最后发展到高的层次，小孩（指学生）应该学点程序。因为它的思维方式跟其他学科的思维方式不太一样，而且它是很严谨的东西。(TT2)

　　对于基础比较差的孩子，通过这个课可能技能有所提高，这也是对他的一个帮助；还有就是对他们的思维，不仅是计算机学科本身的思维，还有他们利用学科的一些思维有帮助，我觉得这个课就有价值。(TT2)

　　许多信息技术教师认为思维培养主要是在程序设计教学方面，但是从以上几位信息技术教师的访谈来看，信息技术课程除了能够在程序思维方面有价值外，还能够在促进其他思维方式方面也有作用。例如，TT2 这位老师所说的"不仅是计算机学科本身的思维，还有他们利用学科的一些思维有帮助"，充分地体现了信息技术课程在思维方面的作用。

　　(3) 改善学习能力与方法。

　　信息技术课程不仅仅教授学生知识与技能，还要着眼于改善学生的学习，以及培养学生学会学习，特别是许多信息技术教师强调培养学生的信息技术自学能力。许多信息技术教师都强调信息技术操作不可能通过教学全部掌握，学生应该具备信息技术的自学能力，从而能够在信息技术课程学习中具有迁移能力。信息技术教师还强调学生敢于尝试使用软件，掌握类似软件的操作方法。以下是两位信息技术教师对于自学能力的典型认识。

　　我觉得应该是自学能力，就是迁移能力这方面的。现在教给他们的不是怎么去做，而是将来自己如何能发现这东西怎么去做，也就是授人以渔，不是只教他们会用 Word 等，让他们自己能够发现问题、解决问题，我觉得这个是能力。像现在很多人，包括成年人，有的信息素养还是不行，也不完全是看年龄，他可能接受这方面的影响比较少，还是你告诉他这个他就会这个，你不告诉他，他还是不会。我在教学当中也是试图能让学生尽量自己学会这东西，而不是老师教给你，像演示、动画、网页是这么做的，他们跟着做一遍就完了。这不是我们教学的最终目的，如果是这样教学的话，那学生的信息素养还会停留在很低的层面上，这个是当前信息技术课程里面特别要研究的，怎么样教给他们方法。像我有时候上课就给他们一些预设，就是一些陷阱，要研究怎么样给学生营造这样的环境，让他们在这样的环境中自我成长、自我锻炼。(TT1)

我觉得应该是教给他最浅显的技术，然后其他的关于拓展的东西，还是要让孩子自己去发现，自己去总结，自己去琢磨。我有一个最大的学习体会，我感觉我在师大学习的东西挺多的，但是实际我在教学中想应用的话，还是得我自己通过自学，掌握一种学习方法。(CT3)

通过以上两位信息技术教师的访谈可以看出，应该通过信息技术课程改善学生的学习能力和方式，使学生具有信息技术的意识与能力，掌握一种信息技术学习的方法，能够在以后的生活和学习中掌握自主学习信息技术的能力与方法。

5. 信息技术教师的信息伦理道德取向

随着信息技术的日益普及，人们在享受信息技术所带来便利的同时，也面临着信息技术所带来的社会问题。信息伦理道德问题逐渐成为社会关注的一个热点问题。而对于信息技术课程来说，信息技术课程能否完成信息伦理道德教育？对此，笔者在访谈时就这个问题访谈了每一位受访的信息技术教师。经过访谈发现，信息技术教师虽然普遍感受到了信息伦理道德教育的重要性，但是对其在信息技术课程中的具体地位以及实施方式等，仍然存在着不同的看法。就如同在前面的问卷调查中一样，信息技术教师对信息伦理道德呈现出两种极端的看法。

要加强。尤其现在网络特别普及的情况下，必须发挥课程的德育功能，这一点特别重要。像别的课可能还不明显，这个课特别明显。有些是非的东西可以拿到课上去讨论，像犀利哥、凤姐现象，可以让学生去研究研究到底应有什么样的是非观，现在特别乱。（TT2）

虽然许多信息技术教师认为有必要对学生进行信息伦理道德教育，但是仍然不赞成单独开设信息伦理道德教育模块的内容，都比较赞成采取渗透的方式来进行信息伦理道德教育。

（三）信息技术教师对信息技术课程社会价值的认识

信息技术课程的社会价值主要是通过个体内在价值的实现得以体现的。对信息技术课程的社会价值，信息技术教师普遍认识不足，或者根本没有深入认识。一些信息技术教师认识到信息技术课程对于社会是有影响的，主要视信息技术课程对于个体的影响来定。比如 TT3 老师就认为信息技术课程对社会有影响，是通过对个体有影响折射和反映出来的。

对社会有影响，是通过对个体有影响折射和反射出来的，我觉得是有影响的。教育很难实现急功近利的要求，就说当时就是它的影响，很难说，但是，就像我当年教的打字就有影响。还得说咱们的学生将来干什么，要是特别泛化，面对所有的学生，有多大的作用，就很难说了，但是对于学生，信息素养一定是有用的。他学过一点编程，知道数据库是怎么回事，跟从来没有听说过的肯定是不一样的，这就是学过立体几何和函数的，跟从来没有听说过这个词的，肯定是不一样的，他将来见到什么，唤起回忆，唤起什么的，肯定都不一样。（TT3）

WT1 老师则从培养合格的社会人的角度来看信息技术课程的社会价值，他认为通过培养合格的社会人，信息技术课程从而对社会产生价值。

我们信息技术教师必须要把握的就是信息技术课程要为社会服务，有了社会以后才有了所谓的教育，教育的目的就是培养合格的社会人。我们不是培养自然人，所以现在有些专家很扯淡，说教育要培养自然人，那是不可能的。自然人，你除非把他关到原始森林里去，那个是自然人，我们的目的就是培养社会人，社会人，那就是基本的技能和意识都要有的。至于说意识比技术重要，我也不一定赞同，但是技术和意识并重，这一点是非常重要的。所以很多专家提到文化，文化方面的氛围，我认为这个很重要。因为其实从某种意义上说，人的修养，人的自身层次的提高和文化的积淀，是很重要的，我们信息技术要想达到一个高度，比如说要像一门课程达到一个高度，必须注重这个方面。（WT1）

对于信息技术课程对社会所产生的价值具体包含哪些方面，信息技术教师则缺乏更加深入的思考和理解。一般来说，许多信息技术教师能够认识到信息技术课程具有缩小数字鸿沟的价值。信息技术教师认为信息技术课程在普及信息技术技能上，对偏远和农村地区的学生具有重要的意义与价值。比如，CT1 老师就论述了学生之间信息技术水平的差异之大。

还有不会的呢，差异性太大了。有的学生没有接触过计算机，零起点的。有的学生因为家里有计算机，甚至有的学生自己手里都有笔记本。像农村学校和城镇学校，像郊区和偏远地区的学校，而且这种不平衡，不单是硬件的不均衡，观念上的不平衡更大。再有一个是差异性太大了。学生的水平有这么大的差异，越往初中、高中阶段越难。我们收的小学生，小学毕业我们收上来的，有一些孩子从来没有接触过计算机，一次都没有。有些孩子家里面有计算机，他的那些网络操作技术比我们老师还厉害，就同一个班级就这样。（CT1）

通过对 CT1 老师的访谈来看，正是因为学生之间的差异如此之大，所以信息技术课程的任务之一就是要缩小这种差异和不均衡。数字鸿沟问题是一个深刻的社会问题，其所带来的后果就是不公平。要实现社会的公平与正义，我们就必须从缩小数字鸿沟这一方面来界定信息技术课程的价值。

虽然信息技术课程的社会价值还包括政治、经济和文化等方面的内容，但是对信息技术教师来说，似乎根本没有详细地思考过信息技术课程的社会价值。正如 T 地的 TT3 老师所说："不仅不够，而且很多人根本没想过这个事情。"信息技术课程的社会价值对信息技术教师来说仍然显得相对遥远，信息技术教师更多地想着学生的个体内在价值，即到底要教给学生一些什么东西。

（四）信息技术教师对信息技术课程价值认识的特征

1. "只管低头干活，不管抬头看路"——信息技术教师对信息技术课程价值的认识普遍偏低

作为信息技术课程的一线实践者，许多信息技术教师对信息技术课程价值的认识普遍不到位。很多信息技术教师根本没有深入思考过信息技术课程的价值。信息技术教师只是根据教材或者自身的教学经验进行信息技术课程教学实践，很少思考为什么要开设信息技术课程或信息技术课程能够给学生个体以及整个社会带来哪些方面的价值。信息技术教师的关于信息技术课程价值的认识大多来自于自身的教学经验，以及有关专家的培训或者教研主管部门的指导。从访谈的主题频率上可以看出，信息技术教师只关注信息技术课程对学生的内在价值，而不关注信息技术课程对学生所带来的工具价值和社会价值。比如，对于社会价值中的适应知识社会的价值方面，则没有一个接受访谈的信息技术教师提起，而构建信息文化的价值也只有 3 位教师提起。信息技术教师由于天天接触学生，所以思考的也大多是信息技术课程要教给学生什么内容等具体问题，很少甚至根本没有思考过信息技术课程到底从长远来看能够带给学生什么。所以，从对信息技术课程价值的认识现状来看，信息技术教师的典型特征是"只管低头干活，不管抬头看路"，即并不关心信息技术课程的核心价值是什么，只关心具体的教学实践问题，关注教什么以及怎样教。

2. 技术化倾向的信息技术课程价值认识

脱胎于计算机课程的信息技术课程，由于自身的历史发展背景与技术特性，信息技术教师对信息技术课程价值的认识，始终停留于简单理解的技术化倾向层面。技术理性膨胀导致信息技术课程仍然仅仅停留在"什么实用教什么"的技能培训层面，而不能使技术与人文融合、技能培养与素养养成共生。技术化倾向还体现在信息技术教师只关注技术操作的细微处，或者关注信息技术学习的一些方法与策略，而有许多教师仍然不能

站在一个信息处理的高度来认识信息技术课程的价值。信息技术教师普遍缺少对信息的批判性使用等能力的培养的认识。

技术化倾向的信息技术课程价值认识，仍然源于信息技术课程的发展历程。从 20 世纪 80 年代开始发展的信息技术课程，从最初的程序设计教学开始就强调对学生的思维训练功能，到 20 世纪 90 年代开始强调计算机课程的工具论，工具论视野使得人们更加关注技能与操作的掌握，使得信息技术课程价值带有明显的技术痕迹。可以说，信息技术课程是以技术为本的学科课程，自然带有技术的痕迹，但是如何使技术取向与文化取向相调和，则是信息技术课程价值中一个亟待解决的课题。

3. 不同学段的信息技术教师对信息技术课程价值的认识有所不同

从信息技术教师的访谈情况来看，不同学段的信息技术教师对信息技术课程价值认识有所不同。由于自身的专业、工作以及实践经验等方面的因素影响，小学、初中、高中的信息技术教师对信息技术课程价值的认识呈现出一些差异性。首先，在认识层次上，高中信息技术教师比小学信息技术教师在认识深度方面要强一些。高中信息技术教师普遍都是科班出身，大部分教师都是计算机专业或者教育技术学专业毕业，从而对信息技术课程的认同感相对比较强，再加上学历上也普遍高于小学和初中信息技术教师，所以，高中信息技术教师在信息技术课程价值的认识深度方面较小学信息技术教师要强一些，所思考的问题也更深入一些。其次，在认识内容上，高中信息技术教师由于科班出身的较多，所以学科本位更为明显，高中信息技术教师更加强调技术取向，强调编程；小学信息技术教师则更加强调综合应用，强调学生兴趣。

（五）信息技术教师的课程价值取向调查

自 20 世纪 80 年代以来，我国信息技术课程经历了 30 多年的发展历程。在信息技术课程内容与教学的变化过程中，信息技术教师是课程与教学过程的灵魂，决定着信息技术课程的内容选择与教学决策。当信息技术教师面临着"什么内容最值得教给学生""哪些内容对学生现在及未来最具有价值"等抉择时，背后都隐含着信息技术教师对于课程内容的价值判断与选择。"没有价值，我们便不复生活，这就是说，没有价值，我们便不复意欲和行动，因为它给我们的意志和行动提供方向。"① 美国课程学者艾斯纳说："学校课程、教学和评量方式，无处不蕴含课程实践者的个人内在信念与价值观。"② 可见，在课程理论化的过程中，都无法避免价值的涉入。恩尼斯等人指出价值取向代表着理论信念的系统，它可以指引教师从事课程的决定（curriculum decision-making）。③ 信息技术教师的课程价值取向深刻影响和决定着信息技术课程的形式与内容。为了解全国中小学信息技术教师的课程价值取向及其影响因素，我们对全国5个地区的信息技术教师进行了问卷调查，试图通过问卷调查，探析当前信息技术教师在课程价值取向上的总体状况，并从性别、年龄、学段、学历等不同维度探讨其差异情况。然后，针对信息技术教师课程价值取向调查结果进行了细致的分析，提出了我们的思考和建议，以期能够改进当前我国信息技术课程与教学的实际现况，促进信息技术课程与教学有序健康发展。

1. 研究对象

本研究采用目的性抽样的方法，在全国范围内抽取5个地区的中小学信息技术教师。地区的选取上主要考虑到区域的划分，这5个城市包括2个南方的城市、2个中部的城市、1个北方的城市。共发放问卷400份，回收问卷358份，其中有效问卷348份，回收率89.5%，有效率97.2%，符合回收统计比率。本研究针对回收有效样本的基本信息，分别从性别、年龄、教龄、学段、学历、区位进行比较。从样本的基本信息统计可以看出，信息技术教师男女比例约为5:6，这与目前学校一般科目女教师多于男教师的情况基本相同；在年龄和教龄方面，31～40岁的教师占71.3%，教龄为6～15年的教师占59.5%，可见信息技术教师队伍呈现稳定状态，并且资深教师所占的比例也在逐渐增大，在教学经验上比较有利于学生的学习。在学历水平上，92%的信息技术教师拥有本科学历，还有少部分信息技术教师拥有研究生学历。

---

① 马克思·韦伯. 社会科学方法论 [M]. 韩水法，译. 北京：中央编译局，1999.

② Eisner, E. W., Vallance, E.. Conflicting conceptions of curriculum [M]. Berkeley, CA: McCutchan, 1974.

③ Ennis, C. D., Chen, A.. Domain specifications and content representativeness of the revised value orientations inventory [J]. Research Quarterly for Exercise and Sport, 1993 (64): 3436-3446.

2. 研究工具

美国体育课程学者朱伊特与贝恩（Bain）于 1985 年提出了体育课程的价值取向量表（简称 VOI 量表），它是最早的课程价值取向量表。经过多年的实践应用以及改进，VOI 量表已经成为国际公认的课程价值取向量表。本研究的调查问卷参考了 VOI 量表，并在其中采用了靳玉乐、罗生全等人确立的六种课程价值取向，即学术理性、认知过程、社会重建、人文主义、科技发展和生态整合，具体描述如表 5-7 所示。[①]

表 5-7　课程价值取向具体描述

序号	取向	具体描述
1	学术理性	课程不仅仅代表了学术性的知识，更蕴含了一种人类理性的认知思考方式。通过对不同学科内容的学习，获得人类文化遗产中最为宝贵的知识，从而培养学生的理性思考能力
2	认知过程	强调学习过程，教学重点是教会学生如何学习，帮助学生掌握学习所需要的各种方法和策略，进而发展个人独立学习知识与技能的能力
3	社会重建	认为社会的发展应该优先于个人的发展。教学侧重发展学生面对社会问题的认知能力、学习解决社会问题的技巧与策略，进而改变个人或团体行为；社会需求大于个人需求，教育是社会重建的工具；不分种族、阶级、性别，为全人类创造更美好的生活环境
4	人文主义	通过为每一位学生提供愉快的学习经验使其自我成长、自我挑战、自我超越以及自我实现
5	科技发展	认为科技是科学和社会的连接体。尊崇教学效率和体系化的课程设计理念，注重课程设计的科学化和程序化，期待学生获得科学设计能力，成为胜任信息科技设备的使用者

① 靳玉乐，罗生全 . 中小学教师的课程取向及其特点 [J]. 课程·教材·教法，2007（4）：3-10.

续表

序号	取向	具 体 描 述
6	生态整合	认为学生应通过课程的学习，维持学科知识、个人与社会之间的平衡。学生在追求个人意义的同时，必须考虑其所处的生态体系以及整个社会的需求

我们参考国内外相关文献，结合信息技术课程的特点，经过专家审查和前期预测，最终修订形成了包含 60 道题目的信息技术教师课程价值取向调查问卷，题目分配如表 5-8 所示。

表 5-8 信息技术教师课程价值取向量表题目分配

课程价值取向	题 数	题 目 分 配
学术理性	10	1、12、16、24、25、35、42、47、53、56
认知过程	10	5、9、17、20、30、31、41、45、51、55
社会重建	10	3、8、14、19、26、33、38、44、52、57
人文主义	10	4、10、15、22、29、32、40、46、54、60
科技发展	10	6、11、18、21、28、34、39、43、49、59
生态整合	10	2、7、13、23、27、36、37、48、50、58

问卷共分为两部分，第一部分是关于信息技术教师的基本信息，主要包括性别、年龄、教龄、学段、学历、区位等维度；第二部分是信息技术教师课程价值取向的调查问卷，采用五点计分法，1 代表最不重要，2 代表不重要，3 代表比较重要，4 代表重要，5 代表最重要。在某一分量表上得分越高，即表明教师在其课程价值取向上的认同度越高。

3. 问卷的信度与效度分析

（1）信度。

信度代表量表的一致性或稳定性，本研究采用 Cronbach's α 系数检验问卷的内部一致性。一份信度理想的量表，其总量表的内部一致性 α 系数至少要在 0.800 以上，α 系数值越高，表明其信度越高，测量误差值越小。本研究问卷 60 道题项的 α 系数为 0.929，各分量表的系数均为

0.771~0.825，这表明该问卷的内部一致性比较好，具有较高的稳定性和可信度。

（2）效度。

本研究所采用的调查问卷是在国内外课程价值取向量表的基础上，确定了六个具体课程价值取向维度，对于具体题项，根据信息技术学科特色进行加工改进，经过专家审查和前期预测后最终修订而成，这样确保了问卷具有良好的内容效度。问卷 KMO 值为 0.908，Bartlett's 球形检验近似卡方值为 9844.608，显著性概率为 $p = 0.000 < 0.05$，适合进行因素分析。各分量表间的相关系数为 0.217~0.556，各分量表与总量表的相关系数为 0.755~0.910。以上结果表明，问卷各维度能较好地反映所要测量的内容，具有良好的结构效度。

4. 信息技术教师课程价值取向的总体状况水平

本研究对信息技术教师课程价值取向的总体状况水平进行了统计分析，对六种课程价值取向得分情况进行了描述性统计，统计结果如表 5-9 所示。信息技术教师在六种课程价值取向上的平均值均大于 2.5，这表明信息技术教师在这六种课程取向上均具有相当程度的认同。信息技术教师对社会重建取向认可度最高，但并不排斥其他五种取向，接着是生态整合、认知过程、人文主义、科技发展等取向。信息技术教师对学术理性取向的认可度在六种课程价值取向中最低。

表 5-9　信息技术教师课程价值取向的总体现状

课程价值取向	平均值（M）	标准差（SD）	排　序
学术理性	3.67	0.40	6
认知过程	3.86	0.56	3
社会重建	4.01	0.51	1
人文主义	3.83	0.59	4
科技发展	3.68	0.40	5
生态整合	3.89	0.55	2

在本次调查中，社会重建和生态整合取向排在前列，这两种取向都注重个体与社会的关系。社会重建取向认为社会需求大于个人需求，生态整

合取向强调学生在追求个人意义的同时，必须考虑其所处的生态体系以及整个社会的需求。可见，信息技术教师倾向于把信息技术课程作为个体进入社会的方法和工具，并没有把人的个性化发展放在第一位。事实上，许多信息技术教师将信息技术课程作为一种工具性课程，认为信息技术是每个学生进入社会时必须具备的技能。排在最后一位的是学术理性取向，这是因为相对于数学、物理等学科，信息技术教师认为信息技术课程本身指向操作性技能，并不太具有系统知识性。相对于社会重建取向，信息技术教师并不太认可信息技术课程的学术取向。

5. 不同性别的信息技术教师课程价值取向差异分析

本研究中对不同性别的信息技术教师的六种课程价值取向进行独立样本 t 检验，结果如表 5-10 所示。检验结果显示不同性别的信息技术教师在不同课程价值取向上不存在着显著差异。女性信息技术教师在除了学术理性外的五种取向上的平均值都要高于男性教师。这表明，在课程价值取向上，女教师比男教师更为认同和重视，对于新理念和新变革可能更注重顺从和响应，男教师则可能较多具有自己不同的观念。

表 5-10 不同性别的信息技术教师课程价值取向的差异分析

课程取向	男 （n=152）		女 （n=196）		t 值
	平均值（M）	标准差（SD）	平均值（M）	标准差（SD）	
学术理性	3.68	0.41	3.65	0.39	0.75
认知过程	3.86	0.58	3.87	0.54	-0.20
社会重建	4.00	0.51	4.02	0.51	-0.27
人文主义	3.82	0.62	3.84	0.57	-0.32
科技发展	3.67	0.41	3.69	0.40	-0.58
生态整合	3.87	0.59	3.91	0.53	-0.67

男女教师在各项课程价值取向上并无显著性差异，而且男女教师的课程价值取向排序基本一致，与整体教师的优先顺序也是基本一致的。这可能与信息技术课程本身有关，信息技术教师普遍将信息技术课程定位为方法和技能，大家在这一点上基本达成了共识；男女教师对于知识、专业、

技能和社会价值观念的获取，已经趋向于普遍化的两性机会平等。

6. 不同年龄的信息技术教师课程价值取向的方差分析

根据对不同年龄的信息技术教师课程价值取向的方差分析结果显示，不同年龄的信息技术教师在除了生态整合取向外的五种取向上都没有显著性差异，结果如表 5-11 所示。通过 LSD 事后多重比较得出，20~30 岁、31~40 岁的信息技术教师在生态整合取向上均显著高于 41 岁及以上的信息技术教师，41 岁及以上的信息技术教师在此取向上的得分显著低于其他教师。这表明年长的信息技术教师对于社会层面的价值取向关注较少，他们的教学理念一旦形成，就很难再发生改变，他们对于新课程理念的接触和认同就更少。

表 5-11　不同年龄的信息技术教师课程价值取向的方差分析

课程取向	20~30 岁 (A) (n=50)		31~40 岁 (B) (n=248)		41 岁及以上 (C) (n=50)		F 值	Post Hoc
	平均值 (M)	标准差 (SD)	平均值 (M)	标准差 (SD)	平均值 (M)	标准差 (SD)		
学术理性	3.66	0.45	3.67	0.39	3.64	0.40	0.21	
认知过程	3.96	0.57	3.86	0.54	3.79	0.61	1.23	
社会重建	3.99	0.61	4.04	0.48	3.90	0.55	1.54	
人文主义	3.99	0.60	3.81	0.59	3.75	0.61	2.31	
科技发展	3.68	0.41	3.69	0.41	3.64	0.37	0.26	
生态整合	3.97	0.63	3.91	0.52	3.71	0.59	3.56*	A>C, B>C

注：* $p < 0.05$

7. 不同教龄的信息技术教师课程价值取向的方差分析

不同教龄的信息技术教师课程价值取向并无显著性差异，如表 5-12 所示，不同教龄的信息技术教师的课程价值取向排序一致，与整体教师的优先顺序也是一致的。

表 5-12　不同教龄的信息技术教师课程价值取向的方差分析

课程取向	1~5 年 (A) (n=44)		6~15 年 (B) (n=207)		16 年及以上 (C) (n=97)		F 值
	平均值 (M)	标准差 (SD)	平均值 (M)	标准差 (SD)	平均值 (M)	标准差 (SD)	
学术理性	3.66	0.40	3.68	0.40	3.63	0.40	0.57
认知过程	3.95	0.61	3.86	0.53	3.84	0.59	0.68
社会重建	4.06	0.54	4.01	0.50	3.99	0.52	0.36
人文主义	4.01	0.59	3.81	0.59	3.79	0.61	2.37
科技发展	3.69	0.40	3.69	0.42	3.65	0.38	0.40
生态整合	4.01	0.60	3.89	0.54	3.83	0.54	1.65

总体来看，1~5 年教龄的信息技术教师对六种课程价值取向的整体认同度最高。这与有关专家提出的"教龄越短，教师对新课程的适应能力越强"的观点较为符合。随着教龄的增长，各取向上的平均得分都有所减少，这也许是由教师的专业发展阶段所决定的。信息技术教师在专业发展的起步阶段会对各价值取向进行积极的探索，随着教龄的不断增加，许多信息技术教师有可能产生职业倦怠，这会削弱其信仰，导致对价值取向的认同感降低。

8. 不同学段的信息技术教师课程价值取向的方差分析

表 5-13 的分析结果表明，不同学段的信息技术教师在课程价值取向上均存在显著差异。通过 LSD 事后多重比较得出，初中信息技术教师与高中和小学信息技术教师在六种价值取向上都存在显著差异。

表 5-13　不同学段的信息技术教师课程价值取向的方差分析

课程取向	小学 (A) (n=104)		初中 (B) (n=111)		高中 (C) (n=133)		F 值	Post Hoc
	平均值 (M)	标准差 (SD)	平均值 (M)	标准差 (SD)	平均值 (M)	标准差 (SD)		
学术理性	3.65	0.41	3.60	0.36	3.74	0.41	4.03 *	C>B

课程取向	小学 （A）（n=104）		初中 （B）（n=111）		高中 （C）（n=133）		F 值	Post Hoc
	平均值 （M）	标准差 （SD）	平均值 （M）	标准差 （SD）	平均值 （M）	标准差 （SD）		
认知过程	3.86	0.57	3.75	0.53	3.97	0.55	4.93**	C>B
社会重建	4.05	0.48	3.91	0.51	4.07	0.53	3.60*	A>B,C>B
人文主义	3.90	0.60	3.71	0.56	3.87	0.61	3.39*	A>B,C>B
科技发展	3.60	0.45	3.65	0.38	3.77	0.37	6.08**	C>A,C>B
生态整合	3.92	0.53	3.78	0.50	3.96	0.60	3.62*	A>B,C>B

注：* $p<0.05$，** $p<0.01$

不同学段的信息技术教师在课程价值取向上均存在显著性差异，这与国外的研究结论有所不同，国外研究表明不同学段的信息技术教师在每一种课程取向上都没有显著性差异。初中信息技术教师在六种价值取向上与高中和小学信息技术教师之间都存在显著性差异，这可能与我国的学制以及信息技术课程整体设计理念有关。考虑到小学生的年龄特征和身心发展特点，小学信息技术教师更加关注学生的兴趣、情感与态度，表现出比初中和高中教师更多的人文主义取向。初中阶段的信息技术教师则显得尤为尴尬，他们的发挥空间有限在六种价值取向上都显著低于小学和高中学段的信息技术教师。在高中阶段，信息技术被国家列为必修课程，因此高中信息技术教师在六种课程价值取向上的得分显著高于初中的信息技术教师。

9. 不同学历的信息技术教师课程价值取向的方差分析

不同学历的信息技术教师课程价值取向的方差分析结果表明，不同学历背景的信息技术教师在学术理性和社会重建取向上存在显著差异，而在其他四种取向上则没有显著性差异，如表5-14所示。通过LSD事后多重比较得出，在学术理性取向上，本科和研究生学历的信息技术教师显著高于大专及以下学历的信息技术教师；在社会重建取向上，本科学历的信息技术教师显著高于大专及以下学历的信息技术教师。

表 5-14　不同学历的信息技术教师课程价值取向的方差分析

课程取向	大专及以下 (A) (n=20)		本科 (B) (n=320)		研究生 (C) (n=8)		F 值	Post Hoc
	平均值 (M)	标准差 (SD)	平均值 (M)	标准差 (SD)	平均值 (M)	标准差 (SD)		
学术理性	3.45	0.36	3.68	0.40	3.78	0.49	3.56*	B>A，C>A
认知过程	3.73	0.63	3.88	0.55	3.76	0.61	0.78	
社会重建	3.76	0.54	4.03	0.50	3.84	0.59	3.20*	B>A
人文主义	3.66	0.71	3.84	0.59	3.83	0.47	0.91	
科技发展	3.60	0.39	3.69	0.40	3.63	0.44	0.57	
生态整合	3.80	0.58	3.90	0.55	3.73	0.49	0.68	

注：* $p < 0.05$

具有本科和研究生学历的信息技术教师在学术理性取向上显著高于大专及以下学历的信息技术教师，这可能是因为高学历的信息技术教师非常关注自己的教学权威，注重培养学生的科学理性，强调学生的全面发展。而大专及以下学历的信息技术教师对于课程的设计更为宽松、相对灵活，他们对于学生的要求可能更自由些。

10. 不同地区的信息技术教师课程价值取向的方差分析

本研究分别对城镇和乡村的信息技术教师的课程价值取向进行了独立样本 t 检验，结果如表 5-15 所示，从中发现二者没有显著性差异。

表 5-15　不同地区的信息技术教师课程价值取向的差异分析

课程取向	城镇 (n=261)		乡村 (n=87)		t 值
	平均值 (M)	标准差 (SD)	平均值 (M)	标准差 (SD)	
学术理性	3.68	0.41	3.64	0.35	0.71
认知过程	3.89	0.55	3.80	0.56	1.30
社会重建	4.01	0.51	4.00	0.51	0.91
人文主义	3.82	0.60	3.83	0.58	−0.52
科技发展	3.68	0.41	3.67	0.38	0.16
生态整合	3.90	0.56	3.87	0.53	0.37

不管是城镇还是乡村地区的信息技术教师在各种课程价值取向上没有显著性差异。目前，随着教育信息化的推广与普及，一般学校都开设了信息技术课程。同时，为了促进教育公平，不少地区都相继实施教师轮岗、教师培训等举措，这对于缩小城乡差距、提升教师水平也起到了重要的作用。

信息技术课程价值是多元的、复杂的，对于它的认识也是在不断加深的，我们基于实践，立足于理论分析，试图使信息技术课程价值体系逐渐清晰化，为信息技术课程的健康、有序发展贡献一分力量。

三、对信息技术课程价值的认识的影响因素

对信息技术课程价值的认识的影响因素是复杂的。对信息技术课程价值的认识受到多方面因素的影响，既有社会背景，也有个体自身因素，还有课程因素等。综合来看，信息技术教师与学生对信息技术课程价值的认识，会受到以下几方面因素的影响。

信息技术教师认识信息技术课程价值受多方面的因素影响。总结起来，这些因素包括社会背景因素、信息技术教师个人因素以及信息技术课程因素等三大方面。社会背景因素主要包括信息技术背景、社会政治文化背景、国家教育政策背景等；信息技术教师个人因素主要包括教师个人的特征、教师的知识、教师的信念等；信息技术课程因素主要包括信息技术课程发展历史、信息技术课程政策文件等。

（1）社会背景因素。

人永远是生活在一定的社会环境中，脱离了社会环境的人，就不能够称为一个完整的人。信息技术教师生活在一定社会背景中，就必然受到这个社会的背景因素的影响。对于信息技术教师来说，社会背景因素主要包括信息技术背景、社会政治文化背景、国家教育政策背景等。

① 信息技术背景。

信息技术课程自然受到信息技术发展的影响与制约。信息技术教师对信息技术课程价值的认识也是随着信息技术课程的发展而发展的。从20世纪80年代的程序设计教学，到如今提出的信息素养教育，信息技术教师逐渐在转变他们的认识，其中非常关键的影响因素就是信息技术的发展与普及。信息技术背景因素包含两个方面，一个方面是信息技术的更新与

发展，另一个方面就是信息技术的普及与应用。

从 20 世纪 80 年代邓小平同志提出"计算机的普及要从娃娃抓起"直至 20 世纪 90 年代前半期，全社会的信息基础设施非常薄弱，家庭和社区里几乎没有任何承担"计算机教育"的设备，学校成了那段历史时期学生可以接触计算机的唯一场所，信息技术课责无旁贷地承担了计算机扫盲教育的历史使命，其课程内容不可避免地以计算机及常用软件操作为主。在那个时代，信息技术教师不可能认识到信息处理作为信息技术课程价值核心的重要性。

随着 2000 年《中小学信息技术课程指导纲要（试行）》的发布，计算机课变成了信息技术课，信息技术课程目标中开始强调信息素养的培养。由于当时信息技术仍然不够普及，一线教学仍以软件操作为主，但已开始拓展、丰富教学内容（如网络技术应用），并开始注意信息问题解决过程和任务驱动。随着其他学科教师信息技术能力的逐步提高，部分信息技术教师开始尝试在学科教学中鼓励学生应用信息技术，并发挥了培养和巩固学生信息素养及信息技术应用能力的作用。尽管如此，在 2005 年之前，大部分小学和部分初中学校仍然没有普及信息技术设备，大多数学科教师的能力不强，那些有条件有能力应用信息技术的教师也多局限于自己使用信息技术辅助教学而不是引导学生应用信息技术开展学习。

信息技术背景因素深刻地影响着信息技术课程价值的发展，在某种程度上也在引导着信息技术教师对信息技术课程价值的认识。无论如何，我们也不可能回避信息技术的发展与普及在教师价值认识中的作用。

② 社会政治文化背景。

任何事物的发展都不是完全封闭、绝对独立的，必然会受到各种因素的影响，既包括历史和现实因素，也包括国内与国际因素。信息技术课程同样存在于这样一个时空之中，它也受到其中诸多因素的影响。具体的社会历史条件下的信息技术课程反映了其中的经济、政治、军事、外交、科教等诸多因素的客观实在性，并且这些因素的发展变化也促使信息技术课程实践进行着相应的演变。

人总是生活在一定的文化范式中，存在于群体中的人就必然受一定文化的影响。信息技术教师作为社会中的人，作为一个独特的群体，其对于信息技术课程价值的认识，就必然受到社会上的政治文化背景的影响。如今的社会，正在受到信息文化、网络文化等文化形态的影响，人们更加追求自由、民主，强调团队合作。在这样的社会政治文化背景下，信息技术教师自然也需要认清信息技术课程在适应社会文化背景方面的价值。

在不同的历史发展阶段，课程价值也一定会有所不同。不管我们是否认识到，也不管我们是否接受，活生生的现实已经摆在了我们的面前，现代人类社会正在迈入一个新的历史阶段，信息社会、网络化时代、全球化时代、知识时代，对于如今的时代，人们似乎给予了许多称呼，但是有一点我们必须要承认，就是如今的时代与以往的时代相比，的的确确发生了深刻的变革。面对如此深刻的社会变革，不仅仅是称呼上的改变，还是政治、经济和文化等全方位的变革。一位伟大的哲人曾经指出：理想的东西都不是现实的；现实的东西都不理想。同样，如今的社会政治、经济和文化也不是绝对理想的，在充满创造性的时代，也不可避免地存在消极的方面。

社会政治、经济和文化背景，在深刻地影响着信息技术教师对信息技术课程价值的认识。

③ 国家教育政策背景。

国家的教育政策是一种有目的、有组织的动态发展过程，是政党、政府等政治实体在一定的历史时期，为实现一定的教育目标和任务而协调教育的内外关系所规定的行动依据与准则。国家的教育政策是一切教育活动和行为的最高规定与取向，所以其对信息技术教师来说也同样具有影响力。

对信息技术教师影响最大的国家教育政策文本就是国家第八次基础教育课程改革的相关政策与理念。国家基础教育课程改革提出改变课程过于注重知识传授的倾向，强调形成积极主动的学习态度，使获得基础知识与基本技能的过程同时成为学会学习和形成正确价值观的过程。改变课程内容"难、繁、偏、旧"和过于注重书本知识的现状，加强课程内容与学生生活以及现代社会和科技发展的联系，关注学生的学习兴趣和经验，精选终身学习必备的基础知识和技能。改变课程实施过于强调接受学习、死记硬背、机械训练的现状，倡导学生主动参与、乐于探究、勤于动手，培养学生收集和处理信息的能力、获取新知识的能力、分析和解决问题的能力以及交流与合作的能力。国家基础教育课程改革提出的如此多的课程改革理念，使信息技术教师对信息技术课程价值的认识也发生了改变。

当然，国家教育政策并不是直接发挥作用，但是它给信息技术教师带来的引领作用必然使得信息技术教师重新认识自身的信念，在信息技术课程价值观念上发生改变。

（2）信息技术课程因素。

信息技术课程有其自身独特的历史发展脉络，其自身也积累了一定的学科知识体系。所以，信息技术课程自身的因素对信息技术教师认识信息技术课程价值也有影响，其中就包括信息技术课程的发展历史以及信息技术课程政策文件等。

① 信息技术课程的发展历史。

任务事物都留有其历史发展的痕迹，信息技术课程也不例外。从最初的计算机选修课，到如今的信息技术必修课，我国的信息技术课程已经走过 30 多年的发展历程。对于其他课程来说，30 多年的发展历程虽然并不长，但这 30 多年的发展历史已经对信息技术教师产生了影响。信息技术课程在发展历程中的积淀，影响着信息技术教师的认识与行为。教师的教学认识以及教学行为在很大程度上会受成熟教师的影响。信息技术课程的发展过程中，其课程价值经历了几次大的变革，大部分信息技术教师无法始终追寻最先进的课程价值取向，仍然停留在某个阶段。例如，20 世纪八九十年代的信息技术教师，由于受到程序设计是第二文化的影响，经历了十余年的信息技术课程教学，很难接受目前所倡导的信息素养理论，仍然强调程序设计对于学生的发展价值；很多信息技术教师经历了计算机工具论阶段，经历了软件操作为主的教学，存在着什么实用教什么的技术理性思维。任何人都是带有一定历史痕迹的人，任何事物本身都有一定的历史发展过程。信息技术教师对信息技术课程价值的认识必然要受到信息技术课程发展历史的影响。

② 信息技术课程政策文件。

信息技术课程政策文件承载着信息技术课程价值。但是文本的课程价值在某种程度上是理想的价值，实际上每位信息技术教师对信息技术课程价值的认识与理解不尽相同。即使文本的课程价值与教师理解的价值不尽相同，文本的课程价值却是教师理解信息技术课程价值的一个蓝本。自从

1984 年我国发布了第一个信息技术课程政策文件，其所规定的以程序设计为主的课程价值观念，一直影响着信息技术教师队伍。2003 年公布的《普通高中技术课程标准（实验）》（信息技术部分）中提出了提升学生信息素养的课程价值，动摇了以往信息技术教师只注重教授信息技术工具，而不注重信息处理过程的价值认识。可以说，在一个政策文件背后，都有一个信息技术教师逐渐理解、消化课程价值的过程，然后才是在课程实践中真正践行课程价值。人们对信息技术课程价值的认识首先的来源就是课程的政策文件。

（3）信息技术教师个人因素。

信息技术教师个人因素主要包括教师的个人特征、教师的知识、教师的信念等。图 5-9 所示是信息技术教师对信息技术课程价值的认识的来源。

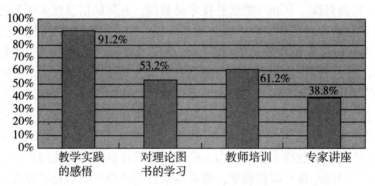

图 5-9　信息技术教师对信息技术课程价值的认识的来源

信息技术教师的个人特征主要包括年龄、性别、学历等。从目前来看，年龄大的信息技术教师由于经历了程序设计教学，一般倾向于教授程序设计内容，而年龄小的信息技术教师则更倾向于教授应用软件。从学历上来说，越是学历高的信息技术教师，越倾向于学科本位。小学信息技术教师普遍学历较低，没有经过系统的信息技术科班学习，他们没有按照学科本位进行教学的意愿。从性别上来说，一般是男性教师更喜欢教授一些具有知识深度的教学内容。

信息技术教师的知识包括学科专业知识、学科教学法知识等。学科专业知识直接影响着信息技术教师的价值认识取向。学科专业知识丰富的信息技术教师能够较好地把握信息技术课程的目标与内容，准确地理解课程价值所在，从而能够在实践中真正地落实价值目标。学科教学法知识则直接关系着信息技术教师是否能够有效地进行教学设计和实施，这也会影响信息技术教师对信息技术课程价值的认识。

信息技术教师的信念主要包括关于课程的信念、关于学生的信念、关于教学的信念和关于自我的信念。从教学实践的层面来看，教师信念是课程决策的基础和内在依据。教师在课程发展与实施过程中对课程目标、课程内容、课程资源、课程评价等做出的判断和选择都深受教师所秉持的信念的影响。帕哈雷斯（Pajares）提出，影响教师实践的最本质因素并非教师所拥有的学科知识和教学法知识，而是他们所具有的对教学、对学生、对知识的根本信念。此外，俞国良和辛自强也把教师信念视为影响教师决策和行为的重要因素。相应地，教育行为不仅是对教育观念的反映与应用，同时也有助于促进教育观念的理解与内化。因此，一方面，教师的信念影响着教师课程决策的实践，教师所做的课程决策，能反映出教师的信念状况；另一方面，良好的课程决策实践，有助于教师强化或转变已有的某种信念，二者彼此联系，相互作用。

对信息技术课程价值的认识有着复杂的影响因素，由于主体自身特点以及客体属性的不同，人们总是面对着不同的认识。每个人由于个人的因素和倾向，对信息技术课程价值的认识是不同的。本研究只是试图通过绝大多数信息技术教师和学生对信息技术课程价值的认识的共同性，总结出其中的一些规律和特点。实际上，每个人由于自身的理解和信念，会对信息技术课程价值加以选择，并且在实践中实现自己理解和选择的课程价值。

第六章 信息技术课程价值实现

信息技术课程价值研究的最终归宿在于价值的实现。如同其他任何一种客体的价值运动过程一样，信息技术课程主体认识价值、创造价值，终极目的是实现价值。价值实现是信息技术课程价值运动中最有意义的环节，它是一次价值活动的终点，也是另一次价值活动的起点。本章将从信息技术课程价值实现的内涵出发，深度分析信息技术课程价值实现的困境，进而提出信息技术课程价值实现的宏观机制和微观机制。

一、信息技术课程价值实现的内涵

（一）信息技术课程价值实现的本质

价值不同于价值实现，人们活动的最终归宿不在于价值本身而在于价值的实现。人们活动的最终目的不是认识价值，同样也不是创造价值，而是实现价值或享用价值。[①] 研究信息技术课程的价值，如果只是分析信息技术课程价值的一般理论和基础内容是远远不够的。信息技术课程价值的静态研究是从应然角度对价值的分析，仅仅揭示了它的可能性或应然。如

---

① 王智. 价值与价值实现 [J]. 西南民族大学学报（人文社会版），2005（12）：314-316.

果不能进一步探悉信息技术课程价值的实现问题，将信息技术的价值付诸实践，便无法真正满足信息技术课程主体的价值需求，信息技术课程的价值研究也就失去了现实意义。那么，就如同一幅绘画落在了不懂得欣赏它的人手里、一本书放在图书馆一个废弃的角落里一样，它们就只有潜在价值，而不能转化为现实价值。

价值实现研究是将信息技术课程的价值研究从应然范围转入实然领域，从静态分析转入动态观察。因此，信息技术课程的价值实现离不开信息技术课程的社会实践，是在社会实践中形成的。信息技术课程的价值实现必须在信息技术课程的运行中去把握，最终通过信息技术课程的运行完成其内在价值，满足信息技术课程的外在价值，达到信息技术课程的价值主体与客体之间的统一。

价值实现的界定要依赖于对价值概念的理解。袁贵仁认为，价值的实现，从价值主体的角度看，就是价值客体的主体化的过程。所谓潜在价值，是"客体的潜能或潜在的待开发的价值，即客观事物中潜藏的未被认识、利用的可能的价值"[1]，现实价值是已经显现的价值。潜在价值向现实价值的转化有赖于人的实践。李德顺认为，所谓价值实现，是指潜在的价值转变为现实价值的过程。价值实现的标志是主体需要得到满足，即客体所具有的能满足主体需要的属性现实地对主体产生作用，而使主体获得某种满足。[2] 价值实现是人的认识、实践的必然结果。同时，人的认识、实践是价值实现的基础和条件。价值实现的过程也是价值关系运动的过程，通过对这一过程的深入分析，可以明确价值是如何实现的。

信息技术课程价值的实现，是指由于信息技术课程的认识和实践活动，使得信息技术课程现实地满足信息技术课程价值主体的需要。信息技术课程价值的实现，是信息技术课程实践的最终目的。信息技术课程满足了作为社会的共同利益和共同需要，这就是信息技术课程的社会价值的实现。信息技术满足了学生个体的需要并引发了他们的发展，这就是信息技术课程个人价值的实现。其中，信息技术课程社会价值的实现是以个人价值的实现为前提的。

① 李德顺. 价值学大辞典 [M]. 北京：中国人民大学出版社，1993：552.
② 李德顺. 价值学大辞典 [M]. 北京：中国人民大学出版社，1993：552.

信息技术课程都有其预设的价值，这就是信息技术课程的潜在价值。潜在价值不等于没有价值，通过有效的课程实践，经历了信息技术教师与学生有效的对话和交流之后，知识、技能被学生接受，促进学生的智力、能力得到发展，情感得到培养，那么潜在的价值就可以转化为现实的价值，从而真正地达到信息技术课程价值的实现。从这个意义上说，信息技术课程实践的过程就是努力把潜在价值转化为现实价值的过程。把信息技术课程价值实现置于整个信息技术课程活动当中就会发现，它既是课程活动的一个结果、一个终点，同时又是进一步的课程实践的起点，是对信息技术课程价值新的需要满足的开始。因此，信息技术课程价值的实现并不是在某一刻突然发生的，而是在不断地发生，不断地开始，是在满足了一个需要以后，又开始新的需要满足的反复过程中进行着的。这是因为信息技术课程的属性是多方面、多层次的，可以从不同的角度满足主体的不同需要，一次信息技术课程活动后，信息技术课程的某种属性和功能满足了学生个体的某种需要，便是一次课程价值的实现。因此，信息技术课程的价值就是在需要—满足需要—新的需要这样一个不断循环往复、螺旋上升的过程中实现的。

（二）信息技术课程价值实现的影响因素

应该说，一切与信息技术课程有关的因素，都是影响信息技术课程价值实现的因素。本研究从课堂教学入手，从信息技术课程价值的主、客体关系出发，探讨影响信息技术课程价值实现的内部因素。

1. 价值主体因素

这里所探讨的信息技术课程的价值主体主要是指学生。信息技术课程价值关系中的主体与其他社会关系中的主体有明显的区别，这种区别在于信息技术课程价值关系中的学生主体在身心等方面都表现出不成熟的特点，他们尚不能真正地了解其自身真正的需要，需要教师以及其他教育工作者的引导。信息技术课程价值关系中的主体具有一定的特殊性。一般认为，影响信息技术课程价值的主体因素主要有五个方面：利益、需要、知识结构、能力、情感与意志。①

---

① 王玉樑. 价值哲学新探 ［M］. 西安：陕西人民教育出版社，2000：51–60.

主体需要是影响价值的重要因素，凡是主体需要的东西，主体就会认为是有价值的；反之，主体不需要的东西，主体就会认为是无价值的。需要产生于主体自身的结构规定性和主体同周围世界的不可分割的联系。主体的需要，不管是否为主体所意识，都必然会成为主体活动的真实目的。所以，需要是主体的内在因素、内在尺度，是主体活动的内在动力和出发点。

主体利益是最主要的内在根源，需要只是价值形成过程中的一个中介，能否促进主体的生存、发展、完善才是主体的根本利益所在，所以价值决定于主体的根本利益。

一定的知识结构只是形成主体价值的条件，是否具有价值意识才是最重要的，但是仅仅有价值意识还不够，还需要具备一定的能力，才能够掌握客体的规律。此外，要控制、操作客体，使客体的属性和功能发挥出来，并尽量避免产生消极的效应。能力不仅内在地显示着、实现着，同时也制约着活的主体本身，而且制约着主体对客体的作用。能力从主体方面规定着实践—认识活动的范围、方向和方式，主体以实践的或认识的、物质的或观念的能力，在对象和对象变化中"能动地、现实地复现自己，从而在他所创造的世界中直观自己"，显示自己的"本质的力量"，使主体的内在尺度外在地成为客体变化的尺度。①

情感与意志作为主体心理结构中的非理性因素，在主体价值活动中具有重要作用。

2. 客体因素

就信息技术课程价值关系来说，其客体就是信息技术课程。所以，信息技术课程价值实现中的客体因素就是信息技术课程自身，在教学实际中就表现为信息技术课程目标（课程标准）、信息技术教材以及信息技术教学内容等。它们既包括文件课程，也包括经验课程等，这些都直接作用到学习者身上，是学习者直接感受到的信息技术课程。作为客体的信息技术课程主要受到以下几个方面因素的影响。

信息技术课程指导思想主要从宏观上确定信息技术课程的性质以及学生信息技术能力方面发展的主要理念。不同的信息技术课程指导思想，自

① 李德顺．价值学 [M]．第 2 版．北京：中国人民大学出版社，2005：77.

然会对信息技术课程价值的选择与实现产生不同的影响，同时也会对信息技术课程的实践产生影响。

信息技术课程的目标、内容与经验是信息技术课程的基本要素，这几个基本要素自身的合理性以及它们之间的相互关系是影响信息技术课程价值实现的重要因素。这主要涉及信息技术课程价值目标能否真正反映主体的需要，尤其能否真正反映信息技术的特定学习者的需要，以及能否体现对学习者努力和创造的可能与期待；课程内容和经验是否从学习者的特定生活背景出发，反映出"儿童的生活""儿童的文化"，能否具有激发学生兴趣的潜质，是否具有操作、探究的可能等。

信息技术课程的结构是指信息技术课程中诸多要素的组织形式及其特征。每一门课程都有其结构，课程的结构直接决定课程的类型。不同的信息技术课程结构对信息技术课程价值实现的影响主要表现在：从本质上说，一定的结构是关于学生、知识、经验、教学等诸多方面观念的反映，不同的结构，尤其是差异较大的结构，其包含的课程价值也是有很大差异的。

3. 中介因素

价值活动总是要通过一定的中介才能够实现。信息技术课程价值活动也一样存在着中介因素。虞永平将学前课程价值的中介因素分为两类：一类称为技术性中介因素，另一类称为环境性中介因素。[①] 笔者认为，将其迁移到信息技术课程中来也是适用的。

技术性中介因素主要是指信息技术课程价值得以选择、展开或发挥而不可或缺的以人的能力、技术为标志的因素。在这里，需要特别强调的是教师的作用。因为从价值的主、客体的关系来看，信息技术教师相比信息技术课程专家、信息技术教材编写者等，其作用更为直接，也更为显著、更为关键。将信息技术教师作为中介因素，不等于信息技术教师的作用不重要，相反，信息技术教师是信息技术课程活动的设计者、组织者、实施者。信息技术教师作为课程实施层面的课程开发者，其决策能力、教学能力等直接影响着信息技术课程价值实现的程度。

环境性中介因素是指除了课程、学生、教师以外的其他影响因素。环

① 虞永平. 学前课程价值论［M］. 南京：江苏教育出版社，2002：186.

境性中介因素影响着信息技术课程价值的实现。比如，教育督导可以检验教学质量，引导教学实践等。还比如，学校里的文化氛围直接影响着教师的课程决策取向等，也必然影响着信息技术课程价值的实现。

二、信息技术课程价值实现的现实困境

信息技术课程价值实现是一个动态的过程，是从应然价值目标到实然价值目标的一种转化。目前信息技术课程价值实现的现状如何呢？厘清信息技术课程价值实现的现状，会使我们进一步提出信息技术课程价值实现的机制，从而使信息技术课程价值得以更好地实现。

（一）从信息技术教师和学生的角度来看信息技术课程价值实现的现实状况

我们首先应从信息技术教师和学生的视角来看信息技术课程价值实现的现实状况，这是因为他们是信息技术课程价值实现的主体。信息技术教师作为信息技术课程价值内容选择的主体，具有信息技术课程价值选择与实践的主动权。学生是信息技术课程价值最主要的主体。信息技术教师和学生眼里的信息技术课程价值实现的现实状况在某种程度上直接代表了信息技术课程价值实现的程度。

1. 学生对信息技术课程价值实现的看法

为了解学生对信息技术课程价值实现的看法，笔者进行了问卷调查，从学生对信息技术课程的各个方面表现的看法中了解其对价值实现的看法。调查问卷中的第 12 题、第 13 题、第 14 题、第 16 题、第 21 题、第 27 题就是学生对信息技术课程价值实现各个方面的看法，统计结果如表 6-1 所示。[①] 具体问卷内容见附录。

---

① 具体题目内容与选项可以参考附录二。

表 6-1　学生对信息技术课程价值实现的看法

	A（%）	B（%）	C（%）	D（%）	E（%）
第 12 题	41.0	41.3	14.6	1.5	1.5
第 13 题	22.2	36.6	30.9	8.4	1.8
第 14 题	39.3	49.9	9.9	0.8	—
第 16 题	35.5	42.7	17.6	3.0	1.2
第 21 题	12.4	15.1	20.3	21.8	30.3
第 27 题	50.3	32.9	13.6	1.7	1.5

从表 6-1 可以看出，学生学习信息技术感觉轻松和比较轻松的比例分别为 41.0% 和 41.3%。绝大多数学生对信息技术课程的学习并没有感到有太大的困难。从学生的学习感受来看，信息技术课程算是一门比较轻松的学科课程。但是，从对信息技术课堂的感受来看，虽然有 39.3% 的学生认为生动，却仍然有 49.9% 的学生认为信息技术课程一般，可以看出学生对信息技术课堂教学效果存在着一定的否定态度。信息技术课程与生活实际的相关程度并不是特别理想，有 22.2% 的学生认为二者的联系非常紧密，有 36.6% 的学生认为比较紧密，仍然有 30.9% 的学生认为一般。虽然信息技术课程强调与学生生活的紧密联系，实际上效果并不理想。另外，关于学生对信息技术教师教学的评价，50.3% 的学生认为信息技术教师的课上得非常好。

2. 信息技术教师对信息技术课程价值实现现实状况的看法

关于信息技术教师对信息技术课程价值实现的看法，我们主要从信息技术教师对信息技术课程实施问题的认识着手进行了解。我们设定了 13 个问题，让信息技术教师根据严重程度来进行选择，将严重程度"很不严重、不严重、严重、非常严重"分别赋值为"1、2、3、4"，然后对不同学段信息技术教师进行差异检验。具体结果如表 6-2 和图 6-1 所示。

表6-2　不同学段信息技术教师对信息技术课程实施问题的认识

		人　数	满分值	平均分	标准差	标准误	差异检验
T1 信息技术课时数不太够	小学	79	4	2.52	0.998	0.112	F = 0.417 Sig. = 0.660>0.05
	初中	101	4	2.64	0.890	0.089	
	高中	71	4	2.55	1.011	0.120	
	Total	251	4	2.58	0.958	0.060	
T2 学生的学习兴趣不高	小学	79	4	1.90	0.914	0.103	F = 7.250 Sig. = 0.001<0.05
	初中	101	4	2.23	0.760	0.076	
	高中	71	4	2.41	0.855	0.101	
	Total	251	4	2.18	0.859	0.054	
T3 学生的信息技术能力参差不齐	小学	79	4	2.89	0.800	0.090	F = 0.206 Sig. = 0.814>0.05
	初中	101	4	2.95	0.698	0.069	
	高中	71	4	2.89	0.838	0.099	
	Total	251	4	2.91	0.770	0.049	
T4 授课内容因教学者不同而有差异	小学	79	4	2.27	0.828	0.093	F = 0.029 Sig. = 0.972>0.05
	初中	101	4	2.28	0.750	0.075	
	高中	71	4	2.30	0.725	0.086	
	Total	251	4	2.28	0.765	0.048	
T5 年级间的课程内容未能适当衔接	小学	79	4	2.29	0.787	0.089	F = 1.448 Sig. = 0.237>0.05
	初中	101	4	2.50	0.820	0.082	
	高中	71	4	2.48	0.969	0.115	
	Total	251	4	2.43	0.856	0.054	
T6 教师的专业知识不足	小学	79	4	2.13	0.925	0.104	F = 3.181 Sig. = 0.043<0.05
	初中	101	4	2.32	0.747	0.074	
	高中	71	4	2.00	0.828	0.098	
	Total	251	4	2.17	0.837	0.053	

续表

		人 数	满分值	平均分	标准差	标准误	差异检验
T7 缺乏适当的学习评价方式	小学	79	4	2.48	0.904	0.102	F = 1.941 Sig. = 0.392>0.05
	初中	101	4	2.63	0.628	0.062	
	高中	71	4	2.54	0.753	0.089	
	Total	251	4	2.56	0.759	0.048	
T8 上课时无法一人一机	小学	79	4	2.62	1.158	0.130	F = 8.197 Sig. = 0.000<0.05
	初中	101	4	2.37	1.027	0.102	
	高中	71	4	1.93	0.961	0.114	
	Total	251	4	2.32	1.082	0.068	
T9 信息技术教室的计算机老旧、性能不好	小学	79	4	2.96	1.006	0.113	F = 5.359 Sig. = 0.005<0.05
	初中	101	4	2.70	1.082	0.108	
	高中	71	4	2.39	1.089	0.129	
	Total	251	4	2.70	1.079	0.068	
T10 上课所需的设备（如打印机等）不足	小学	79	4	2.97	0.974	0.110	F = 2.463 Sig. = 0.087>0.05
	初中	101	4	2.85	0.921	0.092	
	高中	71	4	2.63	0.960	0.114	
	Total	251	4	2.83	0.954	0.060	
T11 缺乏经费购置授课所需的软件	小学	79	4	2.73	0.996	0.112	F = 2.668 Sig. = 0.071>0.05
	初中	101	4	2.80	0.906	0.090	
	高中	71	4	2.46	1.026	0.122	
	Total	251	4	2.69	0.976	0.062	

续表

		人　数	满分值	平均分	标准差	标准误	差异检验
T12 上课时计算机网络常出状况	小学	79	4	2.56	1.010	0.114	F = 3.766 Sig. = 0.024<0.05
	初中	101	4	2.59	0.851	0.085	
	高中	71	4	2.23	0.913	0.108	
	Total	251	4	2.48	0.931	0.059	
T13 校长等领导不重视信息技术课程	小学	79	4	2.30	0.952	0.107	F = 4.854 Sig. = 0.009<0.05
	初中	101	4	2.56	0.994	0.099	
	高中	71	4	2.80	0.995	0.118	
	Total	251	4	2.55	0.996	0.063	

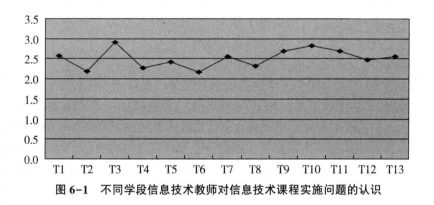

图6-1　不同学段信息技术教师对信息技术课程实施问题的认识

　　信息技术课程实施过程中，学生的信息技术水平参差不齐等因素是最大的影响因素，设备不够等三项是影响信息技术课程实施的较大因素，校长等领导不重视等因素也是信息技术课程实施中非常关键的影响因素。

　　对于不同的影响因素，各个学段的信息技术教师持有不同的看法。在对以上13项困难进行差异检验发现，随着学段增高，学生的学习兴趣不高逐渐成为影响课程实施的困难之一。这说明越是高学段，学生的学习兴趣越低。对教师的专业知识不足是课程实施中的困难的看法，也随学段的不同而有所差异。就平均值来看，初中信息技术教师认为专业知识不足的困难最大，小学信息技术教师次之，高中信息技术教师对于专业知识不足的困难度的认知最低，这说明高中信息技术教师的专业知识储备是最充足的。在设备方面，小学和初中信息技术教师认为设备不完善的困难更大，高中由于会考以及资金充沛等原因，在这方面比小学和初中更好一些。在学校领导重视方面，学段越高，其信息技术教师认为学校领导的重视程度越低。这主要是因为越到高学段，升学的压力就越大，自然信息技术课便得不到领导的重视。小学没有升学压力，受到领导不重视因素影响的比例就小一些。

（二）信息技术课程价值实现的宏观外在困境

1. "只见技术不见人"——信息技术课程价值失衡

"只见技术不见人"是信息技术课程价值实现中存在的最大问题。信息技术课程价值体系应该注重科学价值与人文价值的并重，但由于认识的偏差，信息技术课程价值实现中存在着严重的价值失衡，导致科学价值占的比重过大，覆盖了人文价值应有的地位。

（1）"只见技术不见人"的困境。

在 2000 年的全国中小学信息技术教育工作会议中，将计算机课程正式改名为信息技术课程。2003 年颁布的《普通高中技术课程标准（实验）》（信息技术部分）正式确立了信息技术课程在国家课程体系中的地位。从计算机课程走向信息技术课程，课程的理念与内涵已经发生了质的飞跃，信息技术课程已经从单纯的信息技术技能训练上升为全面的信息素养的培养。从计算机课程走来，信息技术课程面临着从内在理念到外在方法的全面转型。但是，从我国的信息技术课程价值实现现状来看，存在着过度技术化取向的问题，信息技术课程的目标、内容、实施、评价等基本环节都过于倾向于"技术"。过度技术化取向一直受到有关专家和学者的质疑。董玉琦认为，所谓的"只见技术不见人"，其典型教学场面为：教师就某一应用软件的功能从头到尾详细介绍、演示一番，然后再要求学生仔仔细细地从头到尾操练一遍。[①] 朱彩兰等人将这种现象称为"技能化倾

---

① 董玉琦. 信息教育课程设计原理：要因与取向 [D]. 长春：东北师范大学，2003：65.

向"，其主要表现为崇尚"工具主义""技术至上"，以简单技术的掌握为第一要义，重视离散的、孤立的技能训练，相对忽视学生的能力发展和提高及健康的情感与态度的养成等。[①] 信息技术课程价值实现的过度技术化取向的实然存在由此可见一斑。脱胎于计算机课程的信息技术课程，由于自身历史的积淀，以及缺乏成熟的经验可资借鉴，人们对信息技术课程的认识一直停留在简单理解的层面，导致了技术教育物质化。同时，技术理性膨胀导致技术与人文的深度割裂映射到信息技术课程，越发助长了技术至上思想的强势，因而操作性技能被过分强化，非操作性知识、情感逐渐被弱化、舍弃，于是技能训练变成信息技术课程的全部，文化素养教育在信息技术课程中得不到应有的关注，导致技术训练与文化素养教育成为现实的矛盾，出现了"学生喜欢上机但不喜欢信息技术课程"的普遍现象。

"只见技术不见人"的现象表明信息技术课程价值实现中出现了价值主体的失落，在信息技术课程价值实现的实践中本应该作为核心的主体却被边缘化了。信息技术本身应该是为人服务的，信息技术课程价值体系中"人"才是一切活动的主体。但是在信息技术课程价值实现的实践中，信息技术却反客为主，成为信息技术课程价值活动的主体。信息技术课程中的功利主义思想盛行，使得人们迷失于技术的训练中。信息技术课程在将人训练成技术的附属，而不是回归人的世界和人的价值。尼采的"重估一切价值"警醒世人要重新找回个人的主体地位，而"回归生活世界"是胡塞尔的振臂高呼。在信息技术课程价值实现过程中，受教育者成了被加工和改造的对象，被信息技术的知识和技能奴化了。信息技术课程价值活动中的主体与客体既是对立的，也是统一的，它们是同时产生、同步发展的，有时也会相互转化。如果一味强调信息技术知识与技能训练，则会使学生处于客体地位，成为实践的对象，信息技术则成为用来改造学生的工具，教育由此沦落为一种手段，学生的发展变成一种知识或技能上量的积累，信息技术教育就此成为一种信息技术培训。

信息技术课程的过度技术化取向并不利于信息技术课程的发展，其所代表的技术取向价值并不能完全代表信息技术课程全面的价值体系。过度

---

① 朱彩兰，李艺. 信息技术课程技能化倾向原因分析与对策研究 [J]. 教育探索，2005（3）：20-23.

技术化取向的信息技术课程价值，也使信息技术课程的地位受到了质疑。

（2）过度技术化取向的课例分析。

用 Excel 制作统计图

本节课的内容是"用 Excel 制作统计图"。本节课主要是让学生掌握利用"图表向导"制作统计图的基本方法；知道几种常用图表的特点；学会利用图表进行简单的数据分析；培养学生分析问题的能力。本节内容的教授对象为七年级的学生，在此之前，学生对 Excel 所涉及的基本概念已经有了初步的了解和认识，并掌握了 Excel 的基本操作，这节课是在此基础上进一步学习掌握运用"图表向导"制作统计图，并理解利用图表进行问题分析的作用和意义。

本节课想要达成以下教学目标。

知识与技能：能够运用"图表向导"制作统计图；能够根据实际需要在柱形图、饼图、折线图中选择合适的图表类型；能够根据图表进行简单的数据分析。

过程与方法：设计循序渐进的问题，让学生通过尝试去解决，使学生逐渐增加成就感与自信心，从而增强学生自主探究学习的勇气和意识；通过比较不同图表类型的用途及特点，体验使用图表表达数据的过程，理解用图表显示分析结果的优越性；培养学生能够运用统计图表表示、分析及表达数据的能力。

情感态度与价值观：通过对学生进行探究学习和分析问题能力的培养，使其逐渐形成在社会活动中积极主动地学习和使用信息技术的意识，以及形成良好的信息活动态度。

教学过程如下。

1. 新课导入（2 分钟）

结合 PowerPoint 演示文稿和相应的统计图，通过生活中各种各样的统计图应用图片引出本课主题。教师向学生展示一组图片，包括 9 月 23 日参观上海世博会的人数统计、股票、学生喜欢的体育运动统计、2010 年超级男声的人气指数、长春天气情况。通过分析这组图片的一个共同的特点——都是用来统计复杂数据的，来引出学习主题——用 Excel 制作统计图。

2. 新授讲解（18分钟）

（1）结合世博会第一个月统计的最热门场馆的前十名，比较其中的数据，找出哪个国家人气指数最高。通过数据表格和统计图形的对比，让学生感受统计图表示数据的优越性。教师总结"用统计图来表示数据，非常直观"。

（2）请一名学生手绘统计图，然后师生共同总结出画统计图的步骤。首先选择图表类型为条形图，然后绘制直角坐标系，横轴代表国家，纵轴代表数值。接下来根据具体数值绘制条形，最后补充图表各选项，如图表标题及图形上对应的数值。然后总结出手绘统计图的缺点，通过手绘与 Excel 绘制对比凸显 Excel 制作统计图的优越性。

（3）教师讲解怎样制作统计图。

第一步，选择图表类型。这与手绘统计图的步骤是一样的。我们在初中阶段主要接触哪几种图表类型？在 Excel 中条形统计图分成柱形统计图和条形统计图，柱形是纵向的，条形是横向的。扇形图在这里叫饼图，右侧还有相应的子图表类型，我们可以根据不同的需要，选择不同的子图表类型。

第二步，选择数据区域。手绘时我们用大脑分析数据，现在要在选中数据的前提下，利用计算机分析数据。

第三步，补充图表选项，填好图表标题。怎样在对应的柱形上显示数值？将数据标志前的复选框选中，出现一个对号即可。

第四步，选择图表位置。有两种插入图表的形式，一种是作为新的工作表插入，另一种是系统默认的，我们可以根据需要来选择。

第五步，当我们对做出的统计图不满意时，可以修改，也可以删除重做。怎么删除呢？选中图表按 Delete 键。

（4）学生练习如何制作统计图。教师总结学生制作过程中出现的问题，为进一步学习做好铺垫。

3. 深入讲解（5分钟）

通过学生的练习，师生共同总结柱形图、折线图、饼图的差异。

4. 综合练习（18分钟）

教师给出一组数据，让学生选择出最恰当的统计图进行表达。综合练习中有三个选题，分别是关于手机、上网、近视的，请同学们以小组为单位选择，然后进行汇报。统计图和汇报内容各占 50 分。

5. 总结本课（2 分钟）

教师引导学生总结本节课学习的制作统计图的步骤。

通过上面展示的课例可以看出，其信息技术课程价值实现中确实存在着一些问题。

① 信息技术教师没有把握住信息技术课程的本质。从本节课教学目标的表述中就可以看出，信息技术教师并不明确本节课该有的课程目标。信息技术教师将"设计循序渐进的问题，让学生通过尝试去解决，使学生逐渐增加成就感与自信心，从而增强学生自主探究学习的勇气和意识"列为过程与方法目标体系中的一条，但是这条教学目标应该属于情感态度与价值观体系中的目标。而且从整节课来看，虽然信息技术教师将此条作为教学目标，但是在实际的教学实践活动中，并没有很好地将此目标贯彻和落实下去。从对课程目标的表述我们可以看出，信息技术教师对信息技术课程的本质仍然是模糊和混乱的，没有真正地理解信息处理的过程与方法。在所有的课程目标体系中，信息技术教师最清晰了解的仍然是信息技术知识与技能，这也是信息技术教师在教学实践中最为关注的内容。

② 信息技术课程价值实现的技术化取向。从整节课的设计来看，信息技术教师试图充分调动学生的积极性，让学生自主探究，基本不讲解或很少讲解。本节课的内容处理仍然呈现出技术取向，教师试图通过活动来冲淡技术取向的味道。用 Excel 制作统计图，其实就是一种信息处理和呈现的方式，将表格信息转化成统计图，就是信息的转化过程，用统计图的方式来呈现信息，比表格更为直观。信息技术教师对此进行了大量的工作，包括对不同形式的 Excel 统计图的特点进行比较。但是该课一直没有从信息处理的角度来看待 Excel 统计图，始终是从技术操作的角度来引导学生。整节课把重点放在如何制作 Excel 统计图上，而本节课应有的重点——使用 Excel 统计图进行信息的转化和呈现的内容没有着重点出来。

③ 信息技术课堂的效率与效益问题。该节课采取了大量的实际案例，在实际教学中试图引导学生自主进行探究，很多环节都让学生自己进行设计和讨论，从课堂效率的角度来说，此举并没有取得应有的效果。很多学生并没有积极地参与到互动中来，仍然是少数人在唱主角，缺少了全体学

生的响应与互动。此外，大量的课堂互动和练习浪费了课堂有效时间。为了赶教学进度，信息技术教师在课堂互动环节没能让学生真正地深入互动起来，给人的感觉是蜻蜓点水一般，没有达到应有的互动效果。对于本节课来说，应该放弃一些无关重要的互动环节，强化那些真正能够发挥效力的互动环节。

2. 信息技术课程价值的超载

信息技术课程价值实现不单单存在着信息技术价值的失衡问题，价值超载也已成为一种实现困境。价值超载就是无限地夸大信息技术课程的价值，使信息技术课程价值泛化。泛化后的信息技术课程价值体系会使信息技术课程成为一门"全能型"的课程，似乎所有的能力都能够在信息技术课程中培养，所有的教育问题都可以通过信息技术课程得以解决。信息技术课程价值的泛化会使得其本原价值或者核心价值淹没于其中并且淡化。信息技术课程能够从无到有，"顽强地"存在于课程体系中，就是在于其对于社会发展和人的发展有着独特的价值。信息技术课程价值的超载，主要是体现在为了达成信息技术课程的三维课程目标，往往将某些方面加大，赋予其不应该具有的价值或者过分地强调某种价值。例如，某位信息技术教师就是为了要突出爱国教育价值而在教学案例中单独设立了一个部分来进行爱国教育，结果与整体的教学过程并没有太大的关联，反而显得不伦不类，没有达到应有的效果，使得该部分在整节课中显得有些画蛇添足，详见下面的"网络搜索技巧"课例的最后一部分。

拓展任务

师：请同学们以小组为单位，共同完成"中国第一台类人型机器人"调查表，如图 6-2 所示。教师展示每组同学完成的调查表，着重强调表中最后一项"获取以上信息网址"，让同学们意识到知识产权和网络道德的重要性。

师：同学们现在已经了解了我国类人型机器人的发展情况，让我们看一看世界上先进类人型机器人的发展情况。

（学生观看视频。）

师：同学们有什么感想啊？

（通过视频让学生切身体会到我国科技还是处于落后阶段，提高学生的爱国主义精神。)

小组协作，共同完成调查表	
中国第一台类人型机器人	
组别	第　　组
研制成功时间	
研制机构	
机器人的名字	
实现功能	
图片	
获取以上信息网址	

图 6-2

这本来是一节掌握简单的"网络搜索技巧"的常规课，前面信息技术教师已经通过两个具体实例，让学生掌握了简单的网络搜索技巧，切身感受到搜索技巧有助于提高网络搜索的效率与准确性，为"正确地加工、处理信息"打下了坚实的基础。但是，为了进一步提高本节课的思想境界，该信息技术教师设计了一个扩展任务，试图通过我国与国际机器人发展状况的比较，使学生认识到差距，激发学生的爱国热情。这就是明显的价值超载现象，为强行达成本来不应该有或不需要有的价值，增加了相关内容，课程价值就显得有些冗余。

（三）信息技术课程价值实现的内在困境

信息技术课程价值实现的宏观外在表现，其实都是源于其内在因素的表现。通过内在因素的综合表现，信息技术课程价值实现呈现出宏观的表现。下面对信息技术课程价值实现的内在因素表现进行分析。

1. 信息技术课程政策

从所有的信息技术课程价值实现的影响因素来看，外部的政策支持是最关键的因素。外部的政策支持包括国家关于信息技术课程地位的规定以及课程方案等。富兰曾指出，要成功地实施一项变革，首先要求该变革方案满足以下条件：这项变革是必需的；方案的建议是清晰的；变革的规模和复杂性适中，并且方案具有实用性。① 从目前信息技术课程价值实现来看，信息技术课程政策仍然存在着许多弊端和不足。

从课程价值实现的角度来看，行政权力的介入是至关重要的。信息技术课程价值的实现，需要行政权力予以保障。从目前的课程价值实现的现状来看，信息技术课程作为一门"小学科""新学科"，其所受到政策层面的影响较其他课程更为明显。信息技术课程价值实现需要行政权力全力介入，以予以保障，行政权力下的课程政策的一举一动直接影响着课程价值的选择与实现。目前，无论是课程方案，还是考试制度，行政层面的课程政策都制约着信息技术课程价值的实现。课程政策的混乱以及实施力度不足等都成为信息技术课程价值实现困难的最大原因。从信息技术教师的访谈就可以看出来，课程政策成为影响信息技术课程价值实现的最关键因素。以下为信息技术教师的典型看法。

重视程度，最关键的就是省里的指挥棒。（JT1）
教材整体化衔接问题，就是从小学、初中到高中，应该是有一条核心价值来贯穿我们的教学的，我觉得目前可能还不够统一。（WT1）

从以上信息技术教师的看法来看，信息技术课程政策的作用主要在于指导。另外，信息技术课程政策带来的课程内容体系化问题，是目前最受质疑的地方。L省的信息技术教研员就专门提出了此问题，认为小学、初中、高中的信息技术课程内容体系化是目前最为值得关注的问题。

信息技术本来就是一门年轻的学科，现在都教乱套了，小学应该学什么，初中应该学什么，高中应该学什么，高中学的知识应该是什么样的，都没有一个很好的体系。不像成熟的学科，像大学科，物理、化学、语文，都是有知识体系、有梯次的，咱们没有，这样自己

---

① 尹弘飚，李子健. 基础教育新课程实施的影响因素分析——重庆北碚实验区的个案调查[J]. 南京师范大学学报（社会科学版），2004（2）.

开课也不好开，再加上教材也混乱。(LJ1)

① 课程政策对高中信息技术课程价值实现的影响。

高中由于具有了《普通高中技术课程标准（实验）》（信息技术部分），课程方案不存在问题。高中信息技术课程政策问题主要集中于会考（或者称学业水平考试）以及是否参加高考等问题上。在对信息技术教师和教研员的访谈中发现，课程政策直接影响着高中信息技术课程的实施效果。各省（直辖市/自治区）的高中信息技术课程评价体制不同，导致信息技术教学实践中也会出现一些问题。由于会考（学业水平考试）的存在，信息技术教学在一定程度上都出现了应试的倾向。从辩证的角度来看，高中会考有利也有弊，高中会考会直接影响到信息技术课程在学校的地位和受重视程度。如下所述，B省信息技术教研员就充分地认识到了考试所带来的利与弊。

> 我们原来一直没有组织统一的考试，还有一些老师主张进入高考。从我的角度来说，我一直没有特别去鼓动这个事，这个学科考试是可以考，但是怎么考法。你要把它考死了，让学生去死记硬背，这个学科本质的东西就丢了。如果这样的话，还不如不考。但是对于一线教学来说，有一个考试，学校对这门学科的重视程度就会高，这是很实在的。反正这个有利也有弊。

如果取消会考，或者在会考中不重视信息技术课程，必然会影响到信息技术课程的地位，甚至影响到信息技术课程在学校的开课与否和课时等。

> 原来是会考，就是这科不过，没有毕业证，各个学校都挺重视的。但是一转变，不挂钩了，所以课时就卡在那儿了。以前在会考期间，没有一个学校敢改课时的，现在地位变化了，课时就卡了，卡课时是一种普遍现象。(JT5)

凡是考试都会带来应试的问题，会影响到正常的信息技术教学。比如

W 市的 WT1 老师就认为，学业水平考试使得高中信息技术课的选修内容只能选择网络技术。按照正常的信息技术选修课程安排，应该给予学生更多的选择机会。

> 因为凡是考试都带来应试的问题，但是我们不能说不考。我们原来说有选修课，有多媒体，有网络技术、数据库等。但是现在学业水平考试来看，我们可以开这么多课，但是从我们第一年的考试来看，从题目和难度来看，感觉上程序设计对学生的要求比较高，因为它要求数学的思维，没有办法全面铺开。数据库呢，离学生的兴趣和爱好有点距离。多媒体呢，考起来就有点偏难，多媒体就像我们学 Photoshop，你学一学年，难一点的也不会做。所以选择网络的就多一点。之后就慢慢地都选成网络技术应用了。从我们的角度，也希望能够给学生多点选择。（WT1）

② 课程政策对义务教育阶段信息技术课程价值实现的影响。

对义务教育阶段来说，关涉信息技术课程在义务教育阶段顺利实施的课程标准问题仍然悬而未决，文件课程的缺失导致信息技术课程定位模糊，信息技术课程实施者的认识和趋同度降低。目前，国家基础教育课程改革方案将义务教育阶段的信息技术课程列为综合实践活动的组成部分之一。各省（直辖市、自治区）义务教育阶段的信息技术课程实际上一直作为独立学科课程开设。将信息技术课程划归到综合实践活动中，会造成信息技术课程内容的不稳定，以及信息技术教师队伍的不稳定。J 省的小学信息技术教研员 JJ3 就论述了由于信息技术课程被纳入综合实践活动后所造成的教师队伍的不稳定。

> 影响非常大。原来是三、四、五、六年级开课，有很多老师在这个行业（信息技术课）里教学，然后现在稍微有点发展了，比如有点儿潜力的年轻教师，能力比较强的，感觉这个学科前景很黯淡，因为都已经变成两个年段了，（他们）都转行了。转到其他的小科，然后再转到数学、语文去，最后逐渐都转到主科去了。（JJ3）

　　义务教育阶段信息技术课程的尴尬地位，导致目前的义务教育阶段信息技术课程仍然没有相应的国家课程标准。义务教育阶段信息技术课程政策乱象，一方面导致课程的实施者对信息技术课程在义务教育阶段的目标理解不到位，另一方面导致信息技术课程的教材不尽如人意，课程资料的可利用性差直接影响了课程的顺利实施，带来了各地信息技术课程开设的差异性。有的城市小学信息技术课程的课时急剧压缩，信息技术教师队伍重新洗牌。而且义务教育阶段信息技术课程指导性文件的缺失，也导致小学、初中、高中内容体系的不连贯，出现了初中、高中都是零起点的尴尬局面。JT3 老师描述说："现在教材都是重复教学。小学教 Word、PowerPoint，初中又是 Word、PowerPoint。我一讲学生就说'老师我都学过'，说这个老师给他们讲过，那个老师给他们讲过，老师可能都给他们讲过，你让他做他就不会，你再讲他还觉得你磨叨，听不进去。前两天碰到一个高中老师，问我讲什么，我一说，他说他们高中还讲，就是这样。"信息技术教师对于信息技术教材的需求，某种程度上在呼唤体系化的小学、初中、高中信息技术课程体系。某位信息技术教师就认为目前小学信息技术教学"最大的问题还是缺一个框架，缺少一个体系"。

　　2. 信息技术教师的专业发展

　　信息技术教师的专业发展对信息技术课程价值实现具有关键性的影响。与发展相对成熟的课程相比，信息技术教师的专业发展对新兴的、处于不断变革中的信息技术课程有更深入的影响。目前，信息技术教师的专业发展存在着许多问题。

　　(1) 信息技术教师起点普遍较低。

　　信息技术教师的起点普遍较低，导致信息技术教师总体状况令人担忧。一是信息技术教师第一学历偏低。二是从学科背景上看，不少信息技术教师的学科背景不是信息技术教育及相关专业。在小学，信息技术教师非信息技术教育及相关专业出身的比例更高。非专业化的学科背景导致信息技术教师的专业知识和专业情意等都较差，在教学中也就很难承担起应有的教学任务。

　　(2) 信息技术教师承担着繁重的教学任务。

　　信息技术教师在学校中不仅承担着教学任务，还承担繁重的其他工作。根据调查，信息技术教师除了信息技术教学以外，还要参与学校的信息化建设、对其他教师进行培训、辅导竞赛、辅助学科教师做课件等。表 6-3 所示是信息技术教师在学校承担的工作任务。

表 6-3　信息技术教师在学校承担的工作任务

	信息技术教学（%）	对其他教师进行培训（%）	参与学校信息化建设（%）	辅导信息学奥赛、机器人比赛等竞赛（%）	辅助学科教师做课件（%）	其他（%）
全体	98.0	43.4	60.6	26.7	54.6	19.1
高中	97.2	31.0	59.2	21.1	46.5	16.9
初中	99.0	41.6	56.4	24.8	51.5	18.8
小学	97.5	57.0	67.1	34.2	65.8	21.5

注：百分号（%）指的是选择承担此项任务的教师占教师总人数的比例。

比如 C 市的 CT3 老师就认为："最好是有专职老师，我还得去做电教工作，包括归教务处管，还有一些教务工作，工作内容比较多。"

B 省的信息技术教研员 BJ1 也如下所说。

教师目前来说呢，大家普遍反映的就是工作量比较大，他的压力倒不是心理上的压力，比如像高三班主任，数学、语文把关的那些老师，要高考成绩，不是那种心理压力。他是事务性工作太多，他在学校里面一会儿干这个，一会儿干那个，太忙，真正在教学上花的精力却很有限。像备课、琢磨学生特点啊，教学上花的精力少，多数时候在给学校做那些服务性工作、技术性工作。（BJ1）

J 省 J 市的 JJ2 教研员描述了信息技术教师在学校中要承担的工作。

除了教学，学校领导开会要给打稿子，不管哪个办公室机器坏了要去维修，要帮其他学科老师做课件，还有电路坏了什么的，计算机老师，尤其是男老师几乎是全能的，都要去干。有时候去下边听课，计算机老师可能穿着工作服呢，垫个操场，安个篮球架子，他们都得求我们干活儿。（JJ2）

J省C市的JJ3教研员也描述了小学信息技术教师承担着繁重的其他事务性工作，影响了信息技术教学的本职工作。

> 我们这个教师队伍非常特殊。我曾经写过信息技术教师队伍的调查报告，因为我从做教研员开始，就对全区30多所学校进行了一个全面的走访，给老师发放调查问卷，还有访谈、座谈的方式，做了一个很全面的铺开的调研，所以对我们区的信息相对来说了解得比较准确。很多老师基本上就是书本上有什么就讲什么，然后因为他没有更多的精力去备课。为什么？因为咱们这个（信息技术）教师队伍是一个特殊的群体，他既要管着全校的电教工作，摄、录、编这一块，照相拍照、老师的课件制作，还有损坏了的机器的维护，所以信息技术课的教学只占他工作的10%～20%，甚至比这个比例还要低。有的老师是铃声响了，这一节有课，拿起课本就去教室了，可能连备课的时间都很少。（JJ3）

繁重的事务性工作影响了信息技术教师的本职工作——信息技术教学。随着信息技术课程逐渐走向正规，信息技术教师在学校中承担的工作也在逐渐走向正规化，但是，目前他们仍然承担着繁重的事务性工作。

（3）信息技术教师的整体素养仍然偏低。

信息技术教师的整体素养仍然偏低。通过教师访谈以及课堂观察发现，信息技术教师普遍存在着对课程价值的认识存在偏差、教学能力弱于其他学科教师、专业知识不足等现象。信息技术教师对信息技术课程的性质与价值理解不透彻，只关注学生技能的掌握，不能真正从培养和提升学生信息素养的角度出发进行教学。与其他学科教师相比，信息技术教师的教学能力显得不足。虽然经过了多年的发展，信息技术教师的教学能力得到了很大提高，但是课堂把握能力、情境创设能力、师生互动能力等方面仍然存在着许多问题。由于很多信息技术教师都是从其他学科转来的，所以其专业知识储备仍然不足。

例如，T市的TT3老师就认为信息技术教师的素养是影响信息技术课程价值实现的关键性因素。

　　说得难听点儿，老师们不具备这样的素养。我曾经这样想过，天下的老师还是很多愿意教算法，为什么呢？包括我的那些徒弟们，刚工作一两年，他们只愿意教算法，因为大学里学的就是算法。多媒体的音、视频没教，Photoshop 他也不会用，想教多媒体就意味着自己要从头到尾学。因为我学了，我会，所以我愿意教。现在网络没人教，人工智能没人教，因为大学都没学这个东西，要想教的话，就得自己学。课程价值不能够真正实现，跟老师的关系特别大。(TT3)

L省的信息技术教研员 LJ1 也如此评价信息技术教师。

　　因为政策，整个的评价跟不上，政策跟制度都没有，所以信息技术老师的教学技能和素养都很差。他就钻研如何教学生具体的软件，这个软件教完以后，学生能否进行有效的迁移，他不考虑，或者说再大一点，让学生通过这个软件的学习，最终学会文件的处理、数据的处理、信息的加工什么的。他可能就一、二、三、四步地讲步骤，一、二、三、四步教完了，老师没有花功夫去研究软件之外的东西，就像武林高手，拿根竹子他就可以当剑，现在我们的老师拿着剑就是剑。

　　从整体上看，信息技术教师的整体素养仍然偏低，这深刻地影响着信息技术课程价值的实现，信息技术教师需要进一步得到培训与提升。

3. 纷繁复杂的信息技术教学方法

　　从任务驱动的广泛应用，到主题教学应用的争议，纷乱的教学方法已经成为困扰信息技术教师的一个关键性问题，教学方法的采用在某种程度上又反映了教师对新课程理念的理解程度。信息技术课程的操作性、实践性等特点，使得信息技术教学较其他学科教学显得更为复杂。关注信息技术教学，首先要关注教学方法的选择，因为教学方法是课堂教学的灵魂。信息技术课程的教学方法，与其他学科有类似的地方，又由于课程的实践性等特点，产生了独特的教学方法。然而，对于教学方法，信息技术教师却感到很困惑与迷茫，从如火如荼的"任务驱动"到伴随新课改而来的主题教学，再到有专家提出"冷冻主题教学"，信息技术教学方法犹如雾里看花，处于纷乱的状态。目前，关于信息技术课程的教学方法的分类很多，有人将其分成讲授法、任务驱动、基于问题的学习、游戏法、自学法、竞赛法等方法。① 笔者着重对讲练结合方法、任务驱动方法、主题式教学方法进行了分析。这三种方法中是一个逐渐开放的关系，学生在其中的自主性是逐渐加强的。

为了了解信息技术教学方法的应用现状，笔者对信息技术教师进行了问卷调查，涉及了教学方法的一个问题"（可以多选）您在新课程教学中主要采取了以下哪些教学方法？"，统计结果如图 6-3 所示，其中，选择"讲授法"的为 53.2%，选择"讲练结合"的为 81.6%，选择"任务驱动"的为 86.4%，选择"主题式教学"的为 43.6%。可见，在信息技术教学中，教师日常真正应用的是讲练结合与任务驱动两种方法。不过在强调以上两种方法的同时，我们不能忽略其他两种教学方法的应用。主题式教学虽然没有得到广泛的应用，但是很多教师会在一个学期进行一次或者两次专题活动，这也有效地培养了学生的综合能力与实践能力。

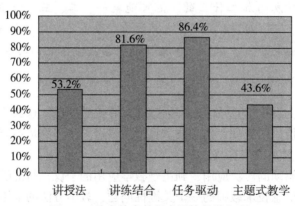

图 6-3　信息技术教师采用的教学方法

4. 信息技术课程评价的缺失与无效

信息技术课程的评价一直都是信息技术课程价值实现的薄弱点。如何

---

① 钟柏昌，李艺. 管窥高中信息技术新课程教学中的亮点与不足——基于一份教学案例样本的分析［M］.//信息技术教育研究进展 2007. 长春：吉林教育出版社，2007：5-9.

使评价方式更为有效，使信息技术课程教学的过程性评价和总结性评价相得益彰，一直是困扰信息技术课程价值实现的关键性因素。从目前的信息技术课程评价现状来看，仍然存在着缺失与无效的现象。

信息技术课程评价的缺失主要是指信息技术课程教学过程中缺乏过程性评价和总结性评价。信息技术课程作为一门新兴的学科，一直面临着义务教育阶段无总结性评价的尴尬局面。义务教育阶段信息技术课程总结性评价的缺失，使得信息技术课程的地位受到质疑，同时也使信息技术课程在实施过程中处于不受重视的地位。很多信息技术教师都呼吁能够给予更多的评价支持。比如 JJ3 教研员就对缺乏统一的信息技术课程评价体制表现出了担忧。

> 因为没有一个统一的规范的评价。比如说，有中考，那么大家都按着中考这个程序来考，考完了之后，可以知道进重点还是普通的学校。信息技术就是没有，没有一个统一的规范。尽管在教学上分了一个梯度，小学零起点，怎么样和初中衔接，初中又怎么和高中衔接，但这只是编写人员自己主观想象的一个美好的愿望。真正落实在千千万万的学生身上，没有一个考核评价，还是见不到成果。你看别的学科，比如一个副科小科，它们也有考核评价，但是它们是抽查，可能做不全面，比如说音乐这门学科抽查，就到一个学校随机抽哪个班的哪个学生来做，就是这样的抽查。这个我们没有。(JJ3)

信息技术课程评价的无效则主要是指信息技术课程过程性评价的无效。由于信息技术教师是一支年轻的队伍，教学经验仍然不足，很多信息技术教师根本不会在课堂上采取有效的过程性评价来促进教学。B 省的信息技术教研员 BJ1 就对过程性评价提出了一些自己的忧虑。

> 小学没考试，那成绩怎么体现？学生的学业成绩怎么体现？还有就是课堂上老师对学生的学习效果怎么进行评价，大家对这个嘴上都挺重视，形式上也有，但是效果不好。经常是填个表。大家也有这个意识，评价应多元化，但是感觉还是虚。在学生评价完了以后如何改进自己的学习，认识到自己有哪些不足上做得还很不够。(BJ1)

　　信息技术课程评价的缺失与无效有很多原因。首先，作为评价设计依据的课程指导性文件的缺失，自然会导致评价无从入手。义务教育阶段由于缺乏课程标准，很多地方和学校仍然处在摸索课程内容的过程中，根本无暇顾及课程评价。教学大纲及课程标准等文件规范着课程目标、教学内容，是评价设计的重要依据。随着规范性文件的演变，信息技术课程评价的总体思路也相应发生着转变。其次，国家有关行政部门的不作为，也是导致信息技术课程评价缺失和无效的原因之一。作为一门国家规定的课程，信息技术课程的评价一直没有得到应有的重视，甚至没有被纳入整体的课程评价方案中。行政部门的指导不够，使得信息技术教师根本不了解信息技术课程评价的有效方式和方法。最后，信息技术教师的素质使得信息技术课程评价不能落到实处。很多信息技术教师由于受到技术取向的影响，仅仅将信息技术课程评价放在了操作技能掌握上，没有真正从三维目标的角度对学生进行评价。

　　评价是一门课程价值实现的灵魂所在，没有有效的评价机制，自然不会取得良好的教学效果，实现课程应有的价值。

三、信息技术课程价值实现的机制

　　在信息技术课程价值链形成的过程中，要完成价值关系之由应然到可然，再到实然的转化，使信息技术课程的潜在功能与价值能够以社会行动和物化结果的形式展现出来，这一过程就是信息技术课程的价值实现。信息技术课程价值实现的机制，可以从两个层面来探讨，一个是宏观机制，另一个是微观机制。

（一）信息技术课程价值实现的宏观机制

　　信息技术课程价值实现最终还要表现为作为教育整体效果的政治、经济、文化等社会功能的价值实现。从宏观上把握信息技术课程价值实现的基本机制，对促进信息技术课程价值的实现是至关重要的。

1. 社会价值和个人价值的同轴强化

一直以来，信息技术课程都有社会价值和个人价值之争。信息技术课程的社会价值是指把信息技术课程放在社会大系统中，看其与其他社会子系统的相互关系，体现为它在促进社会政治、经济、人文、道德等方面的巨大价值。信息技术课程的个人价值则主要体现为个人的生存价值、发展价值和享受价值等，强调信息技术课程对个人的作用。对信息技术课程来说，关键的是社会与个人两极性价值目标的同轴强化，实现社会本位与个体本位两个轴心的价值重合。

信息技术课程的个人价值和社会价值分别指信息技术课程的属性与个人的、社会的需要之间的关系。"从总体上看，历史评价和道德评价，都是人类认识世界、把握世界的基本方式，是人类实践精神的体现。两者所依据的是人类主体的生存与发展的内在需要这一内在价值尺度，人类通过这样两种评价，将这一内在尺度提升到意识层面，来观照历史、批判和改造现实，使世界成为'为我'需要的世界。"① 因此，从人类生存和发展的终极意义上看，信息技术课程的社会价值和个人价值二者应当是指向一致、没有根本冲突的。然而，就某个具体的社会历史时期而言，从社会角度出发看待的社会进步与从个体出发看待的个人进步却呈现"二律背反"现象，信息技术的社会历史功能与个体发展功能时常出现价值目标和评价尺度上的矛盾与冲突。个人与社会之间的矛盾和冲突也必然会存在着。总的来说，面对特定的信息技术课程和信息技术课程活动，具体的个人的需要和社会的一般需要之间总是存在着冲突和不一致的地方。社会需要和个人需要的影响因素是不一样的。对于社会来说，社会特定的发展状况，比如政治状况、经济状况和文化状况，还有社会意识形态等，都会在某种程度上对信息技术课程的社会需要产生影响。对于个人来说，学生的生活背景、发展状况等也影响其对信息技术课程的需要。在不同的阶段，信息技术课程的社会价值和个人价值也是不一样的。比如，在最初的程序设计教学阶段，由于当时的经济条件、技术条件等限制，人们将信息技术课程价值的着重点放在培养学生的程序思维上，尤其是侧重于程序文化对于人的发展价值上，可以说，此阶段的信息技术课程价值的侧重点在于个人价

---

① 龚群. 道德哲学的思考 [M]. 郑州：河南人民出版社，2003：1-2.

值。而随着社会的发展，以及个人计算机的普及与应用，人们认识到了信息技术对于社会的作用，同时，也认识到了信息技术课程在推动信息社会前进，最终达到社会转型方面的作用。可以说，此阶段的信息技术课程价值是基于社会价值的角度来进行选择的。总之，个人需要和社会需要的矛盾几乎存在于所有的课程实践中，当然，也必然存在于信息技术课程的实践中。

信息技术课程的社会价值与个人价值其实是可以调和的。所谓个人价值，是指发展了的"个人作为客体对于主体的自我的需要的满足"①。个人的社会价值是指"个人作为客体对生活于其中的社会的需要的满足"②。人类有史以来的各种教育活动，都是围绕着追求和实现社会价值与个人价值而展开的，并且随着社会的发展、人的发展的总体水平的提高而不断演化延续至今。其实，任何的信息技术课程社会价值的实现，都需要个人价值的实现。所以，人为地将社会价值和个人价值强行对立开来是不对的。信息技术课程的社会价值和个人价值其实是一个轴心，只是体现在不同的主体上。从个人价值的强化角度来说，信息技术课程个人价值的完善和发展，自然带动了其社会价值的呈现。所以，站在一个高点上来看时，信息技术课程的社会价值和个人价值只是被人为地加以区分，其实两者并不是简单对立的。

那么，如何实现信息技术课程的社会价值与个人价值的同轴强化呢？这就需要从信息技术课程实践中的各个影响因素角度出发进行调控。信息技术课程的个人价值与社会价值冲突的最主要原因在于个人需要与社会需要的一致性程度。所以，从社会需要通过个人需要加以达成来看，社会需要和个人需要之间可以达成一致。个人价值与社会价值的同轴强化最重要的就是各种因素的调控。笔者认为，信息技术课程个人需要与社会需要协调的核心或者说是基石应该是学生的身心发展规律。只有符合学生的身心发展规律，我们才能够真正在此基础上进行个人需要和社会需要的平衡与调控，否则就将成为无源之水，是不可能长久的。

---

① 李德顺．价值学大辞典［M］．北京：中国人民大学出版社，1993：168.
② 李德顺．价值学大辞典［M］．北京：中国人民大学出版社，1993：168.

2. 科学价值与人文价值的和谐共生

自信息技术课程诞生之日起，科学价值与人文价值就是一对相关联的名词。科学价值指科学文化知识对人和社会的价值，科学文化知识对社会、个人都有十分重要的价值。所以，科学文化知识作为课程的内容，能够促进个人的发展，进而促进社会进步。而人文价值，说到底强调的是对于人的精神层面的价值。

科学价值与人文价值作为信息技术课程价值的两个方面，在一定程度上存在着对立和冲突。可以说，只要信息技术课程存在，就必然有科学知识与人文知识的冲突存在。之所以如此，是因为在有限的课程中无法同时兼顾科学与人文这两种已经分化的知识，就必然存在着众寡、轻重之分。从信息技术课程的角度来看，其科学价值与人文价值一直以来在某种程度上并不对等，或者说是科学价值占有了主导地位，人文价值并不突出。信息技术课程的科学价值与人文价值存在着严重的失衡状态，这也必然会影响信息技术课程作为一个成熟的学科课程体系的地位。"科学在学校的地位不仅比以往更加稳固而且还在上升，并且越来越盛气凌人"①，科学价值的独大，使得人们极大地追求物欲的最大化，夸大了科学的功利价值，而对科学的危险漠然。科学价值的独大使得信息技术课程只注重技术的功利应用，缺少了对信息技术所带来的社会危害的警醒和反思，从而有可能促生"黑客"、网络诈骗等现象。当信息技术剥离了人文精神的外衣以后，就有可能暴露出其丑恶的一面。

信息技术课程的科学价值与人文价值是可以相融共生的。其实，科学精神背后总是具有人文精神的影子。当我们区分科学与人文时，只是人为地分割了"科学"与"人文"。就概念而言，科学与人文是可以分开的，因为两者各有一套知识体系。但是，科学与人文在存在上是一个密不可分的有机整体。科学价值里面必然存在着人文精神，科学绝对不仅仅是"为了科学而科学"，科学总是同时与科学精神等相联系的。科学的过程同时也有一种求真求知的理性需要，人并非只是为了"能用它们去做什么"才去求真求知。今天的文明人类区别于原始的蒙昧人类的一个大的特征，就是理性和科学的发达。人类发展到今天的地步，无论哪个方面都

---

① 唐斌. 科学教育与人文精神 [J]. 教育研究，1997 (11).

离不开理性、知识和逻辑。如果没有了科学的求知欲，没有了理性的兴趣，没有了各种关于知识的探讨和研究，社会将会变成什么样？现代社会必须要把科学的发展当作人类社会的一大指标。科学不再仅仅是手段，同时也成为人类最高追求——"真、善、美"的一种载体。科学不仅仅可以用于改善和美化生活，而且如爱因斯坦所感受的那样，它本身蕴有"思想领域最高的音乐神韵"①。总之，科学的背后必然有着人文精神。从人文价值的角度来看，人文精神应该是具有理性化的人文精神。一直以来，科学主义和人文主义的分歧与争论，使得两者对立起来，但是我们必然认识到科学与人文是相融共生的。虽然科学不是万能的，但是当前没有科学精神是万万不能的，绝对不能仅仅因为科学的负面作用而抛弃科学精神而孤立地谈人文精神，那样就将走向另外一个极端。事实上，人文价值不是仅仅非理性地对科学和理性进行批判，而是试图透过人文精神的价值去调整和改变科技理性。科学价值与人文价值是信息技术课程组成的两个必要条件，缺一不可。科学价值与人文价值的相融共生能够促进信息技术课程的健康有序发展，使得信息技术课程能够真正地发挥其应有的价值。

目前，信息技术课程中科学价值占据了主导地位，实用主义、功利主义使得人们只关注技术、技能和操作，强调"什么有用教什么"的思想。信息技术课程价值的科学价值独大使得其备受质疑。董玉琦提出信息技术课程"只见技术不见人"的现象，其实就是对科学价值独大的有力批判。技能化倾向、缺少人文精神，使得信息技术课程就如同一个没有灵魂的机器，只是在盲动。信息技术课程缺乏人文价值，也使得信息技术课程越来越受到学生们的质疑，"喜欢信息技术但不喜欢上信息技术课"已经成为许多学生的共识，这是因为信息技术课程仅仅教授技能、操作，而缺少人文内涵的结果。家长更是质疑信息技术课程"教学生上网"，会导致学生产生网瘾，这也是信息技术课程的人文价值不凸显的结果。"黑客"、网络礼仪缺失等现象，都需要信息技术课程的人文价值加以引导，从而彰显其应有之义。

要实现信息技术课程的科学价值与人文价值的相融共生，需要把握以下两点。首先，要厘清信息技术课程中科学内容和人文内容的比重。笔者

---

① 贝华纳. 科学的社会功能 [M]. 北京：商务印书馆，1982.

并无意否定科学内容在信息技术课程中的重要性，只是在目前的信息技术课程内容体系上，需要进一步加大人文内容的比重。其次，要实现科学价值与人文价值的共生，就需要从现实的课程出发，对社会需要、学生个人发展需要以及课程结构等进行调控。我们需要加强科学与人文的相互渗透，要在传授科学知识时领悟人文精神，在进行人文教育时具有科学理性。

正如董玉琦所说："如何在信息教育中把课程设计的水准提升到文化精神的层面上，并兼顾'科学精神'与'人文精神'，既是课程设计的基本出发点，也是需要今后进一步探究的课题。"①

（二）信息技术课程价值实现的微观机制

信息技术课程价值实现的宏观机制只是宏观层面的机制，我们需要在微观层面上进一步探讨如何促进信息技术课程价值的实现，主要从信息技术课程政策、信息技术课程内容、信息技术教师专业发展、信息技术教学方法、信息技术课程评价等五个方面展开讨论。

1. 信息技术课程政策的制定与规范

课程政策是国家教育行政主管部门在一定社会秩序和教育结构的范围内，为了调整课程权力和不同需要，调控课程运行的目标和方式而制定的行动纲领和准则。② 世界各国的课程政策主要可分为三种类型：中央集权型、地方分权型和学校自主决策型。不同类型的课程政策就决定着课程权力分配的不同方式和不同需要的满足程度。我国基础教育课程改革实现了国家课程、地方课程和校本课程的三层国家政策，在信息技术课程政策方面仍然存在着许多制约与弊病。

国家作为课程政策的最高制定者，必须把握一定的课程政策的规定性，即要将国家的公平、发展等课程理念贯彻在课程政策中。所以，从信息技术课程来说，国家需要出台义务教育信息技术课程标准，从而引导和规范义务教育阶段的信息技术课程的发展。此外，国家应该进一步研究并出台小学、初中、高中十二年一贯制的课程政策，从而进一步引导义务教

---

① 董玉琦. 信息教育课程设计原理：要因与取向 ［D］. 长春：东北师范大学，2003：81.
② 胡东芳. 课程政策研究 ［D］. 上海：华东师范大学，2001：6.

育信息技术课程的发展，规范高中信息技术课程的实施。

国家出台强制性的信息技术课程政策，并不是说对一切状况都要"一刀切"，我们倡导在国家规范化的要求下，地方与学校有自己更具特色的课程政策，即地方与学校的课程需要在满足国家课程最低要求的状况下，有自己独特的发展。各地在制定具有地方特色的课程政策的过程中，必须以国家标准作为指导和底线，否则容易造成地方课程之间的不平等，必须在保证必要质量的情况下满足多样性和适应性的要求。目前，各地都在出台自己的高中信息技术教学建议。其中，有一些教学建议的确是根据自身的实际特点，将国家课程标准与地方实际状况紧密结合；而我们也看到，有一些地方的教学建议仅仅是为了容易实施、好实施，放弃了一些本来具有价值的课程内容，甚至一些地方化的课程政策走向误区，错误地引导了一线信息技术课程实施，这是需要我们进一步调整和纠正的。

2. 信息技术课程内容：STS 视角和体系化

课程内容是信息技术课程价值的最重要载体。但是，许多年以来，信息技术课程内容都是备受争议的课题。一方面，由于各地方的信息技术条件差距很大，学生的信息技术参差不齐、差异明显，导致不同地区、不同班级的信息技术课程内容需要不尽相同。同时，我国 30 多年的信息技术课程发展史，就是信息技术课程内容的变更史，从程序设计到如今的信息素养，信息技术课程内容的不断变化也使得人们似乎陷入了迷茫中。此外，实用主义和抽象的思维训练两者的争论一直影响着信息技术课程内容的选择。目前的信息技术课程内容已经不符合信息技术课程的实际和发展趋势。信息科学与信息伦理道德等内容未能有效地融入课程内容中。因此，对信息技术课程内容的反思与重构势在必行。

（1）STS 视野下的信息技术课程内容建设。

2000 年颁布的《中小学信息技术课程指导纲要（试行）》更多地是以工具论为主，但已开始向信息素养论的转变。2004 年颁布的《普通高中技术课程标准（实验）》（信息技术部分）则明确地提出了提升学生的信息素养的课程目标，并以此架构了高中信息技术课程内容，考虑了与义务教育阶段信息技术课程的任务划分。笔者认为，信息技术课程内容可以按照 STS 理念来架构。

STS 强调科学、技术与社会的相互关系，目前对于三者之间的关系的阐述主要有四种，即线性关系、包含关系、三角关系以及层次网络关系，依此建立了四种模式。其中层次网络关系是前三种模式的发展和综合。层次网络关系认为，所有 STS 关系都是相互作用的关系，科学、技术和社会三者是互相交叉的，这种交叉性既体现了彼此之间的部分包含，又表明了各自的独立性，这种独立性又被置于科学—技术—社会的整体关系中，不是绝对的独立，而是相对的独立。因此，STS 是错综复杂的、动态的层次网络关系。[①] 在该关系中，科学、技术与社会为第一层次，科学与社会、技术与社会、科学与技术为第二层次。其上还有第三、第四层次等科学、技术、社会的自身纵向的层次性，是科学—技术—社会关系层次性的基础。层次和层次之间、层次内各部分之间都具有相互作用的关系，如图 6-4 所示。作为信息素养的框架式研究，我们在这里只考虑了第一层次和第二层次。

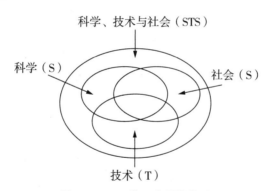

图 6-4 STS 的层次网络关系

根据 STS 的层次网络关系，信息技术课程内容应包含信息科学、信息技术和信息社会三个部分。在理解信息技术课程内容的信息科学、信息技术、信息社会各部分时，要在科学—技术—社会的整体结构上去理解和说明。

信息科学是信息技术课程内容的一个基本的角度，信息技术课程应该包含信息科学的内容，信息科学的基本概念、基本理论应成为信息技术课

---

① 殷登祥. 科学、技术与社会概论［M］. 广州：广东教育出版社，2007：332.

程中的重要组成部分。科学是在一定社会环境中对知识的探求，信息技术课程中要注意强调科学独特的价值和思想方法。在信息技术课程中，应注意信息社会环境对于信息科学知识的诉求与影响。信息技术是用信息科学及其他知识解决实际问题，信息技术的发展是推动信息技术课程变化的一个直接的动因。要构建 STS 理念下的信息素养课程，信息技术部分的内容目标就要强调为学生提供解决个人和社会生活问题的方法。社会是科学技术发生变革的人类环境。信息技术与信息社会的互动是我们关注的一个基本的出发点，而且随着信息时代的到来，其重要性更加凸显。我们要从历史、哲学和文化的意义上理解信息科学技术，从不同文化的角度去批判性地理解信息科学、信息技术和信息社会之间的相互作用。

STS 理念下的信息技术课程架构分为信息科学、信息技术、信息社会三个维度。在目前的信息技术课程中，我们过分强调了信息技术技能的培养，忽略了信息科学以及信息社会方面的相关内容。用 STS 理念支持信息技术课程的开发就需要加强信息科学以及信息社会的课程内容。信息科学就是要在信息技术课程中建立课程内容科学化的概念，即要用信息科学的思路来设计信息技术课程。在信息社会学中，信息伦理道德教育应占有很大比重。

（2）体系化的信息技术课程内容。

信息技术课程内容的体系化是一个在现实中备受关注的问题。在现实的信息技术课程内容建设中，由于一直没有系统的课程内容建设规划，所以小学、初中、高中三个学段都是零起点，各个学段的课程内容都面临着重复的尴尬局面。很多学生在小学、初中和高中学习的内容雷同，导致学生的学习兴趣在逐渐丧失，信息技术课程的价值难以实现。B 省的信息技术教研员 BJ1 就如此描述这个问题："我觉得目前对于这个课程来说，首先要解决的就是课程内容的问题。现在是小学学一遍，初中学一遍，高中学一遍，内容衔接搞得不好。很多学生就觉得，尤其是后面，觉得没有什么可学的。小学的课开得特别好。"

L 省的信息技术教研员 LJ1 一直强调要实现信息技术课程内容的体系化，他也提出了一个自己设想的信息技术课程内容体系。

小学呢，按照基本内容，一个是意识和简单的操作，一定要强调简单，比如开课这块，开课可以先以游戏的方式介入，而且课时不要多，我本身虽然是搞计算机的，但我不建议从三年级开始讲，所以从四年级开始比较好，国家还是有一定科学性的。定位在基本的操作，以游戏方式入手，不要什么都学，信息技术虽然重要，一定要一点一点来。初中呢，或者再往下延伸一点，基本的操作再丰富一点，我感觉涉及程序，信息技术的核心是计算机和网络，计算机的核心是程序。你让学生学一些操作和软件，不但要教他基本的操作，还要尽量让学生在初中这两年有一个程序的概念，知道是程序驱动计算机来工作的。高中就可以开程序了。为什么我一直强调程序呢？程序是计算机的核心，你要有创造能力、创造性的思维，这就是打基础。但是像多媒体、网络都可以灌输，都可以有。像专家提的那些信息素养、信息意识，这个我们也可以逐渐逐渐地灌输。上网的技能，上网搜索信息，查找信息，再结合其他学科，这就是基本的技能学会了，实际上在 Office 里面，包括在 Word 里面、在 Excel 里面、在 PowerPoint 里面，都有编程的内容，编程并不是要用语言去编程，实际上，Word 里面的宏，它也是一个小的程序，那里面隐含着 VB。这是我想的一个体系，操作的内容也有。（LJ1）

此外，在笔者访谈的过程中，很多信息技术教师提出了一些关于信息技术课程内容的设想。

笔者在总结了信息技术课程内容的有关意见后，认为小学、初中、高中应该着力于以下几方面的内容建设。

小学：使用信息技术的意识和爱好；简单的信息技术操作。

初中：深入的信息技术操作；综合的信息技术应用；信息处理的意识和方法。

高中：深入的信息处理的方法；信息技术科学方面的知识与应用。

以上只是信息技术课程的目标内容，具体到教学内容时，仍然需要进一步细化。

3. 提升信息技术教师的专业化水平

信息技术教师的专业化水平直接制约着信息技术课程价值的实现。如何提升信息技术教师的专业化水平一直是信息技术教育工作者努力的方向。无论是教师培训也好，还是实地考察、听课、访谈，笔者都迫切地感到首要的任务就是提高信息技术教师的素养。目前，与其他学科教师相比，信息技术教师整体水平仍然不高，但是他们能够完成基本的教学任务。有的学校的信息技术教师教学能力较差，尚未实现从技术人员的角色向教学人员角色的转变。信息技术教师的教学创新意识与能力较差，不能开创性地根据本校实际情况和学生现状开展创新性的教学。基于信息技术教师的专业化发展现状，笔者认为可以从以下两个方面提升信息技术教师的素质。

（1）加强在职信息技术教师的专业化水平。

目前的在职信息技术教师承担着繁重的教学任务，如何提高他们的专业化水平是特别需要研究的问题。笔者认为可以采取以下几点来提示教师的专业化水平。

① 满足各层次教师的专业化发展需要。信息技术教师的专业化发展需要教师自身的努力和外部环境的有效支持。研究人员需要从理论与实践两个层面，探求推动教师专业发展的多样化模式，既要考虑信息技术课程的学科特点，又要充分考虑不同层次教师的需求差别。例如，新手型教师与专家型教师由于其知识结构和关注问题的不同，必然在专业理念、专业知识和专业技能等方面有不同的发展需求。由于在职教师承担着繁重的教学任务，不可能有更多时间参与集中培训，可以采取开发网络培训课程，进行网络教育的方式。另外，可以搭建区域教研平台，共享优秀的教学经验与教育资源，使教师能够有效地得到同行的帮助。还可以采取专家引领、课题行动研究的模式。

② 确保各种培训和认证活动的有效性。参加各类教育机构组织的培训活动是教师专业发展的内容之一，是教师获得系统知识和专业信息的重要途径。如某地区针对信息技术教师的培训共有三类，即专任教师考试培训、计算机高级培训和信息技术教师上岗培训，而这些培训及其相应的认证之间具有很大的重复性，降低了培训的效果与效率。建构科学、规范的培训体制、促进信息技术教师专业发展，首先应明确培训的意义、目标和对象，在此基础上选择培训内容和方法；其次应建立明确的培训管理体制，避免由于利益之争产生资源的浪费。

（2）加快建设信息技术教育专业，系统培养优质教师队伍。

信息技术教师是中小学信息技术教学活动的组织者、学生信息素养的培养者和信息技术学科应用的协作者，他们必须具有先进的教育思想和理念，掌握系统的专业知识和技能。通过信息技术教育专业系统培养素质高、能力强的专业教师队伍是我国普及信息技术教育工作的必然要求，也是师范教育面向基础教育、服务基础教育的应尽职责。

① 进行信息技术教师知识与能力体系的研究。确定信息技术教师知识与能力体系框架是建设信息技术教育专业的前提工作，其具体研究可以分三步完成：一是以问卷形式对信息技术教师、学生、校长、教育行政人员和课程专家进行调查，了解课程相关人员对信息技术教师知识与能力的期望，形成信息技术教师知识与能力基本体系框架；二是根据现有理论文献对该体系框架进行修订；三是构建信息技术教师知识与能力体系。

② 进行信息技术教育专业课程体系的研究。第一，信息技术教育专业课程体系构建应以中小学教育实践对信息技术教师知识与能力的需求为依据；第二，在坚持信息技术教育专业自身特点的基础上，充分吸收传统专业在课程体系建构方面的经验、逻辑和思想；第三，开展信息技术教育专业建设的国际比较研究，借鉴其技术与方法。

③ 进行信息技术教育专业建设实验的研究。进行信息技术教育专业建设，可以首先在条件和基础较好的师范院校进行实验研究，探究恰当的专业目标的定位、课程体系结构和人才培养方式。通过实验研究在理论和实践方面积累经验和成功模式，以规范和指导专业建设的广泛开展，避免盲目建设产生的人才培养质量难以保证、为学生和社会带来不必要的负担等问题。

4. 信息技术教学方法：理性、多样、创新

讲练结合、任务驱动、主题式教学三种教学方法到底有何异同？每种教学方法的适用范围又是怎样的？面对多样的教学方法，信息技术教师应该采取什么样的应对策略？为了解答这些问题，笔者对信息技术教学方法进行了问卷调查及教师访谈，加上对国内相关文献的研究，试图从信息技术教学方法的现状与困惑出发，分析每种教学方法的利与弊，尝试给出教学方法选择的应对之道。

（1）信息技术教学方法评析。

① 讲练结合的方法。

一直以来，信息技术教师使用频率最高的教学方法仍然是讲练结合方法。讲练结合是指教师讲授或者演示一个操作后，再由学生进行操作，教师巡视并指导。讲练结合方法主要指向信息技术操作技能的培养。在像信息技术课程这样的操作性课程中，讲练结合方法受到广大教师的青睐不足为奇了。讲练结合方法主要对于操作技能的学习与训练有益处。但由于讲练结合法过于机械化，会使课堂气氛不够活跃。同时，讲练结合方法过分强调操作技能，学生只能进行技术的练习，不能进行综合应用。这样使学生会过分着眼于技能的掌握，不知道为了什么目的去学习技术，不易掌握在现实生活中应用信息技术的方法。使用讲练结合方法，学生的综合素质提高起来也比较慢。讲练结合方法主要是针对基础操作的掌握，或者难度较大的技术入门指引。讲练结合方法可以单独作为一种方法使用，也可以嵌入任务驱动、主题式教学等方法中，作为其中操作技能学习的方法。在教学过程中，要针对不同的教学内容选用不同的教学方法，不要总是用讲练结合的方法。比如对于较容易掌握的内容，我们可以采用"先学后教"的方法；对于过程复杂的操作，可以采用"边教边学"的方法；对于极高难度的内容，可以采用"先教后学"的方法，总之，让学生边学边练，有助于尽快掌握所学内容。

② 任务驱动的方法。

2000 年左右，任务驱动在信息技术教学中达到了较高的地位。几乎每个课堂案例都言称任务驱动，似乎任务驱动成了信息技术教学的代名词。2004 年，教育部公布的《普通高中技术课程标准（实验）》（信息技术部分）中提出："'任务驱动'教学强调让学生在密切联系学习、生活和社会实际的有意义的'任务'情境中，通过完成任务来学习知识、获得技能、形成能力、内化伦理。"[①]

随着任务驱动教学方法使用的升温，人们也在不断对它进行反思。任务驱动不是万灵的解决方法，其自身具有不可避免的弊端。同时，由于人

---

① 中华人民共和国教育部．普通高中技术课程标准（实验）［M］．北京：人民教育出版社，2004：15-16.

们没有很好地领会任务驱动方法的真谛，所以使用任务驱动方法的过程中也出现了一些偏差。任务驱动方法在使用中存在的问题主要有以下几个方面。第一，任务驱动满天飞，一提到信息技术教学似乎只有任务驱动方法，这就是任务驱动的最大误区。第二，对任务设计存在着诸多误解。任务驱动方法中最重要的就是设计任务，然而很多任务设计庸俗化，将一些简单的小的操作也美化成任务，将任务等同于练习。有人开玩笑说："打开某个菜单也成了一项任务。"还有就是任务设计不得当。任务设计强调任务要贴近学生生活经验，而某些任务却恰恰相反，这当然不会取得很好的效果。第三，教师包办学生任务操作过程。任务驱动方法强调学生有自我探究的空间，教师只起到指导的作用，而现实中却恰恰相反，很多教师把任务操作过程中的任何问题都讲深讲透，没有给学生留下余地。随着人们对任务驱动反思声音的高涨，似乎任务驱动方法已经过时了。关于任务驱动的文章日益减少，任务驱动法也逐渐淡出教学公开课。其实，任务驱动作为实例的出现，仍然是有其生命力的，仍然可以作为信息需求目标的实现过程。我们不要盲目丢弃任务驱动的优点，而是需要用其精华，弃其糟粕。我们需要理性地对待任务驱动，认识到它不是万灵的教学方法，同时，要科学、合理地设计任务。《普通高中技术课程（实验）》（信息技术部分）就提出："要正确认识任务驱动中'任务'的特定含义，使用中要坚持科学、适度、适当的原则，避免滥用和泛化；要注意任务的情境性、有意义性、可操作性；任务大小要适当、要求应具体，各任务之间还要相互联系，形成循序渐进的梯度，组成一个任务链，以便学生踏着任务的阶梯去建构知识。"[①]

③ 主题式教学的方法。

信息技术课堂教学中很早就尝试了主题式教学方法的使用。2004 年李艺在网上提出了冰冻主题活动式教学的倡议，引起了广大信息技术教师的关注与讨论。李艺认为："主题活动式教学之所以有被模式化泛滥的倾向，主要是因为主题活动式教学在产生贴近学生生活经验，让学生通过主动参与问题解决过程的同时，很容易会造成比较严重的时间浪费，使课堂

---

① 中华人民共和国教育部．普通高中技术课程标准（实验）［M］．北京：人民教育出版社，2004：15—16.

知识、技能、方法等内容含量减少，学生也会感觉信息技术课虽然很好玩，但学不到什么东西。"[①] 2007 年年末，李艺在自己的博客上再次提出："我就是想再提'冰冻'高中的主题活动式教学！"[②] 为什么他提出冰冻主题活动式教学？主题活动式教学到底有哪些利与弊？这就需要我们去认识主题式教学的要义与目前出现的问题。

拨开云雾，我们来看看主题式教学方法的本意与真谛，这样可能对我们理解和理性地对待主题式教学有益处。信息技术主题式教学，是指在信息技术环境下利用主题式教学策略来改善信息技术课程的教学。具体来说，就是要求在信息技术教学过程中，通过学生感兴趣的主题，激发学生的学习兴趣和实践欲望，在达成各项主题活动任务的过程中实现学生对信息的采集、加工和发布等技能的形成，完成学科教学的目标，改善学生的学习，提高学生的信息素养。在信息技术学科应用主题式教学的实践中发现，对主题式教学含义的理解可以有两个层面：第一个层面是以一节课的教学内容为单位进行的主题开发和设计，第二个层面则是以某一阶段教学内容或单元内容为单位的主题开发和设计。显然，前者关注的核心是教学过程的最基本单位"一节课"，强调课内教学知识点的当堂消化，后者关注的核心则是教学的整体功能，强调一段时间内通过"多节课"的学习对知识的掌握和应用情况。目前，许多所谓的"主题式教学"多属于后者。信息技术主题式教学对于课程改革倡导的"自主、合作、探究"等学习方式的达成具有显著的积极意义。同任何一种教学方法一样，主题式教学兼具有效性和局限性，关键在于如何运用。所以，信息技术主题式教学并不排斥其他教学方法的运用，恰好相反，它强调各种教学方法的综合运用。

（2）信息技术教学方法应用策略。

信息技术教学方法直接关系到信息技术课程价值在课堂层面的实现。梳理每种教学方法后会发现，其实每种方法都在受到批判，同时又在实践中彰显着其应用价值。只是随着人们关注的焦点不同，或者随着政策或者

---

① 李艺 . 主题活动式教学有泛滥之势，暂时冰冻它一下怎么样？ ［EB/OL］. http：//www. ictedu. cn/bbs/showthread. asp？ threadid＝210，2008-07-31.

② 李艺 . 我就是想再提"冰冻"高中的主题活动式教学［EB/OL］. http：//blog. cersp. com/index/1000298. jspx？ articleId＝1270904，2008-07-31.

舆论的风向变化，人们对信息技术教学方法的看法也不尽相同。对于信息技术教学方法，我们需要理性看待、多样采用并创新地应用。

① 理性看待各种教学方法的价值。理性看待是指我们要理性地看待信息技术教学方法的优劣。正如笔者一再强调的，没有任何一种方法是可以包打天下的。任何一种教学方法总是存在可取之处，也有其自身的局限。讲练结合方法更加适合某种技能的训练，任务驱动法则更容易培养学生创造某个具体产品的综合能力，而主题式教学可以更加综合地提升学生的综合能力。只有在经过广泛的实践以后，我们才能够发现其价值与局限。只有真正地认识到各种教学方法的价值与弊端，才可以理性地看待各种教学方法。对待某种信息技术教学方法，无论是盲目地崇拜还是无限地贬低都是不可取的，只有理性看待才是我们真正应该采取的态度。

② 采用多样的教学方法。在信息技术教学实践中，我们要综合应用多种信息技术教学方法。在教学中，我们不可能孤立地只采用某一种教学方法，这也是不现实的。讲练结合、任务驱动、主题式教学都有其独特的价值与应用范围。例如，我们可以在任务驱动教学中采用讲练结合的方式来讲解某一个操作技能点。我们应该了解信息技术课程的目标，真正以培养和提升学生的信息素养为宗旨，综合应用多样化的教学方法来达成目标。

③ 创新地应用教学方法。有人说，创新是一个离信息技术教师和教学方法很远的词。其实，信息技术课程目标与内容的发展性和不确定性，使得信息技术教学也具有可塑造性。信息技术教师可以在教学方法上进行创新。只要理解和掌握了信息技术课程的理念，信息技术教师凭借自身的聪明才智以及创新性的教学实践，肯定也会有所作为。比如，山东的王爱胜老师善于钻研教学，取得了不小的成绩，他提出的"半成品策略"就得到了很好的推广和采用。

5. 信息技术课程评价的反思与重构

信息技术课程评价在价值实现中发挥着关键性的作用。那么，如何来推进信息技术课程评价呢？笔者认为应该注意以下几个方面。

（1）建立义务教育阶段的信息技术课程体系。目前，虽然尚未出台义务教育阶段信息技术课程的全国性课程标准，但江苏、上海等部分省或直辖市出台了区域性的义务教育阶段信息技术课程指导纲要，将提高学生信息素养作为课程的主要目标，体现出与高中信息技术课程改革方向的一致性。知识与技术、过程与方法、情感态度与价值观同样应纳入义务教育阶段的信息技术课程评价范围。

（2）构建总结性评价体系。总结性评价对于信息技术课程价值实现具有导向性。所以，需要在我国的信息技术课程中建立有效的总结性评价体系，从小学、初中、高中都应该建立有效的总结性评价体系，实现信息技术课程加入高考的目标，这虽然有利有弊，但是总结性评价仍然会对课程发展起到很好的导向作用。同时，我们要完善总结性评价的形式。目前的信息技术课程总结性评价中，笔试与机考两种方式依然共同存在并不断完善。随着信息技术本身的发展，机考中的技术困扰有所好转，但短时间内完全摆脱技术障碍的可能性较小。题库的建设及组卷策略在机考中正越来越受重视，即就总结性评价而言，对试题试卷本身科学性的关注度正越来越高，这是笔试及机考中所体现出的共性，显示出总结性评价的良性发展趋势。

（3）推进信息技术课程过程性评价的有效性。过程性评价直接关系到日常的课堂教学。提高信息技术课程过程性评价的有效性，首先需要提升信息技术教师的素养，使其能够真正有效地实施过程性评价；其次要推进信息技术课程过程性评价的研究，进一步研究信息技术课程过程性评价的方式和方法。

参 考 文 献

一、中文部分

1. 安德森．创客：新工业革命 [M]．北京：中信出版社，2012.

2. 卜卫．媒介与儿童教育 [M]．北京：新世界出版社，2002.

3. 蔡建东，王朋娇．信息文化视野中的信息技术教育 [J]．中国电化教育，2005（3）.

4. 曹明海，等．语文教育文化学 [M]．济南：山东教育出版社，2005.

5. 曹培杰，余胜泉．数字原住民的提出、研究现状及未来发展 [J]．电化教育研究，2012（4）.

6. 柴庆云，等．信息文化：人类文明的新形态 [M]．北京：军事科学出版社，2003.

7. 陈芬．科技理性的价值审视 [M]．北京：中国社会科学出版社，2004.

8. 陈建华．教育知识价值取向研究 [M]．哈尔滨：黑龙江人民出版社，2002.

9. 陈理宣．教育价值论 [M]．成都：四川大学出版社，2003.

10. 陈小青．中国、英国、加拿大三国信息技术课程内容分析的比较研究 [J]．中国电化教育，2006（5）.

11. 崔保国，信息社会的理论与模式 [M]．北京：高等教育出版社，1999.

12. 丹尼尔·李·克莱曼．科学技术在社会中：从生物技术到互联网 [M]．张敦敏，译．北京：商务印书馆，2009.

13. 董玉琦，解月光，孙启林．信息技术教育国际比较研究 [M]．北京：人民教育出版社，2005.

14. 董玉琦．高中信息技术新课程的追求与实施 [N]．中国教育报，2006-03-03（5）.

15. 董玉琦．农村初中学生信息素养发展策略研究 [M]．北京：高等教育出版社，2007.

16. 董玉琦．信息技术课程导论 ［M］．长春：东北师范大学出版社，2001.

17. 董玉琦．信息技术课程设计构成要因与价值取向 ［J］．教育研究，2005（4）.

18. 董玉琦．信息技术课程实施：取向、教学与教师 ［J］．中国电化教育，2004（12）.

19. 董玉琦．信息技术课程研究：体系化、方法论与发展方向 ［J］．中国电化教育，2007（3）.

20. 董玉琦．信息技术课程与教学研究 ［M］．北京：人民教育出版社，2005.

21. 董玉琦．信息教育课程设计原理：要因与取向 ［D］．长春：东北师范大学，2003.

22. 董玉琦，等．国际中小学信息技术课程最新发展动态及其启示 ［J］．中国电化教育，2014（2）.

23. 董玉琦，等．日本中小学信息教育课程最新动态与发展趋势 ［J］．中国电化教育，2014（1）.

24. 范兆雄．课程文化发展论 ［M］．广州：广东高等教育出版社，2005.

25. 傅铿．文化：人类的镜子 ［M］．上海：上海人民出版社，1990.

26. 傅佩荣．哲学与人生 ［M］．北京：东方出版社，2006.

27. 顾继玲．现代数学课程的价值取向研究 ［D］．南京：南京师范大学，2004.

28. 顾建军，李艺，董玉琦．普通高中技术课程标准（实验）解读 ［M］．武汉：湖北教育出版社，2004.

29. 顾建军．普通高中技术课程设计中的几个基本问题 ［J］．课程·教材·教法，2005（2）.

30. 顾建军．通用技术课程有独特的课程特性与教育价值 ［N］．中国教育报，2009-03-27.

31. 韩小谦．信息技术·文化·知识——浅谈信息技术文化 ［J］．自然辩证法研究，1999（7）.

32. 郝德永．课程与文化：一个后现代的检视 ［M］．北京：教育科学出版社，2002.

33. 何克抗．对我国中小学计算机教育现状的思考与分析——评联合国开发署首席技术顾问 Allen 博士的两篇考察报告 ［DB/OL］．http：//www. etc. edu. cn/论著选摘/何克抗/DuiWuGuoZhongXiaoXueJiSuanJiJiaoYu. htm.

34. 何立松．双刃剑的困惑：技术价值的分析 ［M］．南昌：江西高校出版社，2002.

35. 黑格尔．小逻辑（中译本）［M］．北京：商务印书馆，1980.

36. 胡定荣. 课程改革的文化研究 [M]. 北京：教育科学出版社，2005.

37. 黄光雄，蔡清田. 课程设计——理论与实际 [M]. 南京：南京师范大学出版社，2005.

38. 黄书光，王伦信，袁文辉. 中国基础教育课程改革的文化使命 [M]. 北京：教育科学出版社，2001.

39. 黄松爱. 日本高中信息课程的新变化 [J]. 中国信息技术教育，2009（10）.

40. 黄翔. 数学教育的价值 [M]. 北京：高等教育出版社，2004.

41. 施良方. 课程理论：课程的基础、原理与问题 [M]. 北京：教育科学出版社，1996.

42. 江宇. 从体育的本质论体育课程的价值 [J]. 课程·教材·教法，2009（7）.

43. 教育信息技术协同创新中心. 2014 年度全国中小学生网络生活方式蓝皮书 [R]. 北京，2014.

44. 解月光. 普通高中技术课程实施个案研究——学校水平的特征与归因 [D]. 长春：东北师范大学，2007.

45. 靳玉乐，杨红. 试论文化传统与课程价值取向 [J]. 西南师范大学学报（哲学社会科学版），1997（6）.

46. 凯利. 课程的理论与实践 [M]. 吕敏霞，译. 北京：中国轻工业出版社，2007.

47. 克利福德·格尔兹. 文化的解释 [M]. 纳日碧力戈，等，译. 上海：上海人民出版社，1999.

48. 拉夫莱斯. 教育技术与课堂教学 [M]. 宋旸，译. 北京：北京师范大学出版社，2006.

49. 李德顺. 价值论 [M]. 第 2 版. 北京：中国人民大学出版社，2007.

50. 李德顺. 价值学大辞典 [M]. 北京：中国人民大学出版社，1995.

51. 李凡，陈琳，蒋艳红. 英国信息化策略"下一代学习运动"的发展及启示 [J]. 中国电化教育，2011（6）.

52. 李锋，等. 当代美国中小学信息技术教育目标取向分析 [J]. 电化教育研究，2013（12）.

53. 李锋，等. 计算思维：信息技术课程的一种内在价值 [J]. 中国电化教育，2013（8）.

54. 李利. 文化视野中的信息技术课程研究 [D]. 苏州：苏州大学，2005.

55. 李连科. 价值哲学引论 [M]. 北京：商务印书馆，1999.

56. 李鹏程. 当代文化哲学沉思 [M]. 北京：人民出版社，1995.

57. 李艺，殷雅竹. 中小学信息技术教育的文化内化问题 [J]. 教育研究，

2001 (10).

58. 李艺，张义兵．信息技术教育的双本体观分析 [J]．教育研究，2002 (11).

59. 李艺，钟柏昌．论工作主线在信息技术课程及其他课程体系建设中的教育价值与实践思路 [J]．中国电化教育，2005 (2).

60. 李艺，钟柏昌．信息素养详解 [J]．课程·教材·教法，2003 (10).

61. 李艺，朱彩兰．信息技术课程思想梳理思路简议 [J]．电化教育研究，2014 (4).

62. 李艺．信息技术课程：设计与建设 [M]．北京：高等教育出版社，2003.

63. 李艺．信息技术课程十年回顾：成长的快乐 [J]．中小学信息技术教育，2009 (5).

64. 刘复兴．教育政策的价值分析 [M]．北京：教育科学出版社，2003.

65. 刘芹茂，杨东．建立我国教育发展的动力机制 [J]．教育与经济，1992 (4).

66. 刘向永，董洪波．英国中小学信息通信技术课程变革述评 [J]．现代教育技术，2013 (1).

67. 刘向永．教什么比怎么教更重要 [J]．中小学信息技术教育，2011 (10).

68. 刘向永，周惠颖．操作弱化背景下的义务教育信息技术课程内容建构 [J]．中小学信息技术教育，2011 (4).

69. 刘向永，周惠颖．追求操作背后的方法与原理——《用 Excel 绘制统计图》案例评析 [J]．中小学信息技术教育，2011 (7/8).

70. 刘旭东．现代课程的价值取向研究 [M]．兰州：甘肃教育出版社，2002.

71. 刘志军．课程价值取向的时代走向 [J]．教育理论与实践，2004 (10).

72. 陆志远．课程的价值与评价 [J]．海南大学学报，1994 (1).

73. 路易斯·拉思斯．价值与教学 [M]．谭松贤，译．杭州：浙江教育出版社，2003.

74. 罗尔斯顿．环境伦理学 [M]．北京：中国社会科学出版社，2002.

75. 罗斯扎克．信息崇拜——计算机神话与真正的思维艺术 [M]．苗华强，陈体仁，译．北京：中国对外翻译出版公司，1994.

76. 马云鹏，吕立杰．近现代课程研究范式的演变及其启示 [J]．教育研究，2002 (9).

77. 马云鹏．课程实施探索——小学数学课程实施的个案研究 [M]．长春：东北师范大学出版社，2001.

78. 马云鹏．课程与教学论 [M]．第二版．北京：中央广播电视大学出版社，2005.

79. 麦克卢汉．理解媒介——论人的延伸 [M]．何道宽，译．北京：商务印书馆，2007.

80. 毛泽东. 毛泽东选集［M］. 北京：人民出版社，1965.

81. 缪蓉，赵国栋. 教育技术研究的方法与策略［M］. 北京：北京师范大学出版社，2003.

82. 摩尔. 伦理学原理［M］. 北京：商务印书馆，1983.

83. 牧口常三郎. 价值哲学［M］. 北京：中国人民大学出版社，1989.

84. 牛杰，刘向永. 从 ICT 到 Computing：英国信息技术课程变革解析及启示［J］. 电化教育研究，2013（12）.

85. 齐健，赵亚夫. 历史教育价值论［M］. 北京：高等教育出版社，2003.

86. 钱旭升，罗生全. 高中信息教育课程设计中的技术取向［J］. 中国远程教育，2007（7）.

87. 钱旭升，郑和. 我国高中人工智能教育目标的分类、分层体系构建［J］. 课程·教材·教法，2007（1）.

88. 钱旭升. 信息技术课程实施的文化取向研究［D］. 重庆：西南大学，2008.

89. 阮青. 价值哲学［M］. 北京：中共中央党校出版社，2004.

90. 塞缪尔·亨廷顿，劳伦斯·哈里森. 文化的重要作用——价值观如何影响人类进步［M］. 北京：新华出版社. 2002.

91. 桑新民. 从印刷时代到信息时代：人类学习方式和教育模式的历史性变革［J］. 职业技术教育，2001（12）.

92. 石明. 价值意识［M］. 北京：学林出版社，2005.

93. 史密斯. 文化：再造社会科学［M］. 张美川，译. 长春：吉林人民出版社，2005.

94. 司马云杰. 文化价值论——关于文化建构价值意识的学说［M］. 西安：陕西人民出版社，2003.

95. 斯宾塞. 教育论——智育、德育和美育［M］. 胡毅，译. 北京：人民教育出版社，1962.

96. 宋宝和. 高中数学课程价值取向研究［D］. 重庆：西南大学，2005.

97. 泰普斯科特. 数字化成长［M］. 3.0 版. 云帆，译. 北京：中国人民大学出版社，2009.

98. 唐丽芳. 课程改革中的学校文化［M］. 长春：东北师范大学出版社，2007.

99. 王爱胜. 追寻信息技术课程体系的核心与价值［DB/OL］. http://www.sztac.net/redirect.php? tid=17760&goto=lastpost.

100. 王德如. 课程文化自觉论［M］. 北京：人民出版社，2007.

101. 王吉庆. 信息技术课程与教学论［M］. 杭州：浙江教育出版社，2003.

102. 王吉庆. 信息素养论 [M]. 上海：上海教育出版社，1999.

103. 王吉庆. 中小学计算机课程的沿革与反思 [J]. 课程·教材·教法，2000（1）.

104. 王继华. 对信息技术课程内容的新思考 [J]. 信息技术教育，2005（12）.

105. 王坤庆. 教育哲学——一种哲学价值论视角的研究 [M]. 武汉：华中师范大学出版社，2006.

106. 王立仁. 德育价值论 [M]. 北京：中国社会科学出版社，2004.

107. 王树松. 技术价值论 [M]. 哈尔滨：东北林业大学出版社，2004.

108. 王燕. 课程价值取向之"应然"：兼评传统基础教育课程价值取向之偏差 [D]. 南京：南京师范大学，2003.

109. 王玉樑. 当代中国价值哲学 [M]. 北京：人民出版社，2004.

110. 王玉樑. 关于价值本质的几个问题 [J]. 学术研究，2008（8）.

111. 王玉樑. 价值哲学新探 [M]. 西安：陕西人民教育出版社，1993.

112. 王喆. 信息技术课程的价值再认——一个文化学研究的视角 [D]. 长春：东北师范大学，2006.

113. 威斯勒. 人与文化 [M]. 钱岗南，傅志强，译. 北京：商务印书馆，2004.

114. 沃克，索尔蒂斯. 课程与目标 [M]. 第4版. 向蓓莉，等，译. 北京：教育科学出版社，2009.

115. 吴康宁. 课程社会学研究 [M]. 南京：江苏教育出版社，2003.

116. 谢翌. 教师信念：学校教育中的"幽灵" [D]. 长春：东北师范大学，2006.

117. 许惠美. Scratch 教学研究热点综述 [J]. 中国信息技术教育，2014（13）.

118. 许嘉璐. 当前文化问题的症结在哪里 [J]. 新华文摘，2006（15）.

119. 颜士刚. 技术的教育价值的实现与创造研究 [D]. 南京：南京师范大学，2007.

120. 叶澜. 试论当代中国教育价值取向之偏差 [J]. 教育研究，1989（8）.

121. 尤炜. 信息技术课程目标与内容的重新审视——访联合国教科文组织亚太教育局苗逢春博士 [J]. 基础教育课程，2009（5）.

122. 于洪卿. 课程的文化内涵 [J]. 教育评论，1997（1）.

123. 虞永平. 学前课程价值论 [M]. 南京：江苏教育出版社，2002.

124. 袁贵仁. 价值学引论 [M]. 北京：北京师范大学出版社，1991.

125. 袁运开，王顺义. 发达国家科技活动教育的最新理念和实践 [M]. 上海：华东师范大学出版社，2009.

126. 约瑟夫，等. 课程文化 [M]. 余强，译. 杭州：浙江教育出版社，2008.

127. 詹姆斯·格雷克. 信息简史 [M]. 北京：人民邮电出版社，2013.

128. 张岱年. 文化与哲学 [M]. 北京：中国人民大学出版社，2006.

129. 张法琨. 杜威教育理论的体系及其批判吸取问题 [J]. 教育评论，1986（2）.

130. 张书深. 西方价值哲学思想简史 [M]. 北京：当代中国出版社，1998.

131. 张晓卉，解月光，董玉琦. 印度中小学信息技术课程新世纪发展 [J]. 中国电化教育，2013（10）.

132. 张义兵，李艺. "信息素养"新界说 [J]. 教育研究，2003（3）.

133. 张志伟，欧阳谦. 写给大众的西方哲学 [M]. 北京：中国人民大学出版社，2004.

134. 郑金洲. 教育文化学 [M]. 北京：人民教育出版社，2000.

135. 郑毓信. 文化视角下的中国数学教育 [J]. 课程·教材·教法，2002（10）.

136. 郑长龙，梁佩君. 论理科课程的价值. 化学教育，2000（4）.

137. 钟启泉，等. 为了中华民族的复兴，为了每位学生的发展——《基础教育课程改革纲要（试行）》解读 [M]. 上海：华东师范大学出版社，2001.

138. 钟义信. 信息社会：概念，原理，途径 [J]. 北京邮电大学学报（社会科学版），2004（2）.

139. 仲小敏. 我国现代中学地理课程价值与实现 [M]. 长春：东北师范大学出版社，2007.

140. 周以真，等. 计算思维改变信息技术课程 [J]. 中国信息技术教育，2013（6）.

141. 朱彩兰，李艺. 信息技术课程技能倾向的原因及对策研究 [J]. 教育探索，2005（3）.

142. 朱彩兰. 文化教育视野下的信息技术课程建构 [D]. 南京：南京师范大学，2005.

143. 朱晓民. 语文教师教学知识发展研究 [M]. 北京：教育科学出版社，2010.

二、外文部分

1. ICT Programme of Study for Key Stage 3、ICT Programme of Study for Key Stage 4 [EB/OL]. [2009 - 09 - 12]. http：//curriculum. qca. org. uk/key - stages - 3 - and - 4/subjects/ict/index. aspx.

2. Bect. The National Curriculum for England：Information and Communication Technology [EB/OL]. [2007-11-27]. http：//www. nc. uk. net/download/cICT. pdf.

3. American Library Association. Presidential Committee on Information Literacy：Final Report [EB/OL]. [2010-06-30]. http：//www. ala. org/acrl/nili/ilit1st. html.

4. National Research Council. Being Fluent with Information Technology [EB/OL]. [2010-10-25]. http：//www. nap. edu/readingroom/books/BeFIT/.

5. Siu Cheung Kong. A Curriculum Framework for Implementing Information Technology in School Education to Foster Information Literacy [J]. Computer and Education, 2008 (51)：129-141.

6. National Educational Technology Standards for Students：The Next Generation [EB/OL]. [2010 – 10 – 25]. http：//www. iste. org/Content/NavigationMenu/NETS/NETS for Students Standards 2007. doc.

7. The New Educational Imperative：Improving High School Computer Science Education [EB/OL]. [2010-10-25]. http：//www. csta. acm. org/Communications/sub/DocsPresentationFiles/NewImperativeIntl. pdf.

8. ACM K-12 Task Force Curriculum Committee A Model Curriculum for K-12 Computer Science [EB/OL]. [2010-06-12]. http：//csta. acm. org/Curriculum/sub/ACMK12CSModel. Html.

9. The Association of College and Research Librarie. Information Literacy Competency Standards for Higher Education [EB/OL]. [2010-06-12]. http：//www. ala. org/ala/mgrps/divs/acrl/standards/standards. pdf.

10. International ICT Literacy Panel. Digital Transformation：A Framework for ICT Literacy (A report of the International ICT Literacy Panel) [EB/OL]. [2010-06-30]. http：//www. ets. org/Media/Research/pdf/ictreport. pdf.

11. UNESCO IITE. Informatics for Primary Education [EB/OL]. [2010-06-25]. http：//unesdoc. Unesco. org/images/0013/001303/130330eo. pdf.

12. UNESCO. Informatics for Secondary Education：A Curriculum for Schools [EB/OL]. [2010-06-12]. http：//www. Eric. ed. gov/PDFS/ED389266. pdf.

13. Eurydice. The Information Network on Education in Europe [EB/OL]. [2010-06-25]. http：//www. Eurydice. org/resources/eurydice/pdf/ 0_ integral/048EN. pdf.

14. Eric Schmidt. Condemns British Education System [EB/OL]. [2013-09-12]. http：//www. theguardian. com/technology/2011/aug/26/eric-schmidt-chairman-google-education.

15. ICT at School is Boring, Children Say [EB/OL]. [2013 – 08 – 15]. http：//www. guardian. co. uk/education/2012/jan/09/children-computer-lessons.

16. Computer Science：A Curriculum for Schools [EB/OL]. [2013-06-10]. http：//www. computingatschool. org. uk/data/uploads/ComputingCurric. pdf.

17. Royal Society：Shut Down or Restart? The Way Forward for Computing in UK schools [EB/OL]. [2013-09-12]. http：//royalsociety. org/education/policy/computing-in-schools.

18. Computing Programmes of Study for Key Stages 1-4 [EB/OL]. [2013 – 09 – 20].

http：//computingatschool. org. uk/data/uploads/computing-04-02-13_ 001. pdf.

19. BCS Welcomes New Draft Computing Curriculum［EB/OL］.［2013-07-10］. http：//academy. bcs. org/news/bcs-welcomes-new-draft-computing-curriculum.

20. Draft National Curriculum-My Thoughts［EB/OL］.［2013-09-12］. http：//www. simon-haughton. co. uk/2013/02/draft-national-curriculum-my-thoughts. html.

21. Consultation Report：Changing ICT to Computing in the National Curriculum［EB/OL］.［2013 - 08 - 15］. https：//www. gov. uk/government/uploads/system/uploads/attachment _ data/file/193838/CONSULTATION_ REPORT_ CHANGING_ ICT_ TO_ COMPUTING_ IN_ THE_ NATIONAL_ CURRICULUM. pdf.

附　　录

附录一　"信息技术课程价值及其实现"教师问卷

尊敬的各位老师：

您好！本调查问卷的目的是了解信息技术教师对信息技术课程价值的认识情况以及信息技术课程价值实现的相关影响因素，以供促进信息技术课程的发展之用。您的回答将具有十分重要的意义，请您首先仔细阅读问卷的填写说明和题目，然后请依据实际情况准确、仔细填写。您的回答将对信息技术课程的发展具有实质性的意义。调查结果与您和您所在学校的工作业绩等没有任何关系，请如实填写。我们郑重承诺，调查结果只是作为研究所用，不公开具体学校和个人信息。谢谢您对本研究工作的支持！

一、个人基本情况（请在适当处画"√"或在横线上填写相应内容）

1. 性别：□ 男　　□ 女

2. 年龄：A. 30 岁及以下　B. 30~40　C. 40~50　D. 50 岁以上

3. 所在学段：A. 小学　B. 初中　C. 高中

4. 职称：A. 特级　B. 高级　C. 一级　D. 二级
　　　　　E. 三级　F. 其他____

5. 第一学历为_____，所学专业为_____；最终学历为_____，所学专业为_____。

6. 从事信息技术教学工作的时间为_____。
A. 1~2 年　　B. 3~5 年　　C. 5~10 年　　D. 10 年以上

7. 所在学校为_____。

A. 省级重点学校　　　　　　　B. 市级重点学校

C. 区（县）重点学校　　　　　D. 一般学校

二、请按照您对信息技术课程价值体系的理解，对以下信息技术课程价值的重要程度进行排序，即从左到右按照最重要、比较重要、一般重要的顺序排序

1. 排序结果_____

A. 信息技术知识与操作　　　　B. 信息处理的方法与技能

C. 能力培养　　　　　　　　　D. 信息技术的情感与态度

E. 社会责任

2. 排序结果_____

A. 成为有责任的社会公民　　　B. 成为有效的学习者

C. 成为成功的自我管理者

3. 排序结果_____

A. 问题解决能力　　　　　　　B. 交流能力

C. 合作能力　　　　　　　　　D. 实践动手能力

三、请依据您的实际情况，按照题目中的要求，选择最适合的选项

1. （单选）对于信息技术课程的开设，您的看法是　　　　（　　　）

A. 非常必要，应当作为必修课来开设

B. 很重要，但更适合作为选修内容开设

C. 没有必要开设，造成资源浪费

D. 分为必修模块与选修模块能更好地被学生接受

E. 无所谓，对学校的决定我没有异议

2. （单选）做信息技术教师对您来说是　　　　　　　　（　　　）

A. 喜爱的职业

B. 不太喜欢，但感觉还可以

C. 谋生的手段，谈不上喜欢

D. 很不喜欢，很希望有机会改教其他学科或跳出教育行业

3. （可以多选）您对信息技术课程价值的认识，主要来源于（　　　）

A. 教学实践的感悟　　　　　　B. 对理论图书的学习

C. 教师培训　　　　　　　　　D. 专家讲座

4.（可以多选）您在新课程教学中主要采取了以下哪些教学方法？
（　　）

A. 讲授法　　　B. 讲练结合　　C. 任务驱动　　D. 主题式教学

5.（可以多选）您目前在学校里承担哪些工作？　　　　（　　）

A. 信息技术教学

B. 对全员教师进行信息技术培训

C. 参与学校信息化建设

D. 辅导信息学奥赛、机器人比赛等竞赛

E. 辅助学科教师做课件

F. 其他_____

四、决定信息技术课的教学内容时，您认为应考虑哪些因素？请按照各因素的重要程度勾选适当的选项

	很重要	重要	不重要	很不重要
1. 十二年一贯制的信息技术课程标准	□	□	□	□
2. 学校对于信息技术教育的目标与规划	□	□	□	□
3. 学校信息技术教师共同决定的授课内容	□	□	□	□
4. 配合其他领域的课程整合教学	□	□	□	□
5. 学校现有的软件	□	□	□	□
6. 学校已经采用的教科书	□	□	□	□
7. 计算机教室硬件设备的性能	□	□	□	□
8. 学生的学习能力	□	□	□	□
9. 学生的喜好	□	□	□	□
10. 家长的要求	□	□	□	□
11. 其他_____	□	□	□	□

五、您在实施信息技术课程时是否遇到过以下问题？请依各问题的严重性勾选适当选项

	很不严重	不严重	严重	非常严重
1. 信息技术课时数不太够	□	□	□	□

2. 学生的学习兴趣不高　□　　□　　□　　□

3. 学生的信息技术能力参差不齐　□　　□　　□　　□

4. 授课内容因教学者不同而有差异　□　　□　　□　　□

5. 年级间的课程内容未能适当衔接　□　　□　　□　　□

6. 教师的专业知识不足　□　　□　　□　　□

7. 缺乏适当的学习评价方式　□　　□　　□　　□

8. 上课时无法一人一机　□　　□　　□　　□

9. 信息技术教室的计算机老旧、
性能不好　□　　□　　□　　□

10. 上课所需的设备（如打印机等）
不足　□　　□　　□　　□

11. 缺乏经费购置授课所需的软件　□　　□　　□　　□

12. 上课时计算机网络常出状况　□　　□　　□　　□

13. 校长等领导不重视信息技术课程□　　□　　□　　□

六、以下为保证信息技术课程价值实现的对策。请您按照重要性，在每个选项后面标出相应的分值 5、4、3、2、1。5 分为最重要，4 分为次重要，3 分为重要，2 分为一般，1 分为不重要

1. 制定十二年一贯制的信息技术课程标准（　分）

2. 在信息技术课程标准中进一步明确信息技术课程的价值（　分）

3. 保证信息技术课程的课时不被其他学科占用（　分）

4. 改善信息技术课程内容及教学体系（　分）

5. 加强宣传，提高社会以及家长对信息技术课程价值的认识（　分）

6. 提高学校对信息技术课程重要性的认识（　分）

7. 取得学校领导的重视（　分）

8. 提高信息技术教师在学校的地位（　分）

9. 完善学校的硬件配套设施等条件（　分）

10. 使信息技术课成为中考（会考）科目（　分）

11. 使信息技术课成为高考科目（　分）

12. 增强信息技术教科书的趣味性、操作性（　分）

13. 增加信息技术教科书与现实生活的联系（　分）

14. 提供相应的教学资源和辅助材料（　分）

15. 提高信息技术教师的观念 （ 分）

16. 改善信息技术教师的知识结构 （ 分）

17. 提高信息技术教师的教学技能与水平 （ 分）

18. 增强信息技术教师培训的针对性和有效性 （ 分）

19. 开展有效的信息技术教研活动 （ 分）

20. 改进信息技术教学方法 （ 分）

21. 加强信息技术课堂教学 （ 分）

22. 其他_____ （ 分）

七、开放性问题

1. 您认为信息技术课程价值体系中，哪些价值最为重要？为什么？

2. 为了保证信息技术课程价值的实现，您认为在信息技术教学中最希望解决的困难是什么？为什么？

附录二 "信息技术课程价值及其实现"学生问卷

各位同学：

你好！本调查问题的目的是了解学生对信息技术课程价值的认识情况以及信息技术课程价值实现的相关影响因素，以供促进信息技术课程的发展之用。你的回答将具有十分重要的意义，请你首先仔细阅读问卷的填写说明和题目，然后请依据实际情况准确、仔细填写。你的回答将对信息技术课程的发展具有实质性的意义。我们郑重承诺，调查结果只是作为研究所用，不公开具体学校和个人信息，请如实填写。谢谢你对本研究工作的支持！

一、学生基本情况

1. 性别：□　男　　□　女

2. 所在学段为　　　　　　　　　　　　　　　　　　　　　（　　）

A. 小学　　　　　B. 初中　　　　　C. 高中

3. 所在学校为　　　　　　　　　　　　　　　　　　　　　（　　）

A. 农村学校　　　　　　　　B. 县（区）普通学校

C. 县重点学校　　　　　　　D. 市普通学校

E. 市重点学校　　　　　　　F. 省属学校

4. 家庭所在地为　　　　　　　　　　　　　　　　　　　　（　　）

A. 农村　　　　　B. 城镇　　　　　C. 城市

5. 你家里有电脑吗？　　　　　　　　　　　　　　　　　　（　　）

A. 有　　　　　B. 没有

6. 你主要是在什么地方接触电脑？　　　　　　　　　　　　（　　）

A. 家里　　　　　　　　　　B. 网吧

C. 亲友或同学家　　　　　　D. 学校

二、有关信息技术课程价值的认识

1. 你心目中的信息技术课程价值在以下方面是什么样的？

	最主要	比较主要	一般	不太主要	不主要
A. 可以掌握信息科学知识	5	4	3	2	1
B. 可以提高信息技术能力	5	4	3	2	1
C. 可以培养实践能力	5	4	3	2	1
D. 可以开发创造潜能	5	4	3	2	1
E. 可以解决现实中的问题	5	4	3	2	1
F. 可以丰富学习方式	5	4	3	2	1
G. 可以培养协同解决问题的能力	5	4	3	2	1
H. 可以培养信息伦理道德	5	4	3	2	1

三、其他问卷内容

1. 你对信息技术课的喜欢程度　　　　　　　　　　　　　　　（　　）

A. 非常喜欢　　　　　　　　　B. 喜欢

C. 一般　　　　　　　　　　　D. 不喜欢

E. 非常不喜欢

（　　）在第 2 题与第 3 题中选一题填写。

2. 你对信息技术感兴趣的主要原因是　　　　　　　　　　　　（　　）

A. 要升学　　B. 有趣味　　C. 要玩游戏　D. 教师教得好

E. 受父母、家庭等影响

3. 你对信息技术没有兴趣的主要原因是　　　　　　　　　　　（　　）

A. 学了没有用　　　　　　　　B. 信息技术难学

C. 学习成绩不好　　　　　　　D. 上课听不懂

E. 不会上机操作

4. 你学习信息技术课的兴趣表现为（对信息技术有兴趣的同学填本题）

　　　　　　　　　　　　　　　　　　　　　　　　　　　　（　　）

A. 喜欢上信息技术课　　　　B. 喜欢上机操作

C. 喜欢看信息技术课外读物　D. 能开发实用的小软件

E. 能维修电脑

5. 你认为信息技术课程的开设　　　　　　　　　　　　　　　（　　）

A. 非常必要，每个人都应该学习

B. 应该变为选修内容

C. 没有必要学

6. 你认为信息技术课的目的是什么？　　　　　　　　　　　　（　　）

A. 为了能通过考试　　　　　　B. 为了帮助其他学科的学习

C. 为了扩展自己的知识　　　　D. 为了上网

E. 对信息技术感兴趣

7. 我经常能把从信息技术课中学到的知识运用到日常生活中（　　）

A. 是　　　　B. 偶尔　　　C. 不是　　　D. 其他

8. 你认为学好信息技术对你现在的日常学习、生活的帮助　　（　　）

A. 很大　　　B. 有一点　　C. 没有　　　D. 其他

9. 你认为学好信息技术对你将来的工作和生活的帮助　　　（　　）

A. 很大　　B. 有一点　C. 没有　　D. 其他

10. 你认为信息技术课程对社会发展的贡献　　　（　　）

A. 很大　　B. 有一点　C. 没有　　D. 其他

11. 将来你会选择与信息技术有关的专业或职业吗?　　（　　）

A. 会　　B. 很可能会　C. 不会　　D. 其他

12. 学习信息技术，你感到　　　（　　）

A. 轻松　　B. 比较轻松　C. 有些困难　D. 困难　E. 很困难

13. 信息技术课堂的教学内容与你的生活实际的联系　　（　　）

A. 十分紧密　B. 比较紧密　C. 一般　　D. 不太紧密

E. 不紧密

14. 你觉得现在的信息技术课堂　　　（　　）

A. 很生动　　B. 一般　　C. 很无聊　　D. 其他

15. 你喜欢的信息技术课程的教学方式是　　　（　　）

A. 教师讲授　B. 师生互动　C. 小组合作　D. 自主实践操作

E. 其他

16. 你上信息技术课时的注意力　　　（　　）

A. 非常集中　　　　B. 比较集中

C. 一般　　　　　D. 分散

E. 非常分散

17. 你学习信息技术的方法注重于　　　（　　）

A. 认真预习　　　　B. 专心听课

C. 按老师布置的要求学习　D. 多上网

E. 考试突击

18. 上机操作的时间通常为　　　（　　）

A. 20 分钟以上　　　　B. 15 分钟左右

C. 10 分钟左右　　　　D. 10 分钟以下

19. 信息技术课上，老师通常要讲授　　　（　　）

A. 40 分钟以上　　　　B. 30 分钟左右

C. 20 分钟左右　　　　D. 10 分钟左右

20. 每节信息技术课之后，你花在课外作业上的时间　　（　　）

A. 没有课外作业　　　　　B. 1 小时以下

C. 1~2 小时　　　　　　　D. 2~3 小时

E. 3 小时以上

21. 你在上课前　　　　　　　　　　　　　　　　（　　）

A. 会充分预习　　　　　　B. 一般都预习

C. 有时会预习　　　　　　D. 很少预习

E. 从不预习

22. 你对学校平时信息技术课考试（考查）的方式　　（　　）

A. 满意　　　B. 较满意　　C. 无奈　　　D. 不满意

23. 你课外是否有兴趣阅读信息技术专业教材、信息技术读物（　　）

A. 兴趣浓厚　B. 有兴趣　　C. 一般　　　D. 没兴趣

24. 你对信息技术教科书的总体评价是　　　　　　（　　）

A. 太难　　　　　　　　　B. 比较难

C. 适中　　　　　　　　　D. 比较容易

E. 太容易

25. 你对信息技术教科书提供的操作实践感到　　　（　　）

A. 太难　　　　　　　　　B. 比较难

C. 适中　　　　　　　　　D. 比较容易

E. 太容易

26. 信息技术老师利用多媒体上课的情况是　　　　（　　）

A. 上课就用　　　　　　　B. 有些课用，有些课不用

C. 很少用

27. 你认为你的信息技术老师的课上得　　　　　　（　　）

A. 非常好　　　　　　　　B. 比较好

C. 一般　　　　　　　　　D. 比较差

E. 很差

28. 在信息技术课上，通常情况是　　　　　　　　（　　）

A. 基本上都由老师讲解

B. 大部分由老师讲解，少部分由学生操作

C. 少部分由老师讲解，大部分由学生操作

D. 老师讲解与学生操作相当

E. 基本上全部由学生看书、上机操作

29. 你最喜欢　　　　　　　　　　　　　　　　（　　）

A. 语文　　　　　　　　　　B. 数学

C. 信息技术　　　　　　　　D. 理化

E. 其他

30. 学习信息技术时，家人对你的辅导情况如何？　　（　　）

A. 经常进行　　　　　　　　B. 较多

C. 一般　　　　　　　　　　D. 较少

E. 没有

31. 你的家长对你的信息技术学习　　　　　　　　（　　）

A. 很关心　　　　　　　　　B. 比较关心

C. 一般　　　　　　　　　　D. 不关心

E. 很不关心

32. 你是否经常花时间与网友聊天（除同学外）？　　（　　）

A. 有时　　　B. 经常　　　C. 从来没有

33. （可以多选）你平时在家里使用信息技术的主要目的是　（　　）

A. 没有机会使用　　　　　　B. 查资料

C. 聊天　　　　　　　　　　D. 休闲娱乐（听歌等）

E. 打游戏

34. 你认为你为什么学习信息技术课程？信息技术课程能够带给你
什么？

35. 你认为信息技术课中是否需要补充其他内容？如果需要，应该补
充什么样的内容呢？

谢谢你的合作！

附录三 "信息技术课程价值及其实现"信息技术教师访谈参考提纲

所调查学校：_____省_____市（县）_____学校

访谈时间：_____年____月____日___：___—___：___

访谈地点：_____

访谈人：_____

一、教师个人基本情况

1. 性别、年龄、教龄。

2. 专业。

3. 职称。

4. 从事信息技术教学的时间。

5. 所教年级，曾经所教的年级。

二、访谈问题

（一）对信息技术课程价值的认识和看法

1. 您认为信息技术课程有怎样的价值？

2. 您认为信息技术课程对于学生个体来说，具有哪些价值？

3. 您认为信息技术课程能够培养学生哪些方面的能力？

4. 您如何看待信息技术操作与信息处理方法的关系？

5. 您认为信息技术课程对于社会来说会起到什么样的作用？即对于社会来说具有哪些价值？

6. 您对信息技术课程的独特性是怎样看的？（课程的领悟）

7. 信息技术课程应该是什么样子的？

8. 您觉得在小学、初中、高中各个学段，信息技术课程应该教给学生些什么？

9. 您认为学生学习信息技术课以后应当掌握哪些东西？

10. 您对程序设计教学是如何看的？

（二）对信息技术课程价值实现的认识和感受

1. 您认为现在的信息技术课程价值实现的情况如何？

2. 您认为影响信息技术课程价值实现的因素包括哪些？

3. 您在实际教学中主要采用哪些教学方法？

4. 您认为信息技术课程内容中，哪些内容是比较难教的？

5. 学生在学习信息技术课时，是否表现出了学习差异？这种学习差异对于信息技术课程价值的实现是否有影响？

6. 您认为信息技术教师的素质方面的问题大吗？

7. 您觉得现在的硬件环境能够满足学校信息技术课的开课需要吗？

8. 您对信息技术课程教研有怎样的感受和看法？

9. 您对信息技术课程的学业水平考试和高考问题有什么看法？

10. 您在日常的课堂教学中是如何评价学生的？

附录四　"信息技术课程价值及其实现"信息技术教研员访谈提纲

访谈对象所在单位：_____省_____市（县）

访谈对象：_____（职务）

访谈时间：_____年___月___日___：___—___：___

访谈地点：_____

访谈人：_____

一、个人基本情况

1. 性别、年龄、教龄。

2. 所学专业。

二、访谈问题

（一）对信息技术课程价值的认识和看法

1. 您认为信息技术课程有怎样的价值？

2. 您认为信息技术课程对于学生个体来说，具有哪些价值？

3. 您认为信息技术课程能够培养学生哪些方面的能力？

4. 您如何看待信息技术操作与信息处理方法的关系？

5. 您认为信息技术课程对于社会来说会起到什么样的作用？即对于社会来说具有哪些价值？

6. 您对信息技术课程的独特性是怎样看的？（课程的领悟）

7. 信息技术课程应该是什么样子的？

8. 您觉得在小学、初中、高中各个学段，信息技术课程应该教给学生些什么？

9. 您认为学生学习信息技术课以后应当掌握哪些东西？

10. 您对程序设计教学是如何看的？

(二) 对信息技术课程价值实现的认识和感受

1. 您认为现在的信息技术课程价值实现的情况如何？

2. 您认为影响信息技术课程价值实现的因素包括哪些？

3. 目前信息技术教师一般在实际教学中主要采用哪些教学方法？

4. 您如何看待目前的信息技术教学情况？

5. 您认为信息技术课程内容中，哪些内容是比较难教的？

6. 学生在学习信息技术课时，是否表现出了学习差异？这种学习差异对于信息技术课程价值的实现是否有影响？

7. 您认为信息技术教师的素质方面的问题大吗？

8. 您认为如何提高信息技术教师队伍的整体水平？

9. 您觉得现在的硬件环境能够满足学校信息技术课的开课需要吗？

10. 您对信息技术课程教研有怎样的感受和看法？

11. 您是如何组织信息技术教研工作的？

12. 您对信息技术课程的学业水平考试和高考问题有什么看法？

附录五　"信息技术课程价值及其实现" 学生访谈提纲

访谈对象所在学校：_____省_____市（县）_____学校

访谈对象：_____（年级）

访谈时间：____年___月___日___：___ 一___：___

访谈地点：_____

访谈人：_____

一、学生个人基本情况

1. 性别、年龄。

2. 是否是学生干部。

3. 家长的职业。

4. 家中是否有电脑。

5. 信息技术课程的学习基础。

二、访谈问题

（一）日常接触信息技术的感受和看法

1. 你平常在家里对信息技术的利用多吗？一般用计算机做什么？

2. 你有 QQ 号码吗？有多少网友？经常聊天吗？

3. 你是否会有意识地防范网络诈骗和犯罪？

4. 你经常玩游戏吗？你怎么看待玩游戏？

5. 你怎么看待信息技术对于你的作用？

（二）对信息技术课程价值的感受和看法

1. 你学习信息技术课以来，你有些什么感受？为什么？

2. 你认为信息技术课程应该是什么样的？

3. 你对信息技术课程本身有什么具体的看法或想法？（如对什么内容感兴趣？为什么？学时、教材情况如何……）

4. 信息技术课程对社会有哪些作用？

5. 你认为信息技术课程对个人发展有什么作用？（课程的领悟）

（三）对自己学习状态的感受和看法

1. 你怎么看待自己学习信息技术课程的状态？（如是否满意，描述并举例说明自己的状态）为什么？

2. 你对自己这种状态的保持或改善有什么具体的想法和建议？

（四）对教师教学状态的感受和看法

1. 你对教师在信息技术课程教学中的教学状态怎么看？为什么？

2. 你对教师的教学有什么具体的看法和建议？（如教师的教学要求是否严格、明确，作业的要求和评阅，考试的方式和难易感觉，学习活动的形式，动手实践的过程和条件……）

3. 你对信息技术教师有什么期望？

后　记

本书是在我的博士论文《信息技术课程价值研究》基础上修改而成的。开始撰写博士论文的时候，我就曾想过要在后记中感谢哪些人，在修改本书准备出版之际，我又在思考还要在后记中感谢哪些人。回首来路，许多人给予了我最热心的支持、鼓励和帮助。正是这些支持、鼓励和帮助一直温暖着我，让我时时感动，却总觉得未能达到大家的期望而心生惭愧。自从 2006 年 9 月回到长春，我又在东北师大生活和学习了四年半。曾经怀揣着豪情壮志，想在教育技术领域做出一番事业，却不得不留下一些遗憾。2011 年年初，我来到江南大学工作，试图弥补曾经的缺憾，如今历经 4 年时光，仍感觉缺憾颇多。各种主观的、客观的、有形的、无形的条件之缺乏可以成为聊以自慰的借口，但仍然无法消除我心中的那份惭愧和遗憾。

感谢我的博士生导师董玉琦教授。自从 2000 年年初开始跟随董老师进行信息技术教育研究，至今已有 15 年。我从一个信息技术课程的"门外汉"到完成博士论文再到如今出版专著，无不受益于董老师的教诲与帮助。我至今仍记得，我的本科毕业论文是关于印度计算机课程研究的。正是在董老师的悉心指导下，我完成了我的本科毕业论文，那也是我第一次尝试着进行信息技术课程研究。15 年时光里，董老师给予了我许多学术上的支持，无论是参加项目研究，还是参与学术会议。董老师以他的言传身教让我领悟了许多为人之道，认真、执着是董老师给予我最大的精神财富。然而，从 2006 年回长春攻读博士学位至今，我总感觉自己离董老师的期望还有一段距离。我对董老师的"亏欠"太多，"谢谢"一词显然无法代表他对我所付出的全部。

感谢所有曾经教过我的老师们。今年暑假回东北师大参加电教专业成立 30 周年庆典时，遇到许多曾经在本科、研究生阶段教过我的老师们。看到各位老师，我不禁回忆起他们的教诲与点拨。感谢我的硕士生导师徐万胥教授对我的关爱，徐老师不只是以其严谨的学风引导我在学术上进行探索，也以真切的爱生之情，让我感念终生。感谢东北师范大学软件学院的解月光教授，从本科到博士，解老师一直对我的成长给予了最大的关心和支持。每次见到解老师，我都从心底里感觉亲切。解老师不仅仅在学术上给予我指导；在我苦闷的时候，她还会开导我；在我遇到困难的时候，她会不遗余力地帮助我。感谢张建洲老师在我攻读硕士学位和博士学位期间一直给予的真切帮助与亲切关心。

感谢信息技术课程研究领域的诸位专家以及朋友。无论是阅读学术研究成果、领悟课程真谛，还是每次难得的见面详聊，都给我以学术的激励。还有许多优秀的一线老师，实践引领的思考，情感交融的感动，都让我由衷感到自己作为信息技术课程研究者是幸福的。

感谢各地的信息技术教研员、信息技术教师、学生在调研过程中的积极配合。由于不方便公布他们的单位和姓名，在此一并感谢。他们不仅在繁忙的工作当中抽出宝贵的时间来接待我，还为我进行调研大开方便之门，他们所拥有的各种资料也大都对我"完全"开放，这不仅令我深为感激，也使我深刻地领略到了他们的真诚。

在博士论文的成稿过程中，感谢同门的黄松爱、钱松岭、李赫、王秋爽、徐继红、张燕、伊亮亮、钱薇旭、马芳、王靖、杨莉、王东英等人的关心与鼓励，与他们在一起学习和交流，让我获益颇丰。感谢姜荣华、郑一、倪丹、缴洪勋等师妹、师弟的关心与鼓励，非常怀念曾经在田家炳楼215 房间一起度过的日子。感谢张鹏、包正委、杨宁、张建鹏、唐文和、孙艳、李岩、刘宇、王保中、马萌等的关心和鼓励。感谢郑文升、董超、李继荣、梁修齐等人，怀念一起在东北师大五舍 640 宿舍生活的日子。感谢博士同学于胜刚、马青、李洪修等人的支持和鼓励。感谢左晓梅、姜玉莲、姚文建等人对我一直以来的关心和帮助。感谢师妹简婕在我数据处理阶段的帮助。感谢南京师范大学朱彩兰博士从南京邮寄来的研究资料。

感谢《中国信息技术教育》杂志社的同事王黎明、薛莹、秦妍、樊绮、郎冠明、闫秀卿等人的理解和支持。杂志社的编辑工作使我能够真正地为信息技术教育事业做了自己的一点贡献，也使我在编辑与教师这两种职业之间游走。感谢《中小学信息技术教育》杂志社的晓军、晓波、小年、阮滢等人的关心和鼓励，每次回到杂志社都有一种回家的自如与亲切。

感谢江南大学人文学院的陈明选院长。在我到达无锡工作后，陈院长一直理解、宽容并支持我，带领我从事理解性教学理论与实践的研究，让我从单纯的信息技术课程研究中解脱出来，形成了观察和理解课程教学的新视角。感谢教育技术系同事的关怀与帮助。

感谢父母多年来的默默支持，父母多年来对我并无任何的功利要求，只是希望我能够安稳地生活即可。读博期间，让我感觉最为欣慰的就是能够经常回家，陪陪父母。在我到无锡工作后，母亲突患中风，从此行动不便，于是每天与她通话成了我必做的事情。感谢弟弟，在需要倾诉时，他是我最好的倾诉对象。感谢岳父和岳母多年来对我的求学之路的理解、宽容和支持。特别要感谢的是我的爱人，多年的两地生活，读博期间的辛苦人生，离不开她的鼓励和支持。

今年5月我去北京时，特意到2002年刚到北京时住过的芍药居一带看了看。走过现代文学馆、对外经贸大学东门，走到租住过的居民楼前，一切似乎还在眼前。从2002年年初离开长春到北京工作，我先后在《中小学信息技术教育》杂志社、电子工业出版社、《中国信息技术教育》杂志社等三家单位工作过。后来，我回到东北师范大学攻读博士学位，毕业后来到无锡工作。回首来路，与许多人曾经相遇，却已陌路；与有的人曾经是莫逆之交，却再无联系。回首过去，有值得回味的奋斗、辛苦、纠结、欣喜，诸多滋味，不一而述。过去的经历算是一种经验以及回味的资本。向前看，唯有一路前行。面对人生，无论何时，我们都在路上。

2014 年 10 月 2 日于无锡塔楼

出 版 人　所广一
责任编辑　贾立杰
版式设计　杨玲玲
责任校对　贾静芳
责任印制　曲凤玲

图书在版编目（CIP）数据

信息技术课程价值论／刘向永著. —北京：教育
科学出版社，2014.12
　（信息技术课程发展研究丛书）
　ISBN 978-7-5041-8278-4

　Ⅰ．①信…　Ⅱ．①刘…　Ⅲ．①计算机课—教学研究—
中小学　Ⅳ．①G633.672

中国版本图书馆 CIP 数据核字（2014）第 307720 号

信息技术课程发展研究丛书
信息技术课程价值论
XINXI JISHU KECHENG JIAZHILUN

出版发行　**教育科学出版社**
社　　址　北京·朝阳区安慧北里安园甲 9 号　　市场部电话　010-64989009
邮　　编　100101　　　　　　　　　　　　　　编辑部电话　010-64989637
传　　真　010-64891796　　　　　　　　　　网　　址　http://www.esph.com.cn

经　　销　各地新华书店
制　　作　北京金奥都图文制作中心
印　　刷　保定市中画美凯印刷有限公司　　　　版　　次　2014 年 12 月第 1 版
开　　本　169 毫米×239 毫米　16 开　　　　印　　次　2014 年 12 月第 1 次印刷
印　　张　15.5　　　　　　　　　　　　　　印　　数　2000 册
字　　数　250 千　　　　　　　　　　　　　定　　价　31.00 元

如有印装质量问题，请到所购图书销售部门联系调换。